AF432031

On a tué le Président

Philippe Chevalier

On a tué le Président

L'ASSASSINAT DE JOHN F. KENNEDY

Sommaire

Avant-propos

Le vendredi 22 novembre 1963, le Président John Fitzgerald Kennedy était assassiné dans une rue de Dallas, alors qu'il effectuait un défilé, à bord d'une limousine décapotable.

Ce voyage dans l'État du Texas était envisagé depuis 1962. Mais la nécessité de ce déplacement ne s'était avérée qu'au cours de l'année 1963. Une polémique déchirait le Parti démocrate dans cet État, ce qui poserait un handicap sérieux pour les élections de 1964. La décision finale d'effectuer le déplacement eut lieu le 5 juin 1963, lors d'une réunion entre le Président Kennedy, le vice-président Lyndon Johnson et le gouverneur du Texas John Connally.

Quand il quitta Washington, le 21 novembre, le Président devait visiter San Antonio et Houston, avant de passer la nuit à Fort Worth. Puis, le lendemain, la visite devait inclure Dallas et Austin. Cette dernière ville devait permettre la récolte de fonds lors d'un dîner politique[1].

Accompagné de son épouse, Jacqueline Bouvier Kennedy, surnommée Jackie, le Président rencontra un immense succès au Texas[2].

Dallas, cependant, était une ville qui apportait beaucoup de craintes. On avait craché sur le vice-président Johnson. Des partisans du général Edwin Walker, un activiste d'extrême droite, avaient agressé l'ambassadeur américain aux Nations Unies, Adlai Stevenson, en le frappant avec des pancartes. On avait même tiré des coups de feu sur la maison de Walker. De fait, le chef de la police, Jesse Curry, avait fait une intervention télévisée en rapport avec la visite présidentielle : « Il ne doit rien se produire d'irrespectueux ou d'humiliant pour le Président des États-Unis. Tous nos citoyens lui doivent le respect et nos représentants de la loi feront tout ce qui est en leur pouvoir pour éviter

---

[1]   Commission Warren, *Investigation of the Assassination of President John F. Kennedy Hearings Before the President's Commission on the Assassination of President Kennedy*, 1964.

[2]   William Manchester : *The Death of A President*, 1967.

les incidents et les troubles malvenus. Nous réagirons immédiatement à toutes les conduites jugées suspectes[3]. »

Mais on sait ce qui se produisit à Dallas.

Quelques heures après l'attentat, la police arrêta un suspect : Lee Harvey Oswald. Celui-ci ne put jamais être jugé lors d'un procès, puisqu'il fut abattu deux jours plus tard par un certain Jack Ruby.

Le nouveau Président, Johnson, créa une Commission d'enquête dirigée par le président de la Cour Suprême Earl Warren. Celle-ci aboutit à la conclusion qu'Oswald était bien l'assassin du Président Kennedy et qu'il avait agi seul. Ruby l'avait tué pour venger le Président[4].

Des doutes furent vite émis. Dans les années qui suivirent, plusieurs auteurs critiquèrent le rapport Warren : Thomas Buchanan (*Who Killed Kennedy ?*, 1964), Léo Sauvage (*L'Affaire Oswald*, 1965), Mark Lane (*Rush to Judgment*, 1966) ou Edward Jay Epstein (*Inquest*, 1966[5]).

Dès 1966, le procureur de La Nouvelle-Orléans, Jim Garrison, mena une enquête sur l'assassinat du Président. Cette enquête aboutit à un procès à l'encontre d'un homme d'affaires nommé Clay Shaw. Celui-ci fut acquitté le 1er mars 1969[6].

L'attentat de Dallas avait été filmé par un témoin : Abraham Zapruder. Ce qui fit de ce court-métrage certainement la pellicule la plus célèbre de l'Histoire, sinon la plus étudiée. Néanmoins, il fallut attendre des années pour que ce film soit diffusé à la population. La première projection publique eut lieu durant le procès de Clay Shaw[7].

La première diffusion télévisée n'eut lieu que le 6 mars 1975, durant l'émission *Goodnight America* de Geraldo Rivera, diffusée sur ABC[8]. Ce métrage qui, selon le critique cinématographique Jean-Baptiste Thoret, marqua la naissance du cinéma gore des années 1970 et fit du cinéaste amateur le premier journaliste citoyen[9], semblait aller à contresens de la thèse du tireur solitaire situé derrière la voiture présidentielle. C'était principalement le coup de feu fatal projetant la tête du

---

[3]   Matthew White : *The Murder of JFK : A Revisionist History*, 1999.

[4]   Commission Warren, *Investigation of the Assassination of President John F. Kennedy Hearings Before the President's Commission on the Assassination of President Kennedy*, 1964.

[5]   Vincent Quivy : *Qui n'a pas Tué John Kennedy ?*, 2013.

[6]   Jim Garrison : *On the Trail of the Assassins*, 1988.

[7]   JFK : l'Assassinat les Questions : *Le Film de Zapruder*, Pierre Nau, 3 février 2013, 25 janvier 2016. http://www.jfk-assassinat.com/index.php ? module=pages&type=user&func=display&pageid=86

[8]   Éthique et Médias : *JFK : Première Diffusion du Film de Zapruder à la Télévision (1975)*, 21 novembre 2013. https://ethiquemedias.wordpress.com/2013/11/21/jfk-premiere-diffusion-du-film-de-zapruder-a-la-television-1975/

[9]   Libération : *La Mort de JFK dans le Viseur de Zapruder*, Olivier Costemalle, 21 août 2007. http://www.liberation.fr/ecrans/2007/08/21/la-mort-de-jfk-dans-le-viseur-de-zapruder_100204

Président en arrière, qui donnait l'impression d'un deuxième tireur situé devant le cortège.

À la suite du scandale du Watergate fut créé par le Sénat américain l'United States Senates Select Committee to Study Governmental Operations with Respect to Intelligence Activities : une commission d'enquête dirigée par le sénateur Frank Church, qui enquêta sur les activités des agences américaines[10].

Les résultats du Comité Church aboutirent à la création, en 1976, par le Congrès américain, du House Select Committee on Assassinations (HSCA[11]), qui devait étudier les assassinats du Président Kennedy et de Martin Luther King. Dans l'ensemble, le HSCA alla dans le même sens que la Commission Warren. Il y eut néanmoins une différence fondamentale. En se fondant sur un enregistrement audio, un Dictabelt d'une moto de police de Dallas, il fut conclu à « une probabilité élevée » que « deux personnes armées aient fait feu sur le Président John F. Kennedy[12] ». La conclusion liée au Dictabelt fut néanmoins rejetée par l'Académie Nationale des sciences.

En 1991, le film *JFK* d'Oliver Stone fut le sujet de vives critiques. Stone projeta son film aux membres du Congrès. Ce qui eut pour résultat le passage de la loi[13] President John F. Kennedy Assassination Records Collection Act of 1992, qui créa l'Assassination Records Review Board (ARRB) pour examiner les documents des « organismes fédéraux » pouvant être rendus publics ou ceux « considérés comme trop sensibles pour être ouverts au public ». Le travail prit fin en 1998[14].

Au cinquantenaire de l'assassinat de Dallas, le Président Kennedy n'avait pas été oublié. Au fil des années, les théories les plus plausibles aux plus farfelues furent développées et présentées comme étant LA vérité sur cet assassinat. Nombreuses ont été les personnes à avoir été mises en cause, comme nombreuses ont été celles à se mettre en cause elles-mêmes. On suspecta un homme ayant ouvert un parapluie lors de l'attentat d'avoir donné le signal aux tireurs. Ou qu'il aurait tué le Président en lançant une flèche empoisonnée. On dit aussi que c'était le chauffeur qui s'était retourné et avait tiré. On supposa également qu'un agent de sécurité aurait tué le chef d'État par accident. La CIA fut largement mise en cause, à un point tel que l'on pourrait considérer

---

[10]   https://fr.wikipedia.org/wiki/Commission_Church

[11]   https://fr.wikipedia.org/wiki/Assassinat_de_John_F._Kennedy#Enqu.C3.
AAtes_et_critiques

[12]   Report of the House Select Committee on Assassinations of the U.S. House of Representatives, 1979.

[13]   https://fr.wikipedia.org/wiki/Assassinat_de_John_F._Kennedy#Enqu.C3.
AAtes_et_critiques

[14]   The Revords of the Assassination Records Review Board, 1998.

l'Agence comme étant le coupable le plus "politiquement correct". On accusa également la mafia américaine, parce que le gouvernement Kennedy avait cherché à la détruire – ou du moins de détruire plusieurs familles du milieu. On dénonça également les communistes comme l'extrême droite. On accusa aussi le vice-président Johnson désireux de prendre le pouvoir. Parmi les théories les plus envisageables et les plus étranges, la palme de la version la plus farfelue revient certainement à cette hypothèse mettant en cause les extraterrestres[15]. Cinquante ans après, la preuve incontestable d'une quelconque conspiration n'a toujours pas été présentée.

Ce présent essai n'est en aucun le résultat d'une enquête, mais est seulement un livre d'analyse de différents éléments plus ou moins connus. Il n'est pas dans la prétention de l'auteur d'affirmer délivrer la réponse définitive du sujet. Je ne peux avoir une quelconque prétention d'affirmer détenir les clés du mystère. De quelle arrogance pourrais-je me targuer d'avoir raison, tandis que les autres auraient tort ? Ce présent ouvrage ne se veut être qu'un survole des événements de novembre 1963.

Savoir *éventuellement* ce qui est arrivé au Président Kennedy demanderait la création d'une Commission d'enquête impliquant des débats publics sur *tous* les dossiers existants, aussi bien ceux qui ont été déclassés que ceux qui n'ont pas encore été rendus publics.

J'ai longtemps cru qu'un complot avait assassiné le Président Kennedy, sans même réellement savoir de quoi était constitué au juste cette conspiration. Qui avait décidé d'effectuer un coup d'État ? L'idée que je m'en étais fait état que des individus faisant partie de la CIA, du FBI, de l'Armée avaient agi aux dépens des organismes desquels ils faisaient partie. Ainsi, pour moi, on ne pouvait pas impliquer la CIA elle-même, bien que des agents faisaient partie de la machination.

Mais en réétudiant les éléments, j'en viens de plus en plus à croire que le vendredi 22 novembre 1963, à 12 h 30 sur Dealey Plaza (Dallas), un homme, un seul, Lee Harvey Oswald, avait pointé son fusil sur le cortège présidentiel et avec trois balles, était parvenu à tuer John Fitzgerald Kennedy. En tout cas, c'est une hypothèse nullement rejetable.

La balle unique, cette balle qualifiée comme magique pour avoir virevolté dans tous les sens afin de blesser deux personnes, n'aurait pas nécessairement accompli l'étrange trajet qu'on lui attribue. De même, le fait qu'elle fut retrouvée pratiquement intacte n'est peut-être pas inenvisageable.

---

[15]   DirectLMatin : *Assassinat de Kennedy : 7 Théories du Complot*, 19 novembre 2013. http://www.directmatin.fr/monde/2013-11-19/assassinat-de-kennedy-7-theories-du-complot-613787

Si l'on s'accroche à la version du tireur solitaire, il faudra reconnaître qu'une certaine part de hasard a joué en sa faveur.

Mais il me paraît indiscutable que l'attentat de Dallas devrait faire l'objet d'une nouvelle enquête gouvernementale, car le rapport Warren n'a pas tout expliqué. En ce qui concerne les blessures du Président, les schémas utilisés par la Commission ne correspondent pas aux morbides photographies de l'autopsie du Président, ce qui entraîne de nombreuses questions auxquelles il ne serait pas inutile de répondre.

Ce présent livre revient sur ces jours sombres de novembre 1963 qui menacèrent le fragile équilibre de la paix.

État de choc

Dallas, Texas. Vendredi 22 novembre 1963. 12 h 30, heure locale. Rue Elm, place Dealey.

Lorsque les coups de feu éclatèrent, ce fut la stupéfaction. L'Histoire venait de s'écrire en quelques secondes et son court venait de basculer. La lourde limousine présidentielle, une Lincoln décapotable, avait opéré un lent virage sur la gauche pour entrer dans une avenue qui serpentait d'abord sur la gauche, puis sur la droite. Assis à l'arrière droite de la limousine décapotable, le Président s'était passé la main dans les cheveux et avait ensuite joint ses doigts[1]. Après quoi, il avait tourné le visage légèrement sur la gauche, puis, tournant le regard sur la droite, avait commencé à saluer la foule de badauds avant de porter ses mains au niveau de son visage et de sa gorge. Il s'était ensuite incliné de plus en plus en avant. Assise à sa gauche, son épouse, la Première Dame, s'était penchée sur lui. Assis juste devant le Président, le gouverneur du Texas avait lui aussi réagi à des blessures. Soudain, la tête du Président avait violemment été propulsée en arrière, suite à l'impact d'une balle. Il s'était alors complètement effondré sur son flanc gauche.

La limousine avait ensuite filé à toute allure en s'engouffrant sous un pont à trois voies, pour quitter cette zone de tir et emmener le Président à l'hôpital, tandis que la Première Dame s'était précipitée sur la malle arrière du véhicule. Un garde du corps, qui s'était précipité pour tenter de protéger le Président, ne put que ramener la Première Dame dans la voiture[2]. Il baissa les yeux pour voir l'étendue de la blessure du Président. Ce qu'il vit avait de quoi glacer le sang. « Au-dessus de son oreille droite, il y avait un trou de la taille de ma main, déclarerait-il plus tard. Son crâne avait explosé, comme si une cuillère à glace avait plongé dans sa tête et retiré une partie du cerveau. Il y avait des morceaux de cerveau, de crâne et du sang dans toute la voiture. Je

---

[1] Film tourné par Tina Towner.
[2] Film tourné par Abraham Zapruder.

me suis retourné vers une deuxième voiture en mettant mon pouce vers le bas. Je voulais qu'ils comprennent que la situation était grave[3]. »

Dans l'une des voitures du cortège présidentiel, une voiture spécialement affectée à la presse, Merriman Smith, journaliste de l'United Press International, s'empara de la radio alors que le véhicule était encore dans la rue où venait de se dérouler l'attentat[4]. Le téléphone sonna dans la salle de rédaction d'UPI. Bill Hampton décrocha et reconnut la voix de Smith[5].

— Trois coups de feu ont été tirés sur le cortège du Président Kennedy dans le centre de Dallas, aboya la journaliste.

Ayant une certaine expérience des armes à feu, Smith croyait avoir reconnu les tirs d'une arme automatique[6]. Hampton prit alors une feuille de papier et l'inséra dans la machine à écrire. Il tapa sur les touches du clavier : « Dallas, UPI, trois coups de feu[7]. » L'annonce de l'attentat passa sur le téléscripteur de l'UPI à 12 h 34, quatre minutes environ après le dernier coup de feu[8].

C'est ainsi que la nouvelle de l'attentat contre le Président Kennedy commença à être diffusée. À 13 h 36, heure de Washington – 12 h 36, heure de Dallas –, ABC coupa ses émissions. CBS-TV en fit de même à 13 h 40. Cinq minutes plus tard, ce fut NBC-TV qui informa ses téléspectateurs de l'événement[9]. Le bureau new-yorkais de l'Agence France Presse était lié par un contrat avec l'Associated Press qui l'autorisait à utiliser son réseau. Quand la nouvelle de l'attentat arriva sur le téléscripteur d'AP, la journaliste au desk Nicole Le Bot se précipita sur une machine à écrire et tapa le flash qu'elle tendit ensuite à l'opérateur. Celui-ci le retranscrivit sur le téléscripteur : « Quelqu'un tira sur Kennedy alors que quittait quartier Dallas. » À Paris, avec le décalage horaire, il était alors 19 h 43 lorsque l'AFP fut informée de la situation[10].

Dans les locaux du *Figaro*, les téléscripteurs d'AFP, d'AP et de Reuter s'arrêtèrent brusquement. Le garçon d'étage se précipita en disant au journaliste Jean-Marie Tasset, présent dans la salle :

— Tasset, il y a quelque chose, il y a quelque chose !

---

[3]   Témoignage de Clint Hill, garde du corps de Jackie Kennedy, repris dans *The Kennedy Detail*, Chris Golding, 2010.

[4]   William Manchester : *The Death of A President*, 1967.

[5]   Alastair Layzell : *JFK : Breaking News*, 2004.

[6]   William Manchester : *The Death of A President*, 1967.

[7]   Témoignage de Bill Hampton, d'United Press International, repris dans *JFK : Breaking News*, Alastair Layzell, 2004.

[8]   William Manchester : *The Death of A President*, 1967.

[9]   http://jeff560.tripod.com/upi.html

[10]   http://blogs.afp.com/makingof/? post/2013/11/14/Dallas%2C-22-novembre-1963#.UozjhsR0k-O

Sur quoi, les trois téléscripteurs sonnèrent et se mirent en branle. La dépêche annonçant l'attentat arriva[11].

Le journaliste français Philippe Labro se trouvait en qualité d'intervieweur avec une équipe de quatre techniciens et d'un réalisateur à l'université de Yale, dans le Connecticut, pour le compte de l'émission *Cinq Colonnes à la Une*, quand un jeune homme qui « agitait les bras dans tous les sens » avec les « yeux baignés de larmes, les joues écarlates », courait dans le campus en annonçant :

— On a tiré sur le Président ! On a tiré sur le Président ![12]

Assurant normalement la couverture sportive à New York pour l'AFP, François Pelou, quant à lui, se proposa de se rendre à Dallas[13].

À Dallas, la station locale WFAA TV coupa ses émissions de manière brusque, pour faire apparaître le directeur de la chaîne Earl Jay Watson, qui semblait présenter des difficultés pour reprendre son souffle. « Mesdames et messieurs, bonjour, annonça-t-il. Excusez-moi d'être essoufflé, mais il y a une dizaine de minutes, d'après les informations que nous avons reçues, un événement tragique est survenu à Dallas. Je vous lis directement – excusez l'essoufflement – un communiqué du bureau United Press de Dallas : "Le Président Kennedy et le gouverneur John Connally ont été blessés lors d'un attentat au centre de Dallas. Ils voyageaient à bord d'une voiture découverte quand ils ont été touchés par des coups de feu. Le Président, effondré entre les bras de son épouse Jacqueline, a été reçu en urgence à l'hôpital Parkland[14]." »

Au moment de l'attentat, le chef de la police de Dallas, Jesse Curry, qui était dans la voiture en tête du cortège, avait ordonné par radio :

— Allez à l'hôpital Parkland. Dites-leur de se tenir prêt.

Quelques instants après, il annonça :

— On dirait que le Président a été touché. Que Parkland se tienne prêt.

— Ils sont informés, répondit-on à la radio.

Roulant à près de 130 km/h, la limousine présidentielle emprunta l'autoroute Stemmons et le boulevard Harry Hines pour joindre le Parkland Memorial Hospital[15].

---

[11] Témoignage de Jean-Marie Tasset, journaliste au *Figaro*, repris dans *Le Jour où on a Appris la Mort de JFK au Figaro*. http://video.lefigaro.fr/figaro/video/le-jour-ou-on-a-appris-la-mort-de-jfk-au-figaro/2855803609001/

[12] Philippe Labro : *On a Tiré sur le Président*, 2013.

[13] http://blogs.afp.com/makingof/? post/2013/11/14/Dallas%2C-22-novembre-1963#. UozjhsR0k-O

[14] Tom Jennings : *The Lost JFK Tapes : The Assassination*, 2009.

[15] Commission Warren, *Investigation of the Assassination of President John F. Kennedy Hearings Before the President's Commission on the Assassination of President Kennedy*, 1964.

Le motard d'escorte Marrion Baker, situé à l'arrière du cortège, était en train d'entrer sur la place Dealey, effectuant le virage Main Street-Houston Street, lorsqu'un coup de feu éclata. L'allure était alors très lente : une dizaine de kilomètres par heure, au point que le motard en perdait presque son équilibre. Comme il avait récemment participé à une chasse au cerf, Baker reconnut le bruit d'une « carabine de gros calibre ». Il leva les yeux et eut l'impression que les coups de feu provenaient d'un immeuble qui se profilait devant lui : le Texas School Book Depository, situé à l'angle des rues Houston et Elm, à une distance située entre 164 et 180 mètres. Il vit alors toute une flopée de pigeons qui venait de s'envoler. Dans l'esprit de Baker, ces pigeons venaient de s'envoler de ce bâtiment.

Le motard accéléra pour joindre le virage situé au pied du dépôt de livres. Tandis qu'il faisait le trajet, deux coups de feu claquèrent encore. Arrivé sur place, le motard gara sa moto et jeta un coup d'œil autour de lui. Plusieurs personnes couraient dans tous les sens. Certaines étaient allongées parterre.

— Oh ! Ils ont abattu cet homme, ils ont abattu cet homme, criait une femme.

Baker se précipita jusqu'au dépôt de livres. Dans le hall, il croisa un homme, un certain Roy Truly, à qui il demanda où était l'escalier ou bien l'ascenseur, parce qu'il avait l'intention de monter jusqu'au toit, pensant que l'on avait tiré depuis là-haut.

— Je suis le directeur, se présenta Truly. Suivez-moi, lieutenant, je vais vous montrer.

Sans courir très vite, juste « un bon trot » de l'avis du policier, Baker collait littéralement le dos de Truly qui l'emmenait jusqu'au monte-charge[16]. Truly l'avait en effet emmené d'abord à un escalier, puis avait noté la présence d'un monte-charge et avait déclaré :

— Venez, voici un monte-charge[17].

Mais celui-ci ne répondait pas à ses appels quand il pressa le bouton.

— Faites descendre le monte-charge, cria Truly par deux fois.

Préférant ne pas attendre, Baker suggéra de prendre l'escalier.

— D'accord, souffla Truly qui fit demi-tour pour l'emmener à l'escalier.

Quand les deux hommes arrivèrent au premier étage[18], Baker, qui s'était fait distancer par Truly, vit un homme à travers les vitres de deux

---

[16]   Déposition de Marrion L. Baker, motard d'escorte, devant la Commission Warren.

[17]   Déposition de Roy Sanson Truly, directeur du Texas School Book Depository, devant la Commission Warren.

[18]   Aux États-Unis, le rez-de-chaussée est considéré comme un étage. Nous avons choisi ici de reprendre le système français. Le premier étage indiqué ici est donc mentionné comme deuxième étage dans la version originale : « As I came out to the second floor there [...] » "Alors que je suis sorti au deuxième étage [...]".

portes et qui s'éloignait. L'inconnu était dans le réfectoire du bâtiment, qui était pourtant séparé de la cage d'escalier par un hall et deux portes. Baker se précipita dans le hall et cria :

— Venez ici.

Il pointa son revolver. L'individu se retourna et s'approcha du policier. Quand on demanderait au motard si l'inconnu portait quelque chose dans ses mains, Baker répondrait : « Il n'avait rien à ce moment-là[19]. »

Comme Truly, qui avait continué à grimper et avait fait demi-tour, était revenu à côté du policier[20], Baker lui demanda :

— Vous connaissez cet homme, il travaille ici ?[21]

— Oui, répondit Truly[22].

De fait, le policier abandonna cet homme et retourna à l'escalier[23]. Pourtant, cet inconnu allait devenir mondialement célèbre dans quelques heures. Il serait mis en examen pour l'assassinat du Président des États-Unis.

D'après ce qu'il dirait ensuite à la Commission d'enquête, Howard Brennan, qui se tenait en face du dépôt, prit le premier coup de feu pour un raté de moto. Il pensa ensuite à un pétard qui venait d'être lancé depuis le dépôt de livres. Il leva les yeux en direction du bâtiment et vit au cinquième étage un homme faisant feu. Le tireur sembla ensuite vérifier avoir touché sa cible. Avouant ne pas être un expert en arme à feu, Brennan affirma avoir vu de 75 à 80 % du fusil qui lui semblait être une arme de haute puissance. Peu après, il alla trouver un agent de police et lui demanda de trouver un agent du Secret Service ou du FBI et lui déclara que les tirs étaient partis de l'une des fenêtres de l'un des étages supérieurs du dépôt[24].

Victoria Adams se tenait à l'une des fenêtres du troisième étage du dépôt de livres en compagnie de Sandra Styles, de Dorothy May Garner et d'Elsie Dorman[25]. Cette dernière était venue au travail avec la caméra de son mari, bien qu'elle ne fût pas habituée à utiliser un tel appareil[26]. Elle filma la voiture présidentielle entrer sur Dealey Plaza, remonter Houston Street puis effectuer son virage pour entrer dans Elm

---

[19]   Déposition de Marrion L. Baker, motard d'escorte, devant la Commission Warren.

[20]   Déposition de Roy Sanson Truly, directeur du Texas School Book Depository, devant la Commission Warren.

[21]   Déposition de Marrion L. Baker, motard d'escorte, devant la Commission Warren.

[22]   Déposition de Roy Sanson Truly, directeur du Texas School Book Depository, devant la Commission Warren.

[23]   Déposition de Marrion L. Baker, motard d'escorte, devant la Commission Warren.

[24]   Déposition d'Howard Leslie Brennan, témoin de l'assassinat du Président Kennedy, devant la Commission Warren.

[25]   Déposition de Victoria Elizabeth Adams, représentant du Bureau de sondage pour Scott Foresman Company en poste au Texas School Book Depository, devant la Commission Warren.

[26]   David Konschnik (écriture) : *JFK : The Lost Bullet*, 2011.

Street[27]. Elle reconnut ne pas avoir utilisé le viseur pour cadrer la voiture[28], ce qui fait que son film est tremblotant, virevoltant, les images bougent dans tous les sens[29]. Dorman éteignit sa caméra après le premier coup de feu[30]. À ce moment-là, la limousine avait été dissimulée au regard des quatre femmes pas un arbre. « Nous avons entendu un coup de feu, déclarerait Victoria Adams par la suite, et il y eut une pause, puis un second coup, puis un troisième coup de feu. » Adams eut l'impression que les tirs provenaient de quelques parts situées en bas à droite, et non d'en haut à gauche. Après une durée comprise selon ses estimations entre 15 et 30 secondes, elle quitta la fenêtre. Accompagnée de Sandra Styles, Victoria Adams joignit l'escalier en courant. Elle nota qu'à ce moment-là, le monte-charge « ne bougeait pas ». En effet, les ouvertures du monte-charge étaient bouchées par des portes faites de lattes de bois[31]. Les deux femmes descendirent jusqu'au rez-de-chaussée et y rencontrèrent deux employés du dépôt : Bill Shelley et Bill Lovelady. Adams certifiera par la suite que durant toute sa descente, elle n'avait croisé personne. Les deux premières personnes qu'elle rencontra furent donc Shelley et Lovelady. Adams leur fit savoir son impression que le Président avait été abattu. Elle estimait que le temps qu'elle avait pris pour descendre du troisième étage jusqu'au rez-de-chaussée ne lui avait pas pris plus d'une minute. Après quoi, elle sortit sur Houston Street.

Elle commença à se diriger vers les voies de chemin de fer, mais ne fit même pas deux mètres, qu'elle rencontra un agent de police. Celui-ci ne put la renseigner et lui dit même de partir. Adams rebroussa chemin et se rendit dans une ruelle située entre Elm Street et le dépôt de livres. Elle y vit plusieurs employés, dont Avery Davis.

— Que pensez-vous qu'il se soit passé ?

— Je ne sais pas, répondit Davis.

— Je veux savoir, déclara Adams.

Comme il y avait une moto de police garée au coin du Houston et d'Elm, Adams écouta la radio. On y disait que les coups de feu avaient été tirés depuis le dépôt de livres, soit depuis le premier étage, soit depuis le troisième. L'inquiétude la frappa, puisqu'elle s'était postée à la seule fenêtre ouverte du troisième étage. Adams estima que la meilleure chose à faire était de retourner dans le bâtiment.

---

[27]   Film tourné par Eslie Dorman.

[28]   David Konschnik (écriture) : *JFK : The Lost Bullet*, 2011.

[29]   Film tourné par Eslie Dorman.

[30]   David Konschnik (écriture) : *JFK : The Lost Bullet*, 2011.

[31]   Quand on demanderait à Victoria Adams si elle avait jeté un coup d'œil au monte-charge quand elle était arrivée au deuxième étage, elle répondrait : « Je ne m'en souviens pas. »

Elle tomba alors sur un policier en poste sur les marches menant à l'entrée. Il bloquait le passage. Elle lui fit savoir qu'elle travaillait dans le dépôt. L'officier l'autorisa donc à entrer.

Une fois à l'intérieur, Adams pressa le bouton pour appeler le monte-charge ; mais celui-ci était toujours bloqué à l'un des étages supérieurs. Elle emprunta donc l'escalier et grimpa jusqu'au premier étage. Elle joignit d'abord un groupe de personnes se tenant dans le bureau du dépôt. Mais elle s'en alla et joignit le monte-charge. Celui-ci était effectivement bloqué et avait été arrêté ici. Elle y rencontra deux policiers en civil. Adams voulut se servir du monte-charge pour retourner au troisième étage, mais celui-ci était hors service. Elle dut prendre l'escalier pour grimper jusqu'au troisième étage et rejoindre son bureau[32].

Plusieurs personnes avaient cru que les coups de feu provenaient d'un autre endroit : un monticule herbeux surmonté d'une barrière en bois. La foule à se rendre à cet endroit était immense[33]. Certains estimèrent par contre que les tirs provenaient d'un endroit situé à la jonction du pont ferroviaire et de la barrière en bois et s'y précipitèrent[34].

Dans les studios de WFAA TV, Jay Watson interviewerait des témoins de l'attentat. Il s'agissait d'un couple qui portait chacun leurs enfants sur les genoux.

— Vous pouvez me dire comment vous vous appelez ? demanda Watson.

— Bill Newman.

— Vous êtes Mme Newman ? demanda Watson en tendant le micro vers la femme.

— Oui, répondit Gayle Newman.

— Pouvez-vous me raconter ce que vous avez vu, ce que vous avez ressenti ? Qu'est-ce qui s'est passé ? voulut savoir Watson.

— Nous étions juste devant le triple souterrain le long d'Elm Street, sur le bord du virage, prêts à applaudir le Président, expliqua le mari. La voiture présidentielle s'avançait vers nous ; nous avons entendu le premier tir et le Président – je ne sais pas qui a été touché en premier – mais lui a sursauté sur le siège. J'ai pensé qu'il avait eu peur, parce que je croyais que c'était un pétard, il avait l'air d'avoir peur. Ensuite, quand la voiture a été juste devant nous, un coup de feu, qui semblait provenir de derrière nous, l'a blessé sur le côté, sur la tempe[35].

---

[32] Déposition de Victoria Elizabeth Adams, représentant du Bureau de sondage pour Scott Foresman Company en poste au Texas School Book Depository, devant la Commission Warren.

[33] Films tournés par Mark Bell et Orville Nix.

[34] Photographie prise par Jim Towner.

[35] Tom Jennings : *The Lost JFK Tapes : The Assassination*, 2009.

Au dire du témoin, on avait l'impression que le coup de feu qui avait atteint le Président à la tête avait été tiré depuis le tertre herbeux, la zone surmontée d'une barrière en bois et en partie dissimulée par des arbres.

Newman se souviendrait pendant longtemps de cette interview : « Ils nous ont fait passer à l'antenne, et alors qu'on était là, un communiqué disant que le Président était toujours vivant est arrivé. Et bien sûr, on venait juste de le voir : il était mortellement blessé. La situation était très confuse[36]. »

Une femme s'approcha du policier Joe Smith qui était en poste sur Dealey Plaza, et plus précisément à l'intersection de Houston et d'Elm, face au dépôt auquel il tournait le dos. Il observait la foule pour s'assurer qu'elle se tenait éloignée du cortège ou que l'une des voitures garées ne démarre pas. Il ne put discerner la provenance des coups de feu en raison d'un effet d'écho.

La femme arriva alors à sa hauteur en criant :

— Ils ont tiré sur le Président depuis les buissons.

Smith s'y précipita alors. Quand il y arriva, le policier constata la présence d'un homme. Comme il sortit son arme, l'individu se présenta à lui et lui montra une carte du Secret Service. Smith rangea alors son arme, se sentant « terriblement stupide » de la situation. Plusieurs shérifs adjoints étaient également présents. Smith fouilla alors la zone et regarda dans toutes les voitures qui étaient garées dans un parking adjacent. Pendant les 15 à 20 minutes qu'il se trouva dans la zone, Smith ne vit rien. Puis, un sergent (Smith ne se souvenait plus s'il s'agissait du sergent Howard ou de sergent Harkness) ordonna de se rendre au dépôt de livres. Quand il y arriva, Smith se vit donner l'ordre de garder la porte d'entrée du bâtiment et de ne laisser sortir personne[37].

Le sergent D. V. Harkness était lui aussi en poste au croisement de Houston Street-Elm Street, en charge de superviser les agents de circulation. Il vit la voiture présidentielle ralentir jusqu'à presque marquer un arrêt, lorsque le premier coup de feu retentit. Harkness accourut alors jusqu'à sa moto. Il entendit un total de trois coups de feu et nota un effet de réverbération. Il démarra sa moto pour longer Elm Street jusqu'au pont à trois voies. Il avait vu que de nombreuses personnes s'étaient jetées à terre. Il en conclut que les coups de feu provenaient de cette zone. Il grimpa le talus jusqu'aux chemins de fer qui passaient par le pont, pour voir s'il y avait des fuyards. Mais il ne vit personne. Il se dirigea alors vers le dépôt de livres en longeant la clôture en bois surmontant le tertre herbeux.

---

[36]   Témoignage de Bill Newman, témoin de l'assassinat du Président Kennedy, repris dans *The Day Kennedy Died*, Leslie Woodhead, 2013.

[37]   Déposition de Joe Marshall Smith, policier, devant la Commission Warren.

Arrivé à l'arrière du dépôt, il tomba sur un certain Amos Euins qui lui déclara que les coups de feu provenaient du dépôt de livres. Harkness nota dans un calepin tout ce que lui déclara Euins.

Le sergent relaya ces informations à la radio :

— Un témoin dit que les tirs provenaient du quatrième étage, magasin du dépôt de livres du Texas à Houston et Elm. Je l'ai avec moi en ce moment et nous isolons le bâtiment[38].

Il était alors 12 h 36. Il y avait déjà plusieurs officiers de police présents autour du dépôt, mais Harkness ignorait si le bâtiment était bouclé ou non. Il fit grimper Euins à l'arrière de sa moto et l'emmena jusqu'à la voiture de l'inspecteur Sawyer. Celui-ci se tenait devant le dépôt en compagnie de deux officiers qui recueillaient des informations.

Après quoi, Harkness informa Sawyer avoir placé un témoin dans sa voiture, puis retourna à l'arrière du bâtiment. Il y trouva plusieurs hommes qui se présentèrent comme étant des agents du Secret Service.

À un moment, d'autres policiers arrivèrent et Harkness quitta les lieux pour rejoindre la partie avant du bâtiment. L'inspecteur lui ordonna alors d'aller fouiller les wagons de marchandises, derrière le parking du tertre herbeux.

Harkness et d'autres agents fouillèrent les wagons et y trouvèrent plusieurs hommes qu'il estima êtres des « clochards et vagabonds ». Ces hommes avaient trouvé refuge dans un train qui était sur le point de partir. Ces « clochards et vagabonds » furent interpellés et emmenés au poste de police pour être interrogés. Chose étonnante, lorsque Harkness déposerait devant la Commission officielle enquêtant sur l'attentat, quelques mois plus tard, personne ne semblerait s'intéresser à l'identité de ces individus[39].

« Plusieurs détails posaient des questions, aussi, sur les policiers, estimerait le procureur de La Nouvelle-Orléans Jim Garrison en étudiant les photographies qui furent prises de ces individus. Tout d'abord, les hommes arrêtés n'avaient pas de menottes aux mains, ce qui était bizarre. Pour les délits aussi graves que l'assassinat d'un Président, la police met tout de suite les menottes à ses prisonniers ; ces hommes étaient sûrement assez dangereux puisqu'ils étaient escortés par des agents armés de fusils, et dans ce cas ils auraient dû avoir des menottes. Pourtant, pour une raison inconnue, on épargnait à ces prisonniers-là les désagréments habituels subis par les personnes surprises à fuir le lieu d'un crime[40]. »

---

[38] « Witness says shots came from fifth floor (cinquième étage), Texas Book Depository store at Houston and Elm. I have hime with me now and were sealing off the building. » Harkness reconnaîtrait par la suite avoir commis une erreur à propos de l'étage.

[39] Déposition de D. V. Harkness, sergent de police, devant la Commission Warren.

[40] Jim Garrison : *On the Trail of the Assassins*, 1988.

Si les dossiers des interrogatoires de ces trois individus allaient disparaître, le procès-verbal de leur arrestation serait rendu public en 1992. Ces hommes se nommaient Doyle, Geney et Abrams. Il s'agissait effectivement de sans domicile[41].

Un autre homme fut interpellé. Une personne l'avait croisé dans un bâtiment proche d'Elm Street et constatant que l'homme était étranger au bâtiment, accourut dehors trouver un agent de police. Le policier suivit l'homme qui le mena jusqu'à l'inconnu et demanda à ce dernier de se présenter. L'inconnu lui montra une carte d'identité. Sur quoi, le policier répliqua qu'il l'emmènerait jusqu'à son supérieur pour vérifier.

Du reste, l'identité de cet individu fut dévoilée. Il s'appelait Jim Braden. Il déclara être à Dallas pour affaire. Il travaillait dans le pétrole et descendait l'avenue Elm afin de trouver une cabine téléphonique. Il entendit bien des gens dire :

— Mon Dieu, on a tiré sur le Président.

Il joignit un bâtiment et demanda à une fille s'il y avait un téléphone à l'intérieur, dont il pouvait se servir.

— Oui, répondit-elle, il y en a un au deuxième étage du bâtiment où je travaille.

Braden joignit alors un monte-charge et grimpa jusqu'au deuxième étage. Le téléphone était déjà occupé par une femme et Braden lui demanda s'il pourrait s'en servir une fois qu'elle aurait raccroché. Mais la femme lui répondit que le téléphone était hors service. Braden tenta tout de même de s'en servir, mais vainement. Il demanda alors à la femme comment il pouvait sortir du bâtiment – alors qu'il avait réussi à s'y introduire, à trouver le monte-charge et à trouver aussi le téléphone. C'est en revenant au rez-de-chaussée qu'il avait croisé l'homme qui devait aller prévenir un agent de police[42]. L'étrange histoire de Braden fut acceptée par les autorités.

---

[41]   Thierry Lentz : *L'Assassinat de John F. Kennedy : Histoire d'un Mystère d'État*, 2010.

[42]   Déposition de Jim Braden devant Evelyn Cox, notaire du comté de Dallas, 22 novembre 1963.

Le film de Zapruder

— Ils l'ont tué, ils l'ont tué, criait un homme parmi la foule de badauds présents sur Dealey Plaza.

Abraham Zapruder travaillait comme fabricant de robes. Son bureau était situé au Dall Tex Building, juste à côté du dépôt de livres. Il venait de filmer l'attentat.

Initialement, Zapruder n'avait pas prévu de filmer le passage du défilé présidentiel sur Elm Street. Sa secrétaire, qui savait qu'il avait une caméra, lui avait demandé pourquoi il ne l'avait pas emmené. Il avait répondu qu'il ne pensait pas avoir la chance de voir le Président. Elle l'avait incité à aller la chercher tout de même. Zapruder était donc revenu avec sa caméra, une Bell & Howell 8 mm, qu'il avait munis d'un téléobjectif. Au début, il pensait pouvoir filmer depuis l'une des fenêtres du Dall Tex Building. Mais il estima qu'il aurait une meilleure vue depuis Elm Street. Il s'y rendit donc avec l'une de ses collègues. Quand il arriva sur place, il vit une corniche étroite. Cependant, comme il était sujet au vertige, Zapruder rechercha un autre endroit. Il essaya une certaine zone, mais la vue était obstruée par plusieurs éléments. Il choisit finalement un muret en béton. Il y grimpa avec sa collègue[1].

Zapruder filma ainsi des motards effectuer le virage Houston-Elm. Puis il coupa la caméra et attendit que la voiture présidentielle fût sur Elm Street. Il recommença alors à filmer. De fait, il captura l'attentat dans son intégralité, sinon presque[2].

Le vidéaste amateur entendit d'abord un coup de feu et vit le Président porter ses mains vers sa gorge. N'ayant pas vraiment compris la situation, Zapruder se demandait pourquoi le Président agissait de la sorte. Ses idées n'étaient pas claires lorsqu'il entendit un second coup de feu. Il vit alors la tête du Président s'ouvrir et du sang en sortir.

— Ils l'ont tué, ils l'ont tué, cria le cinéaste amateur en continuant à filmer la scène jusqu'à ce que la voiture s'engouffre sous le passage à trois voies.

---

[1]   Déposition d'Abraham Zapruder, témoin de l'assassinat du Président Kennedy, devant la Commission Warren.

[2]   Film tourné par Abraham Zapruder.

Comme le Président avait été touché sur le côté droit de la tête, Zapruder pensait que les tirs venaient de derrière lui, depuis le tertre herbeux. Mais il n'en était pas vraiment sûr. « Il y avait trop de réverbération. Il y avait un écho qui m'a donné un son de partout » ferait-il remarquer plus tard. Il n'avait entendu que deux coups de feu.

— Ils l'ont tué, ils l'ont tué, criait-il encore en descendant du muret.

Sur son chemin, Zapruder croisa plusieurs personnes qui ne savaient pas ce qui s'était passé. Ils avaient apparemment entendu un coup de feu, mais ils ne comprenaient pas ce qui s'était produit.

— Qu'est-ce qui est arrivé ? demandaient-ils.

— Ils l'ont tué, ils l'ont tué, répondait le vidéaste amateur de manière hébétée.

En rentrant dans son bureau, Zapruder joignit sa secrétaire et lui demanda d'appeler la police ou le Secret Service. Zapruder s'enferma ensuite dans son bureau et n'y bougea pas jusqu'à ce que la police arrive. Avec les policiers, Zapruder fit développer le film qu'il venait de prendre. Il fut aidé en cela par Forrest Sorrels, du Secret Service. Le vidéaste amateur donna deux copies à Sorrels[3]. Par la suite, Zapruder devait regretter d'avoir filmé l'attentat[4].

Quelques jours plus tard, le FBI et le Secret Service se firent projeter le film. Une dépêche d'AP/UPI reprise par *France-Soir* indiquerait : « La seconde balle atteint le Président vers l'arrière de la partie supérieure droite de la tête. Sa tête tombe en avant, puis revient vers l'arrière, tandis que le Président s'affaisse sur le siège[5]. » Dan Rather, alors de KRLD-TV, filiale de CBS, put visualiser le film[6]. La description qu'il en fit est pour le moins troublante : « Le deuxième coup de feu touche le Président Kennedy et on voit bien que sa tête est projetée brutalement en avant. »

Pourtant, ce n'est pas ce que montrait le film. Quand il obtint une copie de la bobine durant son enquête, Jim Garrison fit faire des copies en intégrant le commentaire de Rather et les distribua aux mouvements contestataires. De fait, le film circula sous cette forme sur les campus universitaires. Et quand des journalistes de CBS arrivaient pendant les manifestations antiguerre, les contestataires criaient :

---

3   Déposition d'Abraham Zapruder, témoin de l'assassinat du Président Kennedy, devant la Commission Warren.

4   Daily News : *How Fil Taken by Abraham Zapruder, a Garment Maker, Launched Family into Spotlight and Became its Greatest Burden*, Larry Mashane, 17 novembre 2013. http://www.nydailynews.com/news/national/jfk-zapruders-article-1.1514600

5   France-Soir : *Le F.B.I. a vu le Film de la Mort de Kennedy*, 27 novembre 1963, reproduction, 25 novembre 2005.

6   Daily News : *How Fil Taken by Abraham Zapruder, a Garment Maker, Launched Family into Spotlight and Became its Greatest Burden*, Larry Mashane, 17 novembre 2013. http://www.nydailynews.com/news/national/jfk-zapruders-article-1.1514600

— Brutalement en avant ![7]

Dès ce vendredi fatidique, Richard Stolley, l'éditeur du *Time Life* qui avait pris un avion de Los Angeles pour joindre Dallas, avait appris qu'un spectateur nommé Zapruder avait filmé l'attentat[8]. Des pourparlers s'engagèrent entre Stolley et le cinéaste amateur pour l'acquisition du film par le magazine. Avant d'accepter cette vente, Zapruder s'assura de la manière dont serait exploité le film. Le magazine débourserait 25 000 dollars. Mais Zapruder ne conserverait pas cette somme et en ferait don au Firemen's and Policemen's Benevolence[9]. En 1975, *Time Life* revendit le film à la famille Zapruder pour un dollar symbolique. Puis, en 1999, le gouvernement acheta la pellicule pour 16 millions de dollar[10]. Dans son édition du 7 décembre 1963, *Paris-Match* publia quatorze photos extraites du film[11].

Il y eut d'autres films tournés par des amateurs ce jour-là. Mais aucun n'est aussi explicite, aussi complet, que celui du fabricant de robes. De l'avis de beaucoup de conspirationnistes, le film de Zapruder met à mal la version du tireur solitaire.

Le film fut ainsi utilisé pour dire que le Président Kennedy et le gouverneur Connally n'avaient pas pu être touchés par une même balle[12]. La Commission Warren avait en effet supposé – sans réellement l'établir – que trois coups de feu avaient été tirés, dont « un tir passé par le cou du Président et probablement passé par le corps du gouverneur[13] ».

Dans le film, le Président disparaissait complètement derrière un panneau de signalisation à l'image 210 et réapparaissait à l'image 225. Comme la caméra de Zapruder filmait 18 images par seconde et que le Président disparaissait derrière le panneau durant 15 images, il disparaissait durant huit dixièmes de seconde.

---

[7]   Matthew White : *The Murder of JFK : A Revisionist History*, 1999. Matthew White : *The Murder of JFK : A Revisionist History*, 1999.

[8]   Time Life : *JFK's Assassination : How Life Brought the Zapruder Film to Light*, Ben Cosgrove, 6 novembre 2014. http://time.com/3491195/jfks-assassination-how-life-brought-the-zapruder-film-to-light/

[9]   Déposition d'Abraham Zapruder, témoin de l'assassinat du Président Kennedy, devant la Commission Warren.

[10] Daily News : *How Fil Taken by Abraham Zapruder, a Garment Maker, Launched Family into Spotlight and Became its Greatest Burden*, Larry Mashane, 17 novembre 2013. http://www.nydailynews.com/news/national/jfk-zapruders-article-1.1514600

[11] Paris-Match : *Ce Film Devient un Document Historique*, dossier : *Kennedy : un Numéro Historique*, 7 décembre 1963.

[12] Chip Shelby : *Reasonable Doubt : The Single-Bullet Theory and the Assassination of John F. Kennedy*, 1988.

[13] Commission Warren, *Investigation of the Assassination of President John F. Kennedy Hearings Before the President's Commission on the Assassination of President Kennedy*, 1964.

À l'image 225, on voyait donc le Président réapparaître. Il portait ses mains à la gorge, signe qu'il avait été blessé[14]. Robert Groden, un chercheur spécialisé dans l'assassinat du Président Kennedy, affirma qu'on ne voyait pas Connally réagir à ses blessures avant l'image 238. « À cet instant, il réagit. Son épaule s'affaisse, ses joues gonflent, ses cheveux bougent. C'est l'image 238[15]. »

Certains opposants à la version officielle avancent que l'examen du film de Zapruder montrait que le Président et le gouverneur avaient été blessés à un intervalle d'une seconde, six dixièmes. Le gouverneur avait pourtant été blessé à la cage thoracique[16] – la cinquième côte avait été brisée au passage[17] –, au poignet droit et à la cuisse gauche. « Je doute que l'on puisse réagir à retardement à une blessure aussi importante que celle-ci » souligna plus tard le docteur Robert Shaw[18], chef de la chirurgie thoracique de Parkland et qui avait pris en charge les soins donnés à Connally[19].

Néanmoins, le film de Zapruder montrait très légèrement qu'à l'image 224 (alors que le Président était encore dissimulé par le panneau), l'épaule droite du gouverneur commençait à s'abaisser tandis que l'épaule gauche commençait à se relever, ce qui semble indiquer qu'il réagissait à une blessure. À l'image 226, on voyait Connally relever la main droite et faire apparaître son chapeau que l'on apercevait à peine dans les quatre images précédentes. Connally ne semblait donc pas réagir à retardement, mais bien à l'image 224[20].

Le docteur Cyril Wecht, qui avait présenté en 1965 à l'American Academy of Forensic Sciences un document critiquant la Commission Warren[21], était lui aussi d'avis qu'une seule balle n'avait pas pu blesser le Président et le gouverneur. En se fondant sur l'image 230 du film de Zapruder, il soulignait que l'on voyait Connally tenir son Stetson, son fameux chapeau de cow-boy blanc. « Ce geste est commandé par le nerf ulnaire, argumentait-il. Or, ce nerf a été sectionné par la balle qui lui a traversé le poignet. Il n'aurait pas pu tenir ainsi son chapeau dans

---

[14]   Film tourné par Abraham Zapruder.

[15]   Témoignage de Robert Groden, chercheur indépendant, repris dans *Reasonable Doubt : The Single-Bullet Theory and the Assassination of John F. Kennedy*, Chip Shelby, 1988.

[16]   Chip Shelby : *Reasonable Doubt : The Single-Bullet Theory and the Assassination of John F. Kennedy*, 1988.

[17]   Déposition de Robert Roeder Shaws, chef de chirurgie thoracique de Parkland Memorial Hospital, devant la Commission Warren.

[18]   Témoignage de Robert Shaw, chef de la chirurgie thoracique de Parkland, repris dans *Reasonable Doubt : The Single-Bullet Theory and the Assassination of John F. Kennedy*, Chip Shelby, 1988.

[19]   Commission Warren, *Investigation of the Assassination of President John F. Kennedy Hearings Before the President's Commission on the Assassination of President Kennedy*, 1964.

[20]   Film tourné par Abraham Zapruder.

[21]   https://en.wikipedia.org/wiki/Cyril_Wecht

la main droite avec un nerf coupé[22]. » Pourtant, au visionnage du film de Zapruder, il est visiblement clair que le gouverneur réagissait à ses blessures en ouvrant la bouche et se tournant presque sur lui-même, tout en tenant son Stetson par la main droite. Le chapeau n'était définitivement plus visible, puisqu'il sortait du cadre, à l'image 280[23]. Soit Connally avait encore maintenu le chapeau avec une blessure au poignet, soit l'homme avait été touché par deux balles.

La théorie de la balle unique serait approuvée en 1979 par le House Select Committee on Assassinations, qui devait enquêter sur les assassinats de Martin Luther King et du Président Kennedy[24].

Pour le tir fatal, le film de Zapruder montrait la tête du Président Kennedy être propulsé en arrière et sur la gauche, comme si le tir venait d'un point situé devant, à droite. Pourtant, les choses n'étaient pas aussi explicites. L'image 313 du film, celle dévoilant l'impact à la tête, montrait un halo de sang et de matière cérébrale expulsés de la tête du Président. Éjecté du côté droit de la tête, ce halo masquait en partie le visage du Président et celui de la Première Dame[25]. Pourtant, s'il s'agissait d'un tir de face, on serait en droit de s'attendre que le sang fût éjecté de l'arrière de la tête. Certains avancèrent que ce halo n'était pas du sang, mais en réalité de la peinture effectuée dans le but de truquer le film et empêcher de découvrir la vérité[26]. Pourtant, sans être aussi explicite, un film tourné par un autre témoin, Orville Nix, montrait, lui aussi, ce halo de sang sortir de la tête, vraisemblablement au niveau de la tempe droite[27]. Encore moins évident, un film tourné par Marie Muchmore montrait également le halo de sang[28]. Il y a donc tout lieu de penser que le sang montré dans le film de Zapruder est authentique.

Par ailleurs, les images du film de Zapruder suivant la 313 montraient une large blessure à la tête du Président, au niveau de la tempe droite. Cette partie avait littéralement été creusée[29], conformément au souvenir de Clint Hill, le grade du corps qui avait accouru à la voiture[30]. La zone de la tempe était pliée sur l'extérieur. Ce qui semblait correspondre à un tir venant de l'arrière.

---

[22] Témoignage de Cyril Wecht, docteur, repris dans *Reasonable Doubt : The Single-Bullet Theory and the Assassination of John F. Kennedy*, Chip Shelby, 1988.

[23] Film tourné par Abraham Zapruder.

[24] Report of the House Select Committee on Assassinations of the U.S. House of Representatives, 1979.

[25] Film tourné par Abraham Zapruder.

[26] William Reymond : *JFK : Autopsie d'un Crime d'État*, 1998.

[27] Film tourné par Orville Nix.

[28] Film tourné par Marie Muchmore.

[29] Film tourné par Abraham Zapruder.

[30] Témoignage de Clint Hill, garde du corps de Jackie Kennedy, repris dans *The Kennedy Detail*, Chris Golding, 2010.

Enfin, même si la tête du Président faisait un violent mouvement en arrière et sur la gauche, une analyse par superposition des images 312 et 313 montrait qu'au moment de l'impact, la tête du Président opérait un très léger mouvement en avant. Ce qui correspondait là aussi à un tir venant de l'arrière[31].

Jean Hill et Mary Moorman se tenaient ensemble à côté d'Elm Street. Cette dernière était venue avec un appareil photo Polaroid. Quand la limousine présidentielle était passée devant les deux femmes, Mme Hill s'était légèrement approchée et avait crié :
— Hé, nous voulons vous prendre en photo.
Hill vit que le Président regardait à l'intérieur de la voiture, vers le bas. La Première Dame en faisait autant. Hill ne s'était pas rendu compte que l'on avait tiré sur lui et qu'il était blessé. Elle entendit alors un coup de feu et vit le Président touché à la tête. Il avait relevé la tête et s'était effondré sur la gauche. Son amie, Mme Moorman, prit une photo et se jeta au sol en criant :
— Baisse-toi, ils tirent.
Mme Hill devait rapporter par la suite avoir entendu de quatre à six coups de feu ; elle évoqua trois tirs, une pause, puis d'autres coups de feu très rapprochés les uns des autres. Elle avouerait ne pas savoir exactement si elle avait entendu quatre, cinq ou six coups de feu, mais qu'elle était sûre qu'il y en avait eu plus de trois. C'est pour cela qu'elle parlerait que quatre à six tirs. Ce serait pourtant le troisième coup de feu qui aurait été fatal.

Le témoignage qu'en ferait Jean Hill serait de fait confus, puisqu'elle pensait que le troisième coup de feu était celui qui avait tué le Président, tandis qu'elle n'aurait rien remarqué de celui qui l'avait blessé. Elle avait même crié au Président que son amie voulait le prendre en photo – et ceci en plein attentat. Pour les tirs suivants les trois premiers, Hill pensa qu'il s'agissait de la réponse du Secret Service. Par ailleurs, elle avait vu que le cortège s'était pratiquement arrêté lorsque les coups de feu avaient retenti.

Reste que stupéfaite par ce qu'elle venait de voir, Mme Hill ne se baissa pas. Elle ne réagit même pas quand Moorman tenta de la tirer au sol. Tout le monde autour était immobilisé pendant un court temps qu'il lui parut être une éternité.

Après quoi, Mme Hill traversa Elm Street en courant, en contournant une moto de police qui risqua de la heurter – elle était

---

[31]   Film tourné par Abraham Zapruder.

persuadée que le motard ne l'avait pas vue. Elle avait vu un homme d'une quarantaine d'années, vêtu d'un pardessus brun et d'un chapeau partir de là en courant, qui se dirigeait vers les voies ferrées. C'était la seule personne qui était en mouvement sur la place. Hill lui courut après, sans même savoir ce qu'elle ferait si elle le rattrapait. Elle pensait qu'il s'agissait de l'assassin. Elle déclarerait plus tard que cet homme ressemblait à un certain Jack Ruby – un nom qui reviendrait souvent dans cette affaire. Elle commença à grimper sur le tertre herbeux. Elle pensait que les coups de feu avaient été tirés de là. Mais Mme Hill perdit l'homme de vu.

Par la suite, Mme Hill subirait les moqueries de son mari en raison de l'identification de l'individu qu'elle avait poursuivi. Il se moquerait également d'elle parce qu'elle croyait avoir vu un chien dans la limousine décapotable, placé entre le Président et la Première Dame. Il s'agissait en fait d'un bouquet de roses que l'on avait remis à Mme Kennedy à l'aéroport de Love Field à son arrivée.

Quand Mme Hill revint sur Elm Street, elle vit Mary Moorman en compagnie du journaliste Jim Featherstone, du *Dallas Time Herald*, qui tentait d'obtenir la photo qu'elle avait prise. Hill accourut et déclara au journaliste qu'elles devaient partir. Mais le journaliste insista pour que les deux femmes le suivent. Il les guida jusqu'au quartier général de la police. Quand elles furent dans une petite pièce, Hill et Moorman furent interviewées par des journalistes de presse, de radio et de télé. Puis, Mme Hill fut interrogée par des agents du Secret Service[32].

La photo de Mary Moorman montrait l'arrière de la Lincoln décapotable, vu légèrement de l'arrière gauche. On voyait en premier plan un motard de police, au second plan la Lincoln avec le Président penché sur la gauche et la Première Dame tournée vers lui, puis au troisième plan quelques badauds et en fond un muret et une barrière en bois surmontant le tertre herbeux[33].

Cette photo fut souvent étudiée par des chercheurs indépendants, tentant de démontrer qu'il y avait un tireur situé derrière la palissade en bois. Jack White et Gary Mack travaillèrent de nombreuses années sur ce cliché[34]. En 1982, Mack crut distinguer une silhouette dans le fond de la photo de Moorman. Il demanda alors à White, un technicien en photographie et chercheur indépendant, d'améliorer la photo. La silhouette ressemblait à celle d'un homme portant un uniforme de la

---

[32]   Déposition de Jean Lollis Hill, témoin de l'assassinat du Président Kennedy, devant la Commission Warren.

[33]   Photographie prise par Mary Moorman.

[34]   William Reymond : *JFK : Autopsie d'un Crime d'État*, 1998.

police de Dallas. Du reste, il fut surnommé Badge Man (l'homme à l'insigne). L'homme semblait être en poste derrière la palissade en bois. Une partie de son visage était masquée par une tache blanche, que White définissait comme étant l'éclair d'un tir[35].

Pourtant, White ne parvint jamais à prouver de manière irréfutable la présence de ce tireur habillé en policier. Et pour cause, la zone identifiée par le chercheur était mêlée à un arbre et rien ne permet d'affirmer que l'on y voit un individu. Il semblerait même que cette probable silhouette ne fût que des branches d'arbres. Cette illusion ne pourrait n'être qu'une paréidolie. Si Mack avait fini par être convaincu qu'il n'y avait pas eu de complot, White resta persuadé que le Président avait été victime d'une conspiration[36].

Dale Myers, récompensé par un Emmy Awards pour ses animations faites par ordinateur, tenta de reconstituer l'éventuelle position de Badge Man en utilisant des « mathématiques épipolaires, des modèles informatiques et des photographies ». Les résultats, auxquels aboutit Myers, indiquèrent que si la photographie de Moorman montrait un homme, celui-ci se serait tenu à près de dix mètres derrière la clôture en bois et aurait été élevé à plus d'un mètre du sol[37].

Dans son documentaire *The Case for Conspiracy*, Robert Groden montra un agrandissement de la photo de Moorman où l'on y voyait très clairement deux hommes commencer à fuir derrière la palissade[38]. Pourtant, ce détail, qui aurait certainement été utilisé par Jack White et d'autres chercheurs, n'est pas visible sur d'autres exemplaires de la photo de Moorman.

Dans plusieurs photos et films pris sur Dealey Plaza, ce 22 novembre, deux hommes apparaissaient avec des comportements pour le moins étonnants. L'un d'eux fut surnommé Umbrella Man (l'homme au parapluie) et le second Dark Complected Man (l'homme au teint noir). Le premier ouvrit un parapluie et le second leva son bras droit. Ce qui est suspicieux, c'est que ces gestes furent réalisés au moment où le Président Kennedy et le gouverneur Connally étaient blessés[39].

Le soleil était radieux, ce jour-là à Dallas. Pourquoi, donc, cet homme ouvrit-il un parapluie au moment où le Président était mis à mort ? On pourrait, en premier lieu, penser à un signal. Mais l'on n'en a aucune preuve. Par ailleurs, en 1978, lors de l'enquête menée par le House Select Committee on Assassinations, un homme du nom de

---

[35] Secrets of A Homicide : JFK Assassination. http://www.jfkfiles.com/index.html

[36] William Reymond et Billie Sol Estes : *JFK : le Dernier Témoin*, 2003.

[37] Secrets of A Homicide : JFK Assassination. http://www.jfkfiles.com/index.html

[38] Robert J. Groden : *JFK : The Case for Conspiracy*, 1993.

[39] Assassinat de JFK. Entre Officiel et Vérité : *Umbrella Man, Badge Man, Dark Complected Man et Black Dog Man*. http://jfk-officielverite.jimdo.com/umbrella-man-badge-man/

Louie Steven Witt se présenta et affirma être l'homme au parapluie. Il expliqua avoir agi ainsi pour rappeler au Président Kennedy la politique de conciliation avec l'Allemagne nazie consentie par Neville Chamberlain – qui était souvent équipé d'un parapluie – et soutenue par l'ambassadeur américain à Londres Joseph Kennedy, le père du Président[40].

Il faut avouer que l'explication est quelque peu étrange, mais rien ne prouve que ces propos sont faux. Comme rien ne prouve qu'ils sont vrais.

Le cas de Dark Complected Man pourrait d'abord passer pour un salut au Président. Mais son bras restait fixe – ce qui ne correspondait visiblement pas à un salut. Cependant, c'est son comportement après l'attentat qui est des plus suspects.

Dark Complected Man et Umbrella Man s'assirent l'un à côté de l'autre, juste après les coups de feu. Il ne fait aucun doute à ce sujet, puisqu'une photo montre les deux hommes assis sur le trottoir, tandis que le parapluie repose aux pieds d'Umbrella Man[41].

On crut discerner sur une photo Dark Complected Man faire usage d'un talkie-walkie. Mais la photographie en question est très floue. De plus, en fonction de l'angle de la prise de vues, un homme court derrière l'individu. Il est donc impossible de dire que Dark Complected Man fait usage d'un quelconque émetteur-récepteur.

Il existe une série de photos prises par Jim Murray et William Allen, que les théoriciens du complot ont repris pour les présenter comme étant des preuves d'une quatrième balle perdue – et qui démontrerait la conspiration. On y voyait l'agent de police J. W. Foster, le shérif adjoint Eddy "Buddy" Raymond Walthers et un homme en smoking, surnommé "l'agent", en train d'observer une zone de la pelouse bordant Elm Street. L'homme en smoking se baissait pour ramasser quelque chose et le mettre apparemment dans sa poche.

Beaucoup estimèrent qu'il s'agissait d'une balle perdue[42]. Le shérif adjoint Roger Craig – qu'on ne voit pas sur les lieux – déclara plus tard qu'il s'agissait effectivement d'une balle de calibre .45[43]. Le chercheur indépendant Penn Jones Jr avança que le « shérif adjoint Buddy

---

[40]   Report of the House Select Committee on Assassinations of the U.S. House of Representatives, 1979.

[41]   Assassinat de JFK. Entre Officiel et Vérité : *Umbrella Man, Badge Man, Dark Complected Man et Black Dog Man.* http://jfk-officielverite.jimdo.com/umbrella-man-badge-man/

[42]   Dealey Plaza : *Evidence of a Cover-up ? Mysterious Bullet Found on the Infield in Dealey Plaza ?* http://mcadams.posc.mu.edu/slug.htm

[43]   Témoignage de Roger Craig, shérif adjoint, repris dans *Evidence of Revision : the Assassinations of Kennedy and Oswald*, Conspiratus Ubiquitus, 2011.

Walthers qui a trouvé l'objet, a dit plus tard ce jour-là, que c'était une balle de calibre .45[44] ».

L'objet en question – que les photos ne permettent pas vraiment de définir – fut donc considéré comme une balle[45]. Néanmoins, Jones ne donna pas les sources de son assertion. Lors de sa déposition devant la Commission Warren, Walthers affirma même le contraire : « Je n'ai jamais fait une déclaration au sujet d'une balle trouvée[46]. »

Jim Murray déclara : « Au moment où je photographiais, mon opinion était qu'il semblait s'agir de marques de talon, ou quelque chose comme un talon pointu qui était ressorti de la boue et avait créé un petit monticule de terre moite. Je suis certain de n'avoir vu aucune balle ou quoique ce soit[47]. »

William Allen déclara quant à lui : « Je croyais qu'ils cherchaient des balles ou quelque chose comme ça, des fragments de balles ou des fragments de quelque chose. Je ne les ai pas vu prendre une balle et dire : "Hey, voici une balle." Parce que je suis sûr que je l'aurais photographié s'ils avaient ramassé quelque chose comme cela. Je me souviens de leur avoir parlé d'un éclat dans le trottoir, mais ne me souviens pas, en fait, je sais que je ne voyais pas de balle[48]. »

Néanmoins, il y a un film qui avait totalement disparu de la circulation. Marie Muchmore se tenait sur Dealey Plaza et filma le défilé. On y voyait la limousine présidentielle entrée sur Houston Street. Puis, l'image se coupait pour montrer la voiture sur Elm Street durant l'attentat. On y voyait le Président penché vers la Première Dame et Clint Hill se précipiter à la limousine. Au moment de l'impact à la tête, le Président était sur le point d'être masqué de l'objectif par Jean Hill et Mary Moorman[49].

Employée au Justin McCarthy Dress Manufacturer, Muchmore vendit son film 8 mm couleur pour 1 000 $ à UPI, le 25 novembre. Le film fut développé par le laboratoire Kodak de Dallas. Emmené à New York, il fut diffusé le lendemain[50].

---

[44] Penn Jones Jr. : *Cover Photo of Forgive my Grief, III.* http://www.ratical.org/ratville/JFK/FMGvolIIIcover.html

[45] Dealey Plaza : *Evidence of a Cover-up ? Mysterious Bullet Found on the Infield in Dealey Plaza ?* http://mcadams.posc.mu.edu/slug.htm

[46] Déposition d'Eddy Raymond Walthers, shérif adjoint, devant la Commission Warren.

[47] Témoignage du photographe Jim Murray, repris dans *Evidence of a Cover-up ? Mysterious Bullet Found on the Infield in Dealey Plaza ?*, Dealey Plaza, http://mcadams.posc.mu.edu/slug.htm

[48] Témoignage de William Allen, photographe, repris dans *Evidence of a Cover-up ? Mysterious Bullet Found on the Infield in Dealey Plaza ?*, Dealey Plaza, http://mcadams.posc.mu.edu/slug.htm

[49] Film tourné par Marie Muchmore.

[50] Wikipédia : *Marie Muchmore.* https://en.wikipedia.org/wiki/Marie_Muchmore

Un élément important que montrait le film de Muchmore était la présence d'une femme, vue de dos, portant un impair brun clair. La particularité de cette personne était qu'elle tenait au visage ce qui semblait être un appareil photo ou une caméra[51]. On la voyait également dans le film de Zapruder, de face, mais de manière moins précise que dans celui de Muchmore[52].

Comme cette femme ne se fit pas connaître, les chercheurs indépendants la baptisèrent Babushka Lady. C'est en 1970 que le chercheur Gary Shaw rencontra Beverly Oliver, une ex-employée de Jack Ruby, qui affirma être la fameuse Babushka Lady. Elle avait filmé l'attentat, déclara-t-elle, mais son film avait été confisqué par un agent du FBI du nom de Regis Kennedy, le 25 novembre.

La communauté des chercheurs fut divisée sur le fait qu'Oliver était réellement Babushka Lady ou pas. En effet, elle précisa avoir filmé l'attentat avec une caméra Super 8 Yashica. Mais certains chercheurs relevèrent que ce modèle ne fut commercialisé qu'en 1965. Oliver déclara donc par la suite ne jamais avoir identifié sa caméra comme étant une Super 8 Yashica. En ce qui concerne le cas de l'agent Kennedy, il n'était pas à Dallas le 25 novembre, mais à La Nouvelle-Orléans[53].

On est en droit d'émettre de sérieux doutes sur les assertions de Beverly Oliver qui prétendit être Babushka Lady. Toujours est-il que le film ou la photo pris par Babushka Lady n'était toujours pas apparu au grand jour plus d'un demi-siècle après les faits. Que contenait-il ? Où était-il ?

Phil Willis prit plusieurs photos de la limousine présidentielle, alors que celle-ci se trouvait sur Elm Street. Il prit également une photographie de l'entrée du dépôt de livres peu après l'attentat. Cette photo attira l'attention puisqu'elle montrait, à l'extrême droite, un homme ressemblant à Jack Ruby[54]. Pourtant, Ruby affirmerait ne pas s'être rendu sur Dealey Plaza[55]. Néanmoins, cette photo tendrait à démontrer le contraire. Là, il y a problème. L'affaire est d'autant plus problématique que cette photo allait quelque peu dans le sens du témoignage de Jean Hill, quand celle-ci disait avoir vu ce même homme sur Dealey Plaza immédiatement après l'attentat[56].

---

[51]   Film tourné par Marie Muchmore.

[52]   Film tourné par Abraham Zapruder.

[53]   The JFK 100 : *Beverly Oliver*. http://www.jfk-online.com/jfk100bev.html

[54]   Photographie prise par Phil Willis.

[55]   Déposition de Jack Ruby devant la Commission Warren.

[56]   Déposition de Jean Lollis Hill, témoin de l'assassinat du Président Kennedy, devant la Commission Warren.

Reste qu'il n'y a avait pas de vraies preuves soutenant qu'un tireur était situé en face du Président, mais en plus de quoi, les éléments indiquaient qu'il n'y en avait pas. Tout portait à croire que la balle qui tua John F. Kennedy avait été tirée d'un endroit situé derrière le Président.

Parkland

Au Trade Mart, là où le Président aurait dû déjeuner et prononcer un discours[1], le garde du corps David Grant avait vu au loin la Lincoln décapotable. Mais il n'avait vu personne assis à l'arrière, à l'exception d'un seul homme allongé sur la malle arrière du véhicule. La voiture aurait dû tourner pour joindre le Trade Mart, mais n'en fit rien. Quand il fut informé que le Président avait été blessé, Grant pensa qu'il « avait reçu un projectile depuis le pont[2] ».

En poste au Trade Mart, J. Will Fritz, du service des homicides et vols de la police de Dallas, aurait initialement dû être dans le cortège, dans la voiture suivante celle du vice-président Johnson. Mais la veille, à 22 heures, le chef Stevenson l'avait appelé chez lui pour lui dire que les plans avaient changé. Fritz était désormais affecté avec deux de ses officiers, les détectives Sims et Boyd, à la tribune des orateurs du Trade Mart. C'est par sa radio portable qu'il fut informé de l'attentat contre le Président. À sa montre, il était 12 h 35. Le chef Stevenson arriva vers lui et lui annonça également l'attentat, qui s'était déroulé au niveau du passage à trois voix. Il lui demanda de se rendre à l'hôpital pour voir ce qu'il pouvait faire. Accompagné de Sims et Boyd, le capitaine Fritz quitta le Trade Mart pour monter dans sa voiture. Il écouta d'abord la radio pour s'assurer qu'il ne s'agissait pas d'un canular. « C'était seulement dix minutes avant l'arrivée du Président, nous ne voulions pas partir à moins que cela soit un véritable appel. » Mais comme la radio confirmait l'attentat, Fritz partit pour Parkland[3].

Les invités du déjeuner comprirent que quelque chose s'était passé quand ils virent des agents du Secret Service et des policiers, suivis par

---

[1] Commission Warren, *Investigation of the Assassination of President John F. Kennedy Hearings Before the President's Commission on the Assassination of President Kennedy*, 1964.

[2] Témoignage de David Grant, garde du corps du Président Kennedy présent au Trade Mart, repris dans *The Kennedy Detail*, Chris Golding, 2010.

[3] Déposition de John Will Fritz, capitaine du bureau d'homicide et vol, devant la Commission Warren.

des photographes, courir le long des balcons intérieurs du centre commercial[4].

Deux bus arrivèrent et déposèrent leurs passagers entre Furniture Mart et l'Apparel Mart. Il s'agissait de deux bus du cortège présidentiel qui transportaient le service de presse de la Maison-Blanche. Après avoir présenté leurs cartes de presse, les journalistes entrèrent dans le Trade Mart où ils apprirent de la part de policiers ou d'invités que le Président avait été victime d'un attentat.

Le car VIP du cortège déposa ses passagers à l'arrière du Trade Mart. On y comptait la secrétaire du Président, Evelyn Lincoln, ainsi que le médecin personnel, le Dr George Burkley. Eux non plus ne savaient pas qui s'était passé quelque chose. Normalement, ils auraient dû être accueillis par des agents du Secret Service qui les auraient fait entrer par la porte de service. Mais les agents avaient quitté les lieux pour se rendre à l'hôpital Parkland. Si bien que la porte de service était gardée par des policiers de l'État du Texas. N'étant pas reliés au réseau de police, ceux-ci ignoraient tout. Ils refusèrent donc de laisser entrer les membres VIP. Un Ranger autorisa un seul des membres passer, parce qu'il le connaissait. Liz Carpenter, l'une des VIP, poussa la secrétaire du Président en avant, en s'écriant :

— C'est Evelyn Lincoln, la secrétaire particulière du Président !

— Je regrette, Madame, impossible, répondit un garde après avoir examiné un laissez-passer.

Burkley sentait que quelque chose s'était produit. Il vit l'inspecteur Andy Berger qui s'apprêtait à partir dans une voiture de police. Suivi de son assistant, Burkley embarqua dans le véhicule. Chuck Roberts, de *Newsweek*, tenta d'embarquer lui aussi, mais Burkley lui claqua la portière au nez. La voiture quitta le Trade Mart pour joindre Parkland.

Parmi les personnalités restées sur place, Jack Valenti tentait désespérément d'entrer dans le Trade Mart, allant d'un Ranger à un autre. Soudain, il aperçut un invité du déjeuner sortir d'une cabine téléphonique. Celui-ci avait l'air commotionné, les bras ballants et la démarche chancelante. Il regarda les VIP et souffla :

— Êtes-vous de la Maison-Blanche ? Le Président a été tué d'un coup de fusil.

— C'est une plaisanterie idiote ! s'écria l'une des VIP.

— Pourquoi cherche-t-on à faire courir un bruit pareil ? demanda Carpenter en se tournant vers Lincoln, après avoir éclaté d'un rire nerveux.

Valenti vit alors un policier qui hochait la tête. C'était donc vrai. On avait attenté à la vie du Président[5]. À l'intérieur du Trade Mart, l'annonce officielle fut faite :

---

[4]   Tom Jennings : *The Lost JFK Tapes : The Assassination*, 2009.
[5]   William Manchester : *The Death of A President*, 1967.

— Je ne suis pas certain de réussir à dire ce que je dois vous communiquer. Je me sens comme lors de l'attaque à Pearl Harbor. Il a été confirmé que notre Président et le gouverneur Connally ont été blessés dans le cortège présidentiel. Nous ne connaissons pas la gravité de leurs états. Les nouvelles donnent peu de détails, et il est difficile d'obtenir des informations[6].

Il était 12 h 36 lorsque la limousine présidentielle arriva devant l'entrée des urgences de l'hôpital Parkland. Sous le choc du freinage, le gouverneur Connally, qui avait perdu conscience, reprit connaissance. L'inspecteur Winston Lawson, du Secret Service, accourut immédiatement à l'intérieur de l'hôpital[7]. Son intention était d'y trouver des civières[8].

— Levez-vous, demanda l'agent Emory Roberts à la Première Dame.

Mais elle ne bougea pas. Elle continuait à tenir à tête du Président en gémissant doucement. Roberts souffla à Roy Kellerman, son supérieur :

— Restez avec Kennedy, je vais auprès de Johnson.

William Greer, le chauffeur de la Lincoln, s'activait à aider Lawson pour apporter deux civières[9]. Aux yeux d'Aubrey Rike, d'O'Neal Funeral Home, qui était à Parkland pour une intervention, les deux hommes lui semblèrent « totalement fous », puisqu'ils « criaient pour avoir des civières… des lits médicalisés… et d'autres choses ». Ils lui parurent d'autant plus fous qu'un l'un d'eux était armé d'« une grosse mitraillette[10] ».

Assis sur un strapontin en plein milieu de la voiture, Connally avait parfaitement conscience qu'il faisait barrage à toute personne voulant accéder au Président. Il tenta de se lever, mais en fut empêché par sa femme. Il ne fut extrait du véhicule que lorsque des infirmiers arrivèrent.

La Première Dame était toujours penchée sur son mari. Clint Hill, son garde du corps qui avait grimpé sur la voiture, était maintenant sur l'un des marchepieds.

— Je vous en prie, Mme Kennedy, souffla-t-il en lui secouant doucement l'épaule.

Mais la Première Dame ne réagit pas. Enfin, au bout de quelques secondes, elle redressa la tête.

---

[6]   Tom Jennings : *The Lost JFK Tapes : The Assassination*, 2009.

[7]   William Manchester : *The Death of A President*, 1967.

[8]   Déposition de Winston G. Lawson, inspecteur du Secret Service, devant la Commission Warren.

[9]   William Manchester : *The Death of A President*, 1967.

[10]   Tom Jennings : *The Lost JFK Tapes : The Assassination*, 2009.

— Je vous en prie, répéta Hill. Nous devons montrer le Président à un médecin.

— Je ne veux pas le laisser partir, M. Hill, répondit la Première Dame à voix basse.

— Nous devons l'emporter, Mme Kennedy.

— Non, M. Hill. Vous savez qu'il est mort. Laissez-moi.

Le garde du corps retira sa veste et la posa sur les genoux de la Première Dame. Celle-ci prit la veste pour envelopper la tête de son mari. C'était comme si elle ne voulait pas que l'on vît l'horrible blessure au crâne de son mari. Le garde du corps et quatre autres personnes purent enfin extraire le Président de la voiture pour le porter sur une civière.

Le Président fut alors emmené jusqu'à la salle des urgences n° 1, faisant face à la n° 2, de laquelle on entendait les gémissements du gouverneur Connally[11].

Accompagné des détectives Sims et Boyd, le capitaine Fritz arriva à Parkland, à 12 h 45, et y trouva le chef Curry. Celui-ci était sur le trottoir devant l'hôpital. Fritz l'informa qu'ils avaient reçu un appel de l'hôpital, mais savait en son for intérieur que sa place n'était pas ici ; qu'il devait se rendre sur la scène du crime.

— Eh bien, allez-y, leur dit Curry.

Fritz et ses deux officiers se rendirent sur Dealey Plaza. Ils joignirent directement le Texas School Book Depository.

Quand ils furent arrivés sur place, à 12 h 58, des officiers dirent à Fritz qu'ils pensaient que le tireur était dans le dépôt. Les policiers prirent alors leurs fusils et entrèrent immédiatement dans le bâtiment. Un officier demanda si le capitaine voulait que le bâtiment soit bouclé. Fritz acquiesça.

Fritz commença à fouiller les étages. Il cherchait « quelqu'un avec une arme à feu ou un air suspect[12] ». Quand l'agent Gerald Hill arriva au dépôt de livres, Fritz lui déclara que ses hommes et lui commençaient à fouiller le bâtiment depuis le rez-de-chaussée jusqu'aux étages supérieurs. Il demanda à Hill de fouiller le dépôt depuis les étages supérieurs en descendant. Hill et ses hommes prirent un ascenseur situé près de l'entrée principale du bâtiment pour joindre le cinquième étage. Puis, ils prirent l'escalier pour grimper au sixième. Quand Hill y arriva, il nota que deux shérifs adjoints et un agent en uniforme étaient déjà là.

Hill et ses hommes descendirent au cinquième étage et le fouillèrent.

---

[11]   William Manchester : *The Death of A President*, 1967.

[12]   Déposition de John Will Fritz, capitaine du bureau d'homicide et vol, devant la Commission Warren.

— Il y a quelque chose ici, cria quelqu'un[13].

Il était approximativement 13 heures quand le shérif adjoint Luke Mooney vit un empilement de cartons dans le coin sud-est de l'étage[14]. Tandis que Hill joignait le lieu indiqué[15], Mooney se faufila entre les cartons[16]. Ceux-ci semblaient avoir été disposés de manière à créer un abri, tandis que trois cartons avaient été posés près de la fenêtre afin d'offrir un appui. Sur l'une des boîtes, il y avait un os de cuisse de poulet et un petit sac de papier d'une trentaine de centimètres de long. Il y avait également trois douilles posées sur le sol[17]. Celles-ci furent découvertes vers 13 h 15, selon le détective Sims[18].

Hill demanda alors à l'un des shérifs adjoint de garder la scène et d'empêcher quiconque de toucher à quoi que ce soit. Par l'une des fenêtres, Hill cria qu'on lui envoie le laboratoire de la crim'. On l'entendit depuis la rue[19].

On allait souvent croire dans le public que le mur de carton empilé vers la fenêtre où l'on retrouva trois douilles, avait été dressé par le tireur. Cet aspect allait apporter de la méfiance. On imaginait mal qu'un seul homme eut pu empiler plusieurs cartons dans un temps relativement court sans se fatiguer. D'autant plus qu'on ne relèverait que trois empreintes du suspect qui serait interpellé plus tard dans la journée : deux empreintes de deux paumes, gauche et droite, et une empreinte digitale[20]. Pourtant, peut-être à l'exception de quelques-uns positionnés pour aider au tir, le suspect ne toucha pas de carton. Le mur en question n'était pas de son fait. En effet, des travaux étaient effectués au dépôt de livres. On rénovait le plancher, si bien que les ouvriers qui s'attelaient à cette tâche les avaient eux-mêmes déplacés. Le directeur du dépôt déclara que les ouvriers avaient placé les cartons en parallèle des fenêtres du côté sud du bâtiment[21].

---

[13]   Déposition de Gerald Lynn Hill, sergent de la police de Dallas, devant la Commission Warren.

[14]   Déposition de Luke Mooney, shérif adjoint du comté de Dallas, devant la Commission Warren.

[15]   Déposition de Gerald Lynn Hill, sergent de la police de Dallas, devant la Commission Warren.

[16]   Déposition de Luke Mooney, shérif adjoint du comté de Dallas, devant la Commission Warren.

[17]   Déposition de Gerald Lynn Hill, sergent de la police de Dallas, devant la Commission Warren.

[18]   Dallas Municipal Archives : *Report on officer's duties in regards to the President's murder, (Original), date unknown. 00000916.*

[19]   Déposition de Gerald Lynn Hill, sergent de la police de Dallas, devant la Commission Warren.

[20]   JFK : l'Assassinat les Questions : *FBI – Partie 1 (Volet n° 1).* http://www.jfk-assassinat.com/index.php ? module=Pages&func=display&pageid=69#D%27autres %20preuves

[21]   Déposition de Roy Sanson Truly, directeur du Texas School Book Depository, devant la Commission Warren.

Hill descendit ensuite pour s'assurer de l'arrivée de la crim'. En cours de chemin, il entendit le monte-charge en mouvement. En se retournant, il y vit Fritz et ses hommes à l'intérieur. Hill l'informa de la découverte et fit savoir descendre pour s'assurer que la crim' allait arriver[22].

Se rendant sur place, Fritz constata la scène et donna comme consigne de ne rien toucher jusqu'à ce que le laboratoire de la crim' arrive[23].

Pendant ce temps, dans la salle des urgences n° 1 de l'hôpital Parkland, les médecins s'activaient à tenter de sauver le Président Kennedy. L'infirmière Phyllis Hall n'arrivait pas à croire ce qu'elle voyait. Elle estimait que le Président n'était normalement « pas censé être là[24]. » On était allé chercher un électrocardiogramme portatif dans une autre salle et on l'avait branché au blessé. Mais celui-ci ne montrait aucun signal[25].

Le premier médecin à être intervenu était le chirurgien Charles Carrico. Il s'occupait d'un patient quand on l'avait averti que le Président était en route pour l'hôpital. Celui-ci arriva deux minutes après. Carrico nota le tint cendré du Président. Il avait les yeux ouverts et ses pupilles étaient dilatées. En outre, il ne faisait aucun mouvement volontaire. Néanmoins, il respirait encore, même si sa respiration était lente et spasmodique. Son cœur battait également. Le Président était donc encore en vie, conclut Carrico.

Le chirurgien nota une blessure à la gorge qui n'était pas mortelle, et une grande à la tête, bien plus grave celle-là. Il manquait même une importante partie du crâne. Le tissu cérébral était déchiqueté. Beaucoup de sang sortait lentement de la blessure à la tête.

Les problèmes les plus graves auxquels était confronté le médecin étaient la respiration insuffisante et la blessure à la tête[26].

Carrico avouerait par la suite que le dos du Président n'avait pas été inspecter. Cela n'aurait pas été souhaitable : « Cet homme était évidemment dans une détresse extrême et des inspections plus complètes auraient impliqué plusieurs minutes, un temps considérable qui n'était pas disponible dans les circonstances d'alors. Une inspection

---

[22]   Déposition de Gerald Lynn Hill, sergent de la police de Dallas, devant la Commission Warren.

[23]   Déposition de John Will Fritz, capitaine du bureau d'homicide et vol, devant la Commission Warren.

[24]   Témoignage de Phyllis Hall, infirmière du Parkland Memorial Hospital, repris dans *The Day Kennedy Died*, Leslie Woodhead, 2013.

[25]   Déposition de Ronald Coy Jones, chirurgien à Parkland Memorial Hospital, devant l'Assassination Records Review Board.

[26]   Commission Warren, *Investigation of the Assassination of President John F. Kennedy Hearings Before the President's Commission on the Assassination of President Kennedy*, 1964.

complète aurait impliqué de laver et nettoyer le dos, et ce n'est pas pratique en soignant un patient intensément blessé. Vous devez déterminer les choses qui sont immédiatement potentiellement mortelles et leur faire face, avant d'essayer d'évaluer la pleine importance des préjudices[27]. »

Afin d'améliorer la respiration, le chirurgien inséra un tube endotrachéal dans la bouche du blessé pour le relier à un appareil respiratoire. Par ailleurs, quand la circulation sanguine fut rétablie, il en résulta un saignement plus important de la blessure à la tête[28].

Arrivé à Parkland, le docteur Burkley entra dans la salle d'opération. Il se rendit immédiatement compte que le Président ne pouvait pas survivre. Aux médecins qui tentaient de sauver le patient, Burkley leur donna de l'hydrocortisone qu'il fallait injecter par intraveineuse. Il indiqua également le groupe sanguin du Président[29]. Comme le Président était atteint de la maladie d'Addison, Carrico lui injecta des corticostéroïdes[30].

Toutes les issues de l'hôpital étaient gardées par des agents du Secret Service. Dans les couloirs intérieurs, plusieurs malades s'agglutinaient à différentes portes. Les infirmières tentaient de les garder en place. La porte d'entrée de la salle d'urgence était gardée par l'infirmière Doris Nelson[31].

Mmes Kennedy et Connally attendaient dans le couloir attenant aux salles d'urgence numéro 1 et 2. On avait proposé à la Première Dame d'aller s'allonger dans une cabine, mais elle avait refusé. L'écrivain William Manchester écrirait d'elle : « Elle était beaucoup plus énergique qu'on ne le croyait. » Mme Kennedy prit la peine de s'enquérir de l'état de santé du gouverneur.

— Je pense que ça ira, répondit simplement Mme Connally.

Le maire de Dallas, Earl Cabell semblait refuser de croire à ce qui s'était produit.

— Ce n'est pas arrivé, disait-il.

Un sénateur, Ralph Yarborough, ne cessait de répéter :

— Il est mort ! C'est terrible ! C'est terrible !

---

[27]   Déposition de Charles James Carrico, chirurgien de Parkland Memorial Hospital, devant la Commission Warren.

[28]   Commission Warren, *Investigation of the Assassination of President John F. Kennedy Hearings Before the President's Commission on the Assassination of President Kennedy*, 1964.

[29]   Entretien oral entre le vice-amiral George G. Burkley, médecin personnel du Président Kennedy, et William McHugh pour la John F. Kennedy Library, 17 octobre 1967. http://web.archive.org/web/20040601085231/http://www.geocities.com/jfkinfo3/testimony/burkley.htm

[30]   Déposition de Charles Rufus Baxter, chirurgien à Parkland Memorial Hospital, devant l'Assassination Records Review Board.

[31]   William Manchester : *The Death of A President*, 1967.

Mme Kennedy ne se faisait pas d'illusion sur le sort de son mari. Par deux fois, elle suggéra à Dave Powers, un assistant du Président :

— Dave, vous feriez bien d'aller chercher un prêtre.

L'inspecteur John Ready se chargea de téléphoner au presbytère de la Sainte-Trinité, situé à cinq kilomètres de Parkland[32].

Quand le docteur Malcolm Perry entra dans la salle d'urgence n° 1, il prit la direction des opérations[33]. Il nota que le Président avait une blessure à la gorge, qu'il estima d'un diamètre de cinq millimètres. À partir de la plaie, il opéra une trachéotomie[34] qui lui demanda entre 3 et 5 minutes. Pendant ce temps, Carrico procédait à une transfusion sanguine dans la jambe droite. Le docteur Ronald Jones en fit de même sur le bras gauche. C'est alors que le chirurgien Robert McClelland entra à son tour dans la salle d'opération et aida Perry à réaliser la trachéotomie[35].

— Bob, lui dit celui-ci, il y a une blessure ici dans le cou, juste au-dessus de l'os et tout près de la trachée.

Il y avait une crainte que la trachée et l'artère alimentant le cerveau étaient touchées.

McClelland constata que le Président était encore en vie. Mais la situation n'allait qu'en empirant. Dans une interview qu'il donnerait un demi-siècle plus tard au site Internet MetroNews, le chirurgien rapporterait l'horrible spectacle : « Lorsque je me suis mis derrière le chariot, c'est là que j'ai vu l'énorme blessure qu'il avait derrière la tête. Un tiers de son crâne, à l'arrière droit, était totalement ouvert. Puis son cerveau a commencé à couler hors de son crâne, sur la table[36]. » Il s'agissait plus précisément d'une « assez grande partie du cervelet[37] ». De l'endroit où il se tenait, McClelland pouvait « voir à l'intérieur de la boîte crânienne et j'ai vu que toute la moitié arrière de l'hémisphère cérébrale droit avait été pulvérisée à l'impact[38] ». Le chirurgien Charles

---

[32]   William Manchester : *The Death of A President*, 1967.

[33]   Commission Warren, *Investigation of the Assassination of President John F. Kennedy Hearings Before the President's Commission on the Assassination of President Kennedy*, 1964.

[34]   Déposition de Malcolm Oliver Perry, chirurgien à Parkland Memorial Hospital, devant l'Assassination Records Review Board.

[35]   Commission Warren, *Investigation of the Assassination of President John F. Kennedy Hearings Before the President's Commission on the Assassination of President Kennedy*, 1964.

[36]   Interview Robert McClelland, chirurgien à Parkland Memorial Hospital, par MetroNews : MetroNews : *Le Chirurgien de JFK "Convaincu qu'il y avait Plusieurs Tireurs"*, 20 novembre 2013, mis à jour 22 novembre 2013. http://www.metronews.fr/info/kennedy-le-chirurgien-de-jfk-convaincu-qu-il-y-avait-plusieurs-tireurs/mmkt ! DLYMSEOhuwB9 g/

[37]   Déposition de Robert McClelland, chirurgien à Parkland Memorial Hospital, devant l'Assassination Records Review Board.

[38]   Témoignage du docteur Robert McClelland, chirurgien du Parkland Memorial Hospital, repris dans *The Day Kennedy Died*, Leslie Woodhead, 2013.

Baxter devait se souvenir, quant à lui, qu'il voyait les yeux du blessé enfler[39].

La trachéotomie réalisée était très grande ; il fallait insérer un tube de trachéal de bride en métal. « J'ai rendu la blessure assez grande pour faire cela » devait déclarer Perry des années plus tard[40].

Peu après, le cœur du patient s'arrêta[41].

Mme Kennedy entra dans la salle d'urgence. Elle s'était d'abord convaincue que son mari était mort. Mais quand elle avait entendu le mot « réanimation », un maigre espoir l'avait ravivé.

— Il a une chance sur mille de vivre, avait-elle soufflé.

C'est alors qu'elle avait décidé d'entrer dans la salle d'opération. Mais Nelson, l'infirmière qui gardait la porte, tenta de l'en empêcher :

— Vous ne pouvez pas entrer ici.

— J'entrerai et je resterai, répondit la Première Dame.

Mme Kennedy tenta de pousser l'infirmière. Mais celle-ci, qui était bien plus musclée, la repoussa.

— *J'entrerai dans cette salle*, certifia la Première Dame.

— Mme Kennedy, vous avez besoin d'un sédatif, suggéra Burkley, le médecin personnel du Président.

— Je veux être là quand il mourra.

— C'est son droit, convint Burkley envers Nelson.

Burkley et Mme Kennedy entrèrent donc dans la salle des urgences. Ils furent suivis par le neurochirurgien en chef de l'hôpital, le docteur William Kemp Clark. Apercevant Mme Kennedy, Clark lui demanda :

— Ne préféreriez-vous pas sortir, Madame ? Nous pourrions vous installer plus confortablement dehors.

— Non, répondit-elle d'une voix presque inaudible[42].

La jeune femme portait dans sa main un morceau du cerveau de son mari, qu'elle remit à un médecin[43]. Les médecins demandèrent à une infirmière de la faire sortir[44].

Les médecins procédaient à un massage cardiaque. Le docteur Clark nota une activité électrique sur le cardiotachyscope. Néanmoins, il n'y avait pas de réponse, ni cardiaque ni musculaire ni neurologique[45].

---

[39] Déposition de Charles Rufus Baxter, chirurgien à Parkland Memorial Hospital, devant l'Assassination Records Review Board.

[40] Déposition de Malcolm Oliver Perry, chirurgien à Parkland Memorial Hospital, devant l'Assassination Records Review Board.

[41] Déposition de Charles Rufus Baxter, chirurgien à Parkland Memorial Hospital, devant l'Assassination Records Review Board.

[42] William Manchester : *The Death of A President*, 1967.

[43] Témoignage de Robert McClelland, chirurgien à Parkland Memorial Hospital, repris dans *The JFK Assassination : the Jim Garrison Tapes*, John Barbou, 1992.

[44] Déposition de Charles Rufus Baxter, chirurgien à Parkland Memorial Hospital, devant l'Assassination Records Review Board.

— Vous pouvez arrêter, car il n'est plus avec nous, déclara simplement le docteur Clark[46].

On recouvrit le visage du Président d'un drap. On alla chercher Mme Kennedy pour la faire entrer dans la salle d'urgence. Le docteur Clark s'adressa à elle :

— Votre mari a reçu une blessure mortelle.

— Je sais, répondit-elle d'une voix sourde.

Burkley tendit la main pour vérifier le pouls du blessé. Mais il n'y en avait pas. Reculant puis pivotant sur lui-même, il se tint au mur.

— Le Président est mort, déclara-t-il[47].

Ainsi, vers 13 heures, ce vendredi 22 novembre 1963, John Fitzgerald Kennedy, 35e Président des États-Unis, était déclaré mort[48].

---

[45] Commission Warren, *Investigation of the Assassination of President John F. Kennedy Hearings Before the President's Commission on the Assassination of President Kennedy*, 1964.

[46] Interview Robert McClelland, chirurgien à Parkland Memorial Hospital, par MetroNews : MetroNews : *Le Chirurgien de JFK "Convaincu qu'il y avait Plusieurs Tireurs"*, 20 novmebre 2013, mis à jour 22 novembre 2013. http://www.metronews.fr/info/kennedy-le-chirurgien-de-jfk-convaincu-qu-il-y-avait-plusieurs-tireurs/mmkt ! DLYMSEOhuwB9 g/

[47] William Manchester : *The Death of A President*, 1967.

[48] Commission Warren, *Investigation of the Assassination of President John F. Kennedy Hearings Before the President's Commission on the Assassination of President Kennedy*, 1964.

Un suspect arrêté

— Allô, la police ?

— Je vous écoute.

— On a un blessé, ici. Quelqu'un a tiré sur un policier.

— Où êtes-vous ?

— 404, 10th Street. J'appelle d'une voiture de police. Numéro 10[1].

Le policier J. D. Tippit patrouillait à bord de la voiture n° 10, dans le quartier d'Oak Cliff. Comme c'était de règle pour les horaires journaliers, Tippit opérait seul dans son véhicule.

À 12 h 44, on avait ordonné à toutes les patrouilles, par le biais du canal 1, de joindre le croisement Houston Street-Elm Street. Une minute plus tard, Tippit avait reçu l'ordre de se rendre dans le secteur d'Oak Cliff. Il rendit compte qu'il était dans le secteur à 12 h 54. On indiqua alors au policier de se tenir prêt à toute urgence. Le fait que l'on ordonnât à Tippit de se rendre précisément à Oak Cliff et de se tenir prêt avait de quoi intriguer. Pour quelle raison lui demanda-t-on de se rendre dans une zone dans laquelle il allait tomber sur un individu ressemblant à la description d'un suspect dans l'attentat du Président ?

Reste que par trois fois, à 12 h 45, à 12 h 48 et à 12 h 55, la police avait envoyé sur le canal 1 la description d'un suspect dans l'attentat contre le Président. Une description similaire fut lancée sur le canal 2, à 12 h 45. On recherchait un homme blanc, d'environ 30 ans, 1,80 m environ, mince, et d'environ 70 kg.

Vers 13 h 15, Tippit arriva à l'intersection de la 10th Street et de l'avenue Patton, selon le rapport officiel qui serait établi par la suite. Il aperçut à une trentaine de mètres un homme marchant le long de l'avenu Patton. Celui-ci ressemblait à la description lancée par la radio de la police. Tippit arriva à sa hauteur et l'interpella. Par la fenêtre droite ouverte, il échangea quelques mots avec lui. Après quoi, le policier sortit du véhicule et commença à faire le tour de la voiture par l'avant. Quand il atteignit le niveau de la roue gauche avant, l'individu sortit un revolver et fit feu à quatre reprises sur l'agent. Tippit fut tué

---

[1]   Anthony Giacchino : *Lee Harvey Oswald : 48 Hours to Lives*, 2013.

sur le coup. Le tireur s'enfuit en faisant demi-tour. Il éjecta les douilles vides et rechargea son arme[2].

Sur la place Dealey, l'agent Hill était sorti du dépôt. Il arriva sur la rue au même moment où le lieutenant J. C. Day, du laboratoire de la crim', arrivait en se dirigeant vers l'entrée principale du bâtiment[3], soit vers 13 h 20[4]. Hill lui expliqua où trouver la zone à étudier et alla discuter avec l'inspecteur Sawyer. À un moment, le sergent C. B. Owens, opérant normalement à Oak Cliff, arriva et leur demanda ce qu'il devait faire. Puis, ce fut l'assistant du procureur, Bill Alexander, qui arriva à son tour. Au bout d'une minute, environ, la radio de police annonça qu'on avait tiré sur un policier à West Jefferson. On pensait même que l'agent était mort. La radio dut donner quelques précisions, puisque le sergent Owens déclara qu'il s'agissait de l'un de ses hommes. Reste que la radio donna une description d'un suspect. Le capitaine Sawyer déclara alors :

— Nous avons suffisamment d'aide ici, pourquoi n'allez-vous pas avec le sergent Owens à Oak Cliff pour ce détail.

— Si c'est exact, déclara Alexander, je vais avec vous.

C'est alors que le journaliste Jim Ewell arriva. Hill l'informa qu'un agent avait été tué à Oak Cliff. Le journaliste voulut les suivre.

Quand Hill arriva sur la scène du crime, il constata qu'une voiture de police était garée contre le trottoir et que le sol était recouvert d'une mare de sang. On avait déjà retiré le corps de Tippit[5]. Détail incongru, il y avait une seconde tenue de policier à l'arrière du véhicule[6].

Selon un agent de police, il y avait entre 150 et 200 personnes présentes sur les lieux[7]. On fit savoir à Hill :

— L'homme qui a tiré est un mâle blanc d'environ 1,77 m, pesant de 72 à 77 kg, il porte une veste et un pantalon foncé, et a les cheveux bruns touffus.

Hill déclara à l'agent Joe Poe de garder la scène et de s'entretenir avec les témoins[8]. Poe commença par interroger Helen Markham.

---

[2] Commission Warren, *Investigation of the Assassination of President John F. Kennedy Hearings Before the President's Commission on the Assassination of President Kennedy*, 1964.

[3] Déposition de Gerald Lynn Hill, sergent de la police de Dallas, devant la Commission Warren.

[4] Dallas Municipal Archives : *Report on officer's duties in regards to the President's murder, (Original), date unknown. 00000916.*

[5] Déposition de Gerald Lynn Hill, sergent de la police de Dallas, devant la Commission Warren.

[6] J. D. Tippit : *November 22 : What Happened ?* http://www.jdtippit.com/happen_nov.htm#shoot

[7] Déposition de Joe M. Poe, agent de police, devant la Commission Warren.

[8] Déposition de Gerald Lynn Hill, sergent de la police de Dallas, devant la Commission Warren.

Celle-ci était « terriblement excitée », comme sur le point de s'évanouir. Poe tenta de la calmer. Au départ, il ne put rien obtenir d'elle. Mme Markham parvint néanmoins à donner une description du tueur : un homme blanc d'environ 25 ans, d'une taille de 1,76 m, avec des cheveux bruns. Poe devait rapporter par la suite qu'il croyait que Mme Markham avait précisé que l'individu portait une veste blanche. Puis, l'agent de police transmit la description à ses collègues. Mais il ne put fournir l'information par radio en raison du trafic. Après quoi, Poe continua à interroger des témoins. L'un d'eux, Domingo Benavides, donna une description semblable à celle de Mme Markham, selon l'agent de police. Benavides précisa que le tireur s'était enfui en courant, tout en déchargeant son pistolet. Poe interrogea également Mlle Davis, qui donna une description identique du tireur à celle des deux autres témoins et précisa également que l'homme portait une chemise blanche[9].

Poe envoya[10] Benavides[11] à Hill. Le sergent embarqua ensuite dans la voiture de Poe pour aller inspecter les environs. Quelqu'un monta dans la voiture et indiqua avoir vu le tireur passer par un parking en retirant sa veste. Hill envoya aussi ce témoin donner ses informations à l'agent Poe.

Le sergent inspecta les alentours, puis revint sur la scène du crime. Poe lui fit alors savoir que quelqu'un avait vu le tireur vider son pistolet et le recharger. Le témoin[12], Benavides, avait alors mis deux douilles dans un paquet de cigarettes[13] et les avait emmenées à l'agent. Hill ordonna alors à Poe de marquer ses initiales sur les douilles et de les envoyer au labo[14]. Plus tard, Poe ne souviendrait plus s'il avait gravé des inscriptions sur les douilles en question, mais pensait que non : « Je veux dire que ce sont les deux miennes, mais je ne pourrais pas le jurer. Il y a une marque. Je crois que je les ai mis dessus, mais je ne pourrais par jurer de cela. » Il donna finalement les douilles à un agent de la crim' présent sur les lieux[15].

Un prêtre, le père Oscar Huber, se présenta devant l'entrée principale de l'hôpital Parkland. D'abord escorté par des policiers, puis par des membres du Secret Service, Huber fut guidé jusqu'à la salle des urgences n° 1.

---

[9]   Déposition de Joe M. Poe, agent de police, devant la Commission Warren.
[10] Déposition de Gerald Lynn Hill, sergent de la police de Dallas, devant la Commission Warren.
[11] Déposition de Joe M. Poe, agent de police, devant la Commission Warren.
[12] Déposition de Gerald Lynn Hill, sergent de la police de Dallas, devant la Commission Warren.
[13] Déposition de Joe M. Poe, agent de police, devant la Commission Warren.
[14] Déposition de Gerald Lynn Hill, sergent de la police de Dallas, devant la Commission Warren.
[15] Déposition de Joe M. Poe, agent de police, devant la Commission Warren.

Le père Huber se dirigea immédiatement vers Mme Kennedy et lui présenta sa sympathie[16]. Après quoi, il se passa l'étole violette et blanche sur ses épaules. Il baissa alors le drap pour dévoiler le visage du Président et prononça les derniers sacrements en traçant le signe de la Croix sur le front du défunt avec de l'huile sainte :

— *Si capax, ego te absolvo a peccatis tuis, in nomine Patris, et Filii et Spiritus sancti, Amen. Per istam sanctam unctionem, indulgeat tibi Dominus quidquid deliquisti. Ego facultate mihi ab Apostolica Sede tributa, indulgentiam plenariam et remissionem omnium peccatorum tibi concedo, et benedico, te. Nomine Patris, et Filii et Spiritus sancti. Amen*[17].

Après quoi, père Huber recula.

— Comment ? C'est tout ? demanda le docteur Burkley. Vous ne pouvez pas dire des prières pour les morts ?

Sur quoi, le prêtre joignit les mains. Voyant que le sol était recouvert de sang, il décida de rester debout et récita la première partie du *Notre Père*. Mme Kennedy et le docteur Burkley, qui s'étaient agenouillés, récitèrent la seconde partie. Puis, le père Huber prononça :

— Je vous salue, Marie, pleine de grâce, le Seigneur est avec nous, Vous êtes bénie entre toutes les femmes et Jésus, le fruit de vos entrailles, est béni.

— Sainte Marie, Mère de Dieu, priez pour nous pauvres pécheurs, maintenant et à l'heure de notre mort. Ainsi soit-il, poursuivirent Mme Kennedy et le docteur Burkley.

Un autre prête, le père James N. Thompson, entra dans la salle. À ce moment-là, Huber soufflait :

— Seigneur, accorde-lui le repos éternel.

— Et que la lumière éternelle brille sur lui, répondit Mme Kennedy[18].

Elle prit son alliance et la mit au doigt de son défunt mari, et retira celle du Président pour la passer à son doigt. Elle resta quelques

---

[16] Le récit de la présence de Mme Kennedy dans la salle d'urgence n° 1 est tiré du livre de William Manchester, *The Death of A President*, 1967. Cependant, dans le documentaire de Leslie Woodhead, *The Day Kennedy Died*, 2013, le chirurgien Robert McClelland se rappela que la Première Dame n'entra dans la salle d'urgence qu'après que le père Huber eut administré les derniers sacrements : « Et comme nous étions là, nous avons assisté aux derniers sacrements du Président Kennedy. Le père Huber a abaissé le drap qui lui couvrait le visage, lui a administré la sainte onction et je l'ai entendu dire, quand il s'est penché vers l'oreille gauche du Président : "Si tu vis…" Et je n'ai pas pu entendre ce qu'il a dit ensuite. Et quand il a fini, Mme Kennedy est entrée. »

[17] « S'il est possible, je t'absous de tes péchés au nom du Père, du Fils et du Saint-Esprit. Amen. Par cette sainte onction que le Seigneur te pardonne tes fautes. En vertu du pouvoir obtenu du Saint-Siège Apostolique, je t'accorde l'indulgence plénière et la rémission de tous tes péchés. Au nom du Père, du Fils et du Saint-Esprit. Amen. »

[18] William Manchester : *The Death of A President*, 1967.

instants sur place, puis se rendit au bout du brancard. Le pied droit du Président dépassait du drap. Mme Kennedy resta là un moment, puis se pencha et embrassa le pied. Elle sortit ensuite de la salle[19].

Tout le monde sortit également dans le couloir. Mme Kennedy s'assit sur une chaise et le père Huber vint échanger quelques propos avec elle. Lorsque les deux prêtres s'en allèrent, un inspecteur leur intima :

— Évidemment, vous ne savez rien.

Dehors, ils virent des journalistes se porter à leur rencontre. Le père Thompson refusa de répondre. Hugh Sidey, du *Time*, demanda :

— Il est mort, n'est-ce pas ?

— Il est bien mort, répondit Huber après avoir poussé un soupir.

À 13 h 23, UPI annonça que le père Huber « avait administré les derniers sacrements de l'Église au Président ». À 13 h 32, l'Associated Presse indiqua : « Deux prêtres appelés au chevet de Kennedy ont déclaré qu'il était mort de blessures causées par des balles. »

Malcolm Kilduff, l'attaché de presse adjoint du Président, alla trouver l'un des conseillers de Kennedy, Kenneth O'Donnell, afin de se renseigner à propos d'une annonce officielle. Le conseiller convint de faire une annonce, mais pas avant d'avoir pris conseil auprès du vice-président Lyndon Johnson, que la Constitution plaçait systématiquement à la tête du pays. Kilduff se présenta alors à Johnson :

— Monsieur le Président ?

L'attaché de presse lui fit savoir vouloir faire un communiqué. Mais le nouveau Président préférait d'abord quitter Parkland[20].

Le chef de la police de Dallas, Jesse Curry, était encore à Parkland quand on l'informa de l'assassinat de l'officier Tippit. Pour lui, il s'agissait d'une affaire distincte à l'attentat commis contre le Président et ne les relia pas.

Des agents du Secret Service lui demandèrent de préparer deux voitures pour emmener le nouveau Président, Lyndon Johnson, à Love Field. Peu de temps après, entouré de ses gardes du corps, le Président Johnson arriva et grimpa dans la voiture de Curry. D'autres personnes prirent place dans la deuxième voiture conduite par l'inspecteur Putnam. On chargea Curry de prendre l'itinéraire le plus court et d'arriver le plus rapidement possible à Love Field, l'aéroport où attendait l'avion présidentiel. Pour ne pas attirer l'attention, il ne devait pas faire usage de sa sirène[21]. Les voitures quittèrent Parkland vers 13 h 26.

---

[19]   Témoignage de Robert McClelland, chirurgien du Parkland Memorial Hospital, repris dans *The Day Kennedy Died*, Leslie Woodhead, 2013.

[20]   William Manchester : *The Death of A President*, 1967.

[21]   Déposition de Jesse Edward Curry, chef de la police de Dallas, devant la Commission Warren.

Malcolm Kilduff tint une conférence de presse dans une salle d'étude de l'hôpital. À 13 h 33, il annonça :

— Le Président John F. Kennedy est mort à 13 heures CST environ aujourd'hui ici même, à Dallas.

Tandis que certains journalistes se ruèrent pour relayer l'information, Kilduff poursuivit :

— Il est mort des suites d'un coup de feu au cerveau. Je n'ai pas d'autres détails concernant l'assassinat du Président. Mme Kennedy n'a pas été blessée. Le gouverneur Connally l'a été mais pas le vice-président.

— Le vice-président a-t-il prêté serment ?

— Non. Il est parti.

Le nouveau Président Johnson embarquait au même moment à bord d'*Air Force One*, l'avion présidentiel[22]. Quelques minutes plus tard, Curry était informé que l'on avait demandé à la juge Sarah Hughes de venir jusqu'à l'avion présidentiel pour faire prêter serment à Lyndon Johnson[23].

Pendant ce temps, l'annonce du décès du Président Kennedy fut relayée par les médias. Il était 13 h 35, les sonneries des télétypes des agences d'UPI du monde entier tintèrent : « Le Président Kennedy est mort. »

« Le Président des États-Unis est mort, annonça KB News. Je viens de parler avec le père Oscar Huber, de l'Église catholique de la Sainte Trinité. Lui et un autre prêtre m'ont indiqué lui avoir administré juste avant l'extrême-onction. Le Président Kennedy a été assassiné. C'est désormais officiel, le Président est mort[24]. »

L'annonce qui devait entrer dans l'Histoire était celle faite par Walter Cronkite de CBS : « De Dallas, Texas, l'annonce semble officielle : le Président Kennedy est mort à une heure, heure normale du centre. À deux heures, heure normale de l'Est, il y a 38 minutes environ. Le vice-président Johnson a quitté l'hôpital de Dallas, mais nous ne savons pas où il s'est rendu[25]. »

Johnny Brewer était le directeur d'Hardy, un magasin de chaussures situé au 213 West Jefferson. Il avait appris l'attentat contre le Président en écoutant la radio sur un petit transistor. Une rumeur se basant sur les déclarations d'un agent du Secret Service indiquait que le Président était mort, mais il n'y avait alors pas de confirmation. Puis, la radio

---

[22]   William Manchester : *The Death of A President*, 1967.

[23]   Déposition de Jesse Edward Curry, chef de la police de Dallas, devant la Commission Warren.

[24]   Tom Jennings : *The Lost JFK Tapes : The Assassination*, 2009.

[25]   CBS Sunday Morning : *JFK Assassination : Cronkite Informs a Shocked Nation*, https://www.youtube.com/watch ? v=6PXORQE5-CY

annonça qu'un policier avait été tué à Oak Cliff. C'était tout près du magasin.

La sirène d'une voiture de police descendant East Jefferson et se dirigeant vers West Jefferson se fit entendre. Installé au comptoir, Brewer leva les yeux pour voir la voiture. Il vit alors un homme sur le trottoir, placé devant les fenêtres du hall d'entrée du magasin, tournant le dos à la rue. La voiture fit demi-tour et repartit vers East Jefferson. L'individu regarda alors par-dessus son épaule. Comme la voiture de police s'en allait, l'individu s'en alla aussi en direction de West Jefferson. Brewer sortit de son magasin et vit l'individu entrer dans le cinéma Texas Theatre[26]. Cet homme lui paraissait avoir un comportement suspect[27].

Julia Postal, la caissière du cinéma, vit bien l'homme, mais son attention avait été attirée par une voiture de police aux sirènes hurlantes. Elle était sortie de son kiosque pour joindre le bord de la route. Puis elle revint à son kiosque[28]. Brewer arriva jusqu'au kiosque où il découvrit Mme Postal en train d'écouter la radio[29]. Elle était branchée sur la station KLIF qui disait que l'hôpital n'avait pas encore publié de rapport officiel, mais que le Président avait été retiré de la table d'opération[30]. Il lui demanda si elle avait vendu un ticket à l'homme qui portait une chemise brune[31].

— Non, ma foi, il n'en a pas, répondit Mme Postal qui ne l'avait pas vu entrer[32].

Brewer lui indiqua qu'il était effectivement entré et déclara qu'il voulait aller à l'intérieur et demander au portier s'il avait vu[33].

— Allez-y et regardez si vous pouvez le voir, convint Mme Postal[34].

---

[26] Deux films étaient à l'affiche du Texas Theater. Sorti en 1961, *War is Hell*, fut écrit, produit et réalisé par Burt Topper. Le second film, *Cry of Battle*, fut réalisé par Irving Lerner et produit par Petramonte Productions. Il sortit le 9 octobre 1963 aux États-Unis. Le film fut projeté en France à partir du 28 juillet 1965 sous le titre d'*Une Fille dans la Bataille*. Le Texas Theater affichait en grand le nom du comédien principal de *Cry of Battle* : Van Heflin.

[27] Déposition de Johnny Calvin Brewer, vendeur de chaussures, devant la Commission Warren.

[28] Déposition de Julia Postal, caissière du cinéma Texas Theater, devant la Commission Warren.

[29] Déposition de Johnny Calvin Brewer, vendeur de chaussures, devant la Commission Warren.

[30] Déposition de Julia Postal, caissière du cinéma Texas Theater, devant la Commission Warren.

[31] Déposition de Johnny Calvin Brewer, vendeur de chaussures, devant la Commission Warren.

[32] Déposition de Julia Postal, caissière du cinéma Texas Theater, devant la Commission Warren.

[33] Déposition de Johnny Calvin Brewer, vendeur de chaussures, devant la Commission Warren.

[34] Déposition de Julia Postal, caissière du cinéma Texas Theater, devant la Commission Warren.

En entrant, Brewer tomba sur Warren "Butch" Burroughs, qui gérait les billets. Celui-ci était derrière son comptoir. Le marchand de chaussures lui demanda s'il avait vu un homme avec une chemise brune entrer, mais Burroughs lui répondit qu'il était occupé derrière son comptoir et n'avait vu personne. Brewer lui demanda s'il pouvait venir avec lui et lui montrer où étaient les sorties. Burroughs lui demanda pourquoi. Brewer lui répondit que l'individu en question avait un comportement suspect.

Les deux hommes vérifièrent si les portes de sortie n'avaient pas été ouvertes. Par le système de barre qu'il faut soulever et qui ne se rebaisse pas une fois la porte fermée, les deux hommes constatèrent que les portes étaient restées closes. L'étrange individu était donc encore dans le cinéma. Les deux hommes rebroussèrent chemin et grimpèrent au balcon pour jeter un coup d'œil en bas. Mais comme il faisait sombre dans la salle, ils ne pouvaient rien voir.

Quand les deux hommes retournèrent au kiosque, ils dirent à Mme Postal qu'ils n'avaient pas vu l'homme.

— Eh bien, il doit être là, estima la caissière.

Celle-ci suggéra à Brewer d'aller vérifier la porte à l'arrière pour voir si l'homme ne s'était pas enfui. Mais les portes avaient déjà été vérifiées. Mme Postal déclara qu'elle avait appris que le Président était mort ; qu'il avait été assassiné.

— Je ne sais pas si c'est l'homme qu'ils cherchent là-dedans, souffla-t-elle, mais il les fuit pour certaines raisons. Je vais appeler la police et vous et Butch allez garder chacune des portes de sortie et y rester.

Tandis que Burroughs alla garder la sortie avant et Brewer la sortie arrière[35], Mme Postal appela la police. Le commissariat lui demanda pourquoi elle pensait qu'il s'agissait de leur homme.

— Bien, je ne sais pas, baragouina-t-elle.

Mme Postal indiqua qu'elle n'avait pas entendu une quelconque description.

— Cet homme les fuit pour certaines raisons, estima-t-elle.

La police demanda des détails et Mme Postal expliqua qu'il se cachait quand il entendait une sirène de police[36]. À 13 h 45, le central annonça à ses agents :

— Avons été informés qu'un suspect vient juste d'entrer dans le Texas Theatre sur West Jefferson[37].

---

[35] Déposition de Johnny Calvin Brewer, vendeur de chaussures, devant la Commission Warren.

[36] Déposition de Julia Postal, caissière du cinéma Texas Theater, devant la Commission Warren.

[37] Commission Warren, *Investigation of the Assassination of President John F. Kennedy Hearings Before the President's Commission on the Assassination of President Kennedy*, 1964.

Au cinéma, la caissière appela le projectionniste pour lui demander qu'il regarde pour voir s'il voyait quoique ce soit et l'informa qu'elle avait appelé la police. Le projectionniste demanda si elle voulait qu'il coupe le film.

— Non, répliqua Mme Postal, nous allons le laisser en attendant qu'elle arrive.

Mme Postal raccrochait à peine l'Interphone qu'elle vit arriver plusieurs voitures de police. « Je n'ai jamais vu autant de personnes dans ma vie » commenta-t-elle plus tard[38]. Les journalistes avaient suivi en masse les voitures de police[39].

Quand il arriva devant le cinéma, Hill constata que des agents étaient déjà présents. Il leur demanda si l'issue située à l'arrière était couverte et on lui répondit que oui.

Des agents de police entrèrent par l'entrée principale et grimpèrent au balcon. Hill cria pour se faire entendre du projectionniste d'allumer les lumières. Six spectateurs étaient sur le balcon et Hill et ses hommes vérifièrent leur morphologie. Mais aucun d'eux ne ressemblait à la description du tueur de Tippit. Hill ouvrit la porte de sortie de secours. Le capitaine C. E. Talbert, qui était en bas, lui demanda :

— Vous avez trouvé quelque chose ?

— Pas ici, répondit Hill.

— Avez-vous vérifié le toit ?

— Je vais aller voir pour vous, proposa un shérif adjoint[40].

En bas, dans la salle principale, Brewer aperçut alors le suspect assis au centre de l'une des rangées situées à l'arrière. L'individu se leva et commença à se diriger sur sa droite. Puis il se ravisa et retourna s'asseoir.

Entendant du bruit à l'extérieur, Brewer ouvrit la porte qui donnait sur une ruelle. Celle-ci était remplie de voitures de police[41]. Il s'agissait de M. N. McDonald, R. Hawkins, T. A. Hutson et C. T. Walker[42]. Deux policiers saisirent Brewer et commencèrent à le fouiller. L'un d'eux lui demanda ce qu'il faisait ici. Brewer répondit qu'il y avait un homme dans le cinéma dont il se méfiait. Le policier lui demanda si l'individu était encore là. Brewer affirma que oui, il venait de le voir. Le policier

---

[38]   Déposition de Julia Postal, caissière du cinéma Texas Theater, devant la Commission Warren.

[39]   Témoignage de Ron Reiland, cameraman de la WFAA-TV sur l'antenne de télé WFAA-TV, repris dans *The Lost JFK Tapes : The Assassination*, Tom Jennings, 2009.

[40]   Déposition Gerald Lynn Hill, sergent de la police de Dallas, devant la Commission Warren.

[41]   Déposition de Johnny Calvin Brewer, vendeur de chaussures, devant la Commission Warren.

[42]   Commission Warren, *Investigation of the Assassination of President John F. Kennedy Hearings Before the President's Commission on the Assassination of President Kennedy*, 1964.

lui demanda s'il acceptait de le leur montrer. Accompagné de plusieurs policiers, Brewer se dirigea sur la scène et leur indiqua l'homme en question[43].

Le policier McDonald fouilla d'abord deux hommes, puis s'approcha de l'individu. Quand il arriva à son niveau, le policier s'arrêta et lui ordonna de se lever. L'homme s'exécuta et leva les deux mains. Comme McDonald commença à fouiller l'individu pour voir s'il ne dissimulait pas une arme à la taille, le suspect souffla :

— Bien, c'est tout maintenant.

Sur quoi, avec le poing gauche, il frappa le policier entre les yeux. Et avec sa main droite, il prit un pistolet qu'il portait sur lui[44].

— Il a une arme, entendit-on crier[45].

McDonald lui mit une droite et saisit le pistolet de la main gauche. Les deux hommes tombèrent alors sur les sièges. On entendit le cliquetis du percuteur, mais pas de coup de feu. Trois autres agents intervinrent, tandis que McDonald parvint à saisir l'arme qu'il confia au détective Bob Carroll[46]. Les policiers parvinrent enfin à saisir l'individu qui se débattait encore. Les policiers le frappèrent.

— Vous avez tué le Président, déclara l'un d'eux[47].

Hill, qui était descendu dans la salle principale, ordonna :

— Menottons-le.

Il demanda à l'agent Hawkins s'il avait des menottes, puisqu'il n'en disposait pas lui-même.

— Oui, répondit l'agent.

— Donnez-les.

Hill et Hawkins menottèrent l'individu[48]. Le suspect fut sorti de la salle.

— Je n'ai pas résisté à mon arrestation. Je n'ai pas résisté à mon arrestation, cria-t-il[49]. Je veux un avocat. Typique brutalité policière. Pourquoi me faites-vous ça ?[50]

---

[43]   Déposition de Johnny Calvin Brewer, vendeur de chaussures, devant la Commission Warren.

[44]   Commission Warren, *Investigation of the Assassination of President John F. Kennedy Hearings Before the President's Commission on the Assassination of President Kennedy*, 1964.

[45]   Déposition de Johnny Calvin Brewer, vendeur de chaussures, devant la Commission Warren.

[46]   Commission Warren, *Investigation of the Assassination of President John F. Kennedy Hearings Before the President's Commission on the Assassination of President Kennedy*, 1964.

[47]   Déposition de Johnny Calvin Brewer, vendeur de chaussures, devant la Commission Warren.

[48]   Déposition de Gerald Lynn Hill, sergent de la police de Dallas, devant la Commission Warren.

[49]   Déposition de Johnny Calvin Brewer, vendeur de chaussures, devant la Commission Warren.

Quand les policiers sortirent avec l'individu, la foule qui s'était réunie devant le cinéma conspuait le suspect.

— Tuez-le ! Tuez-le ! criait-on[51].

— C'est lui. Nous devons le tuer. Pendez-le[52].

Dans l'esprit de la foule, il était lié à l'assassinat du Président[53]. « Aujourd'hui, à Dallas, quiconque porte une arme sera un suspect possible » commenterait ce jour-là Ron Reiland, cameraman de la WFAA-TV sur l'antenne de télévision[54].

Un agent de police entra dans le kiosque de Mme Postal pour se servir du téléphone.

— Je pense que nous avons notre homme pour les deux comptes, annonça-t-il au central.

— C'est quoi les deux comptes ? s'étonna Mme Postal.

— L'agent Tippit[55].

L'agent Paul Bentley enfouit le suspect par la porte arrière droite de la voiture de police. L'agent C. T. Walker prit place de l'autre côté, sur la banquette arrière. L'agent K. E. Lyon embarqua à l'avant, côté passager, Hill se plaça au milieu du siège avant, tandis que le détective Bob Carroll prit la place au volant. En embarquant dans le véhicule, celui-ci remit à Hill un pistolet. Le sergent lui demanda si c'était le sien.

— Non, répondit Carroll, c'est au suspect.

Il s'agissait d'un .38 Smith & Wesson. Hill constata qu'il était chargé.

La voiture n° 2 démarra, avec l'individu interpellé à son bord. Il était 13 h 52, le sergent Hill annonça par radio au quartier général :

— Nous avons le suspect et l'arme et sommes en route pour la station.

Durant le trajet, un policier demanda au suspect quel était son nom. Mais celui-ci ne répondit pas. On lui demanda alors où vivait-il. Il ne répondit pas non plus. « Il donnait l'impression d'être arrogant, mais il

---

[50]   Déposition de Gerald Lynn Hill, sergent de la police de Dallas, devant la Commission Warren.

[51]   Témoignage Hugh Aynesworth, journaliste, repris dans *The Day Kennedy Died*, Leslie Woodhead, 2013.

[52]   Déposition de Gerald Lynn Hill, sergent de la police de Dallas, devant la Commission Warren.

[53]   Question du directeur de la chaîne WFAA-TV Earl Jay Watson posée à Ron Reiland, cameraman de la WFAA-TV, lors de son témoignage sur l'antenne de télé WFAA-TV, repris dans *The Lost JFK Tapes : The Assassination*, Tom Jennings, 2009.

[54]   Témoignage de Ron Reiland, cameraman de la WFAA-TV sur l'antenne de télé WFAA-TV, repris dans *The Lost JFK Tapes : The Assassination*, Tom Jennings, 2009.

[55]   Déposition de Julia Postal, caissière du cinéma Texas Theater, devant la Commission Warren.

n'a pas fait de déclarations vantardes » devait se souvenir Hill par la suite.

— Pourquoi ne regardez-vous pas s'il a une pièce d'identité ? demanda Hill au détective Paul Bentley.

De sa main droite, Bentley fouilla la poche de l'individu.

— Oui, il a un portefeuille, déclara-t-il en le sortant de la poche.

En regardant les papiers, Bentley découvrit que l'individu avait une carte de bibliothèque au nom de Lee Oswald. Une carte d'identité indiquait cependant le nom d'Aleck Hidell. Les papiers indiquaient deux adresses, l'une à Oak Cliff et l'autre à Irving.

— Je devine que nous allons devoir attendre d'être arrivés à la station pour découvrir qui il est réellement, souffla quelqu'un.

— Je ne sais pas pourquoi vous me traitez comme ça, déclara le suspect à un moment. La seule chose que j'ai faite est de porter un pistolet pendant que je regardai un film.

— Oui, Monsieur, répondit sarcastiquement quelqu'un. Vous avez fait plus que ça. Vous avez tué un policier.

— Bien, vous faites griller pour ça.

— Vous aurez l'occasion de le découvrir.

On demanda à l'individu ce qu'il avait fait avant d'aller au cinéma. Mais il ne répondit pas. On l'interrogea encore sur son identité, mais il ne délivra aucune réponse. À un moment, il répéta :

— Je ne vois pas pourquoi vous m'avez menotté. Le seul crime que j'ai commis était de porter un pistolet pendant un film[56].

---

[56] Déposition de Gerald Lynn Hill, sergent de la police de Dallas, devant la Commission Warren.

Partons d'ici

La voiture arriva enfin au poste de police et joignit le sous-sol. Hill déclara alors au suspect qu'il risquait d'y avoir des journalistes avec des appareils photos ainsi que des caméras et lui proposa de faire en sorte de cacher son visage. Il lui indiqua également qu'il n'avait pas à parler à la presse s'il ne le désirait pas. Le suspect ne dit rien. Quand la voiture fut garée, Hill proposa encore au suspect de masquer son visage.

— Pourquoi devrais-je cacher mon visage, répliqua l'individu. Je n'ai pas de honte à avoir.

Le suspect fut emmené à une salle d'interrogatoire du bureau des homicides et vols.

Hill se plaça à la porte et montra le pistolet de l'homme arrêté aux journalistes. Puis, il demanda au détective T. L. Becker s'il voulait l'arme. Mais celui-ci n'en voulait pas pour le moment. Hill expliqua alors que l'individu avait été arrêté pour le meurtre de l'officier Tippit[1].

Fritz avait poursuivi ses investigations. Il fut alors informé qu'un policier avait été tué. À 13 h 22, selon un témoin, un officier l'appela pour lui dire qu'ils venaient de trouver un fusil près de l'escalier[2]. C'était l'agent Boone qui avait fait cette découverte :

— Voici le fusil.

Celui-ci avait été dissimulé entre des cartons, dans le coin nord-ouest de l'étage ; c'est-à-dire à l'opposé du lieu où l'on avait vu les douilles[3].

Day vint photographier le fusil et procéda au relèvement d'empreintes[4]. Puis, il se saisit de l'arme et la tendit à Fritz. La prenant

---

[1]   Déposition de Gerald Lynn Hill, sergent de la police de Dallas, devant la Commission Warren.

[2]   Déposition de John Will Fritz, capitaine du bureau d'homicide et vol, devant la Commission Warren.

[3]   Déposition de Luke Mooney, shérif adjoint du comté de Dallas, devant la Commission Warren.

[4]   Déposition de John Will Fritz, capitaine du bureau d'homicide et vol, devant la Commission Warren.

par la bretelle, celui-ci leva le fusil. Ce n'était pas une arme ordinaire, si bien que le capitaine du bureau des homicides ne put l'identifier. Il demanda alors si quelqu'un savait de quelle arme il s'agissait. L'officier Seymour Weitzman s'y connaissait en arme à feu ; il avait tenu un magasin de sport par le passé.

— On dirait un Mauser, déclara-t-il[5].

C'est une telle arme qu'il mentionnerait dans son rapport rédigé le lendemain[6]. Après quoi, Fritz manipula la culasse. Il en éjecta une balle encore à l'intérieur. Fritz conserva la balle pour la remettre plus tard au laboratoire du crime, qui la remettrait lui-même au FBI. Le fusil fut confié au lieutenant Day[7].

Toute la journée, les médias allaient ainsi parler d'un Mauser. Ce ne serait que le lendemain que l'on évoquerait un autre type de fusil. Walter Cronkite allait ainsi annoncer : « De Dallas, nous parvient l'information selon laquelle on aurait définitivement identifié le fusil qui a servi à assassiner le Président Kennedy. Contrairement à ce qui a été rapporté hier et aujourd'hui, ce n'était pas un Mauser, mais un Mannlicher Carcano italien fabriqué dans la ville de Carcano, en Italie[8]. »

Ce serait le FBI qui allait identifier l'arme. Il s'agissait d'un fusil italien de calibre .6,5 de modèle 91/38. Fabriqué en 1940, il portait comme numéro de série le C2766[9].

Ce fusil était le successeur du Carcano M91, développé pour l'arsenal de l'armée de Turin et introduit en 1890. L'armée italienne s'en était servi jusqu'en 1938. Mais en raison de ses médiocres performances durant les campagnes en Afrique du Nord, l'armée italienne avait cherché à développer un fusil de calibre .7,35. Une production fut alors mise en marche. Néanmoins, quand elle entra en guerre en 1940, l'Italie modifia le calibre en .6,5, un calibre rare. Le fusil ne disposait pas de mire réglable. Si bien qu'il était opérationnel pour la distance selon laquelle le fusil avait été calibré, mais manquait de précision pour des tirs à plus grande ou plus courte distance. L'armée italienne

---

[5]   Témoignage de Roger Craig, shérif adjoint, repris dans *Evidence of Revision : the Assassinations of Kennedy and Oswald*, Conspiratus Ubiquitus, 2011.

[6]   Dallas Municipal Archives : *Statement concerning the initial search of the Texas School Book Depository and locating a gun on the sixth floor, (Carbon Copy Signed), 11/23/63. 00000435.*

[7]   Déposition de John Will Fritz, capitaine du bureau d'homicide et vol, devant la Commission Warren.

[8]   Conspiratus Ubiquitus : *Evidence of Revision : the Assassinations of Kennedy and Oswald*, 2011. Conspiratus Ubiquitus : *Evidence of Revision : the Assassinations of Kennedy and Oswald*, 2011.

[9]   Commission Warren, *Investigation of the Assassination of President John F. Kennedy Hearings Before the President's Commission on the Assassination of President Kennedy*, 1964.

remplaça le Carcano par des fusils Lee-Enfields au lendemain de la Seconde Guerre mondiale[10].

Néanmoins, le vrai modèle de l'arme retrouvé allait alimenter les débats entre les conspirationnistes et les tenants de la thèse du tireur solitaire. Au dire de Roger Craig, le canon de l'arme portait l'inscription « 7,65 Mauser ».

— C'est un Mauser, aurait alors assuré Weitzman en montrant l'inscription gravée sur le canon, selon Craig[11].

Pourtant, Weitzman ne serait pas aussi affirmatif durant son interrogatoire devant la Commission Warren[12]. Il ne mentionnerait pas non plus cette inscription dans son rapport rédigé le lendemain[13]. Il déclarerait lors de sa déposition que l'arme ressemblait effectivement à un Mauser .7,65 et qu'il pensait qu'il s'agissait effectivement de ce type d'arme. Mais il ne mentionna pas, non plus, l'inscription[14]. L'erreur d'identification était possible. D'extérieur, le fusil avait l'aspect d'un calibre de .7,65, mais son barillet était d'un diamètre de .6,5[15].

C'est alors que Roy Truly se présenta à Fritz et l'informa que l'un de ses employés avait quitté le bâtiment. Fritz lui demanda son nom et Truly déclara qu'il s'appelait Lee Harvey Oswald. Fritz lui demanda alors son adresse et Truly précisa qu'il habitait à Irving. Il s'agissait de l'homme qu'avaient croisé Truly et le motard Marrion Baker au premier étage juste après l'attentat.

Fritz ordonna à Sims et Boyd de le conduire immédiatement au poste de police. Il voulait voir si cet homme, Oswald, avait un casier judiciaire. En chemin, il demanda à deux autres officiers de venir avec lui.

Quand il arriva à son bureau[16], à 14 h 15[17], Fritz voulut savoir si l'on connaissait l'identité de la personne qui avait tué le policier. On l'informa que le tueur s'appelait Oswald.

— Son nom complet ? demanda Fritz.

---

[10]   http://www.thespecialistsltd.com/mannlicher-carcano-1938

[11]   Témoignage de Roger Craig, shérif adjoint, repris dans *Evidence of Revision : the Assassinations of Kennedy and Oswald*, Conspiratus Ubiquitus, 2011.

[12]   Déposition du shérif adjoint Seymour Weitsman devant la Commission Warren.

[13]   Dallas Municipal Archives : *Statement concerning the initial search of the Texas School Book Depository and locating a gun on the sixth floor, (Carbon Copy Signed), 11/23/63. 00000435.*

[14]   Déposition de Seymour Weitzman, shérif adjoint, devant la Commission Warren.

[15]   Commission Warren, *Investigation of the Assassination of President John F. Kennedy Hearings Before the President's Commission on the Assassination of President Kennedy*, 1964.

[16]   Déposition de John Will Fritz, capitaine du bureau d'homicide et vol, devant la Commission Warren.

[17]   Commission Warren, *Investigation of the Assassination of President John F. Kennedy Hearings Before the President's Commission on the Assassination of President Kennedy*, 1964.

— Lee Harvey Oswald.

— Voilà le suspect que nous recherchons dans l'assassinat du Président.

Fritz réunit alors plusieurs policiers et leur demanda qu'elles étaient les preuves concernant le meurtre du policier. On lui fit savoir qu'il y avait des témoins oculaires. Fritz demanda alors de faire venir ces témoins pour procéder à une vérification dès que ce serait possible.

Puis il ordonna aux agents Stovall, Rose et Adamcik de se rendre à Irving[18] avec un mandat de perquisition.

— Interpellez un homme qui s'appelle Lee Oswald.

L'entendant donner des ordres, Hill demanda à Fritz pourquoi il recherchait cet homme.

— Bien, il est employé au dépôt de livres et n'était pas présent à l'appel des employés.

— Capitaine, nous vous évitons un voyage puisqu'il est assis là[19].

La loi obligeait que l'autopsie du Président Kennedy fut menée à Dallas, puisqu'il avait été assassiné dans cette ville. Les fidèles du Président défunt voyaient cette perspective d'un mauvais œil. Le vice-président avait fait savoir qu'il attendrait Mme Kennedy pour retourner à Washington, et Mme Kennedy avait déclaré qu'elle ne partirait pas sans le corps de son mari[20].

— Je ne partirai pas d'ici sans Jack, déclara-t-elle à Kenneth O'Donnell, l'un des conseillers du Président défunt.

— Procurons-nous un cercueil, déclara O'Donnell[21].

Clint Hill alla trouver l'un des administrateurs de l'hôpital. Celui-ci le conduisit jusqu'à un bureau équipé d'un téléphone et donna le numéro de l'entreprise des pompes funèbres la plus proche. Après s'être présenté, le garde du corps leur demanda d'apporter leur plus beau cercueil dans les plus brefs délais.

Comme la loi obligeait à ce que l'autopsie eut lieu à Dallas, il y eut une opposition à tout départ du corps. O'Donnell répliqua qu'il s'agissait du Président des États-Unis et qu'il serait rapatrié à la capitale de la nation. C'est là-bas que serait pratiquée l'autopsie, affirma-t-il[22]. Mais le médecin légiste du comté de Dallas, Earl Rose, s'y opposa.

---

[18]   Déposition de John Will Fritz, capitaine du bureau d'homicide et vol, devant la Commission Warren.

[19]   Déposition de Gerald Lynn Hill, sergent de la police de Dallas, devant la Commission Warren.

[20]   Témoignage de Clint Hill, garde du corps de Jackie Kennedy, repris dans *The Kennedy Detail*, Chris Golding, 2010.

[21]   William Manchester : *The Death of A President*, 1967.

[22]   Témoignage de Clint Hill, garde du corps de Jackie Kennedy, repris dans *The Kennedy Detail*, Chris Golding, 2010.

— C'est le corps du Président des États-Unis et nous allons le ramener à Washington, assura Roy Kellerman, du Secret Service.

— Non, répliqua Rose, ce n'est pas comme ça que les choses se pratiquent ici. Quand il y a un homicide, on doit pratiquer une autopsie.

— C'est le Président des États-Unis. Et il va partir avec nous.

— Le corps restera ici.

— Mon ami, je m'appelle Roy Kellerman. Je suis un agent spécial chargé du Secret Service à la Maison-Blanche. Et nous allons ramener le Président Kennedy dans la capitale.

— Vous n'emmènerez ce corps nulle part. Il y a des lois, ici, que je suis chargé de faire respecter.

— Mon ami, intervint le docteur Burkley, cette loi-là peut être transgressée.

— Il faudra que vous me prouviez votre autorité avec un peu plus de poids que vous n'en avez en ce moment, asséna Kellerman.

— C'est ce que je vais faire, répondit Rose en tendant la main vers un téléphone.

— Mme Kennedy veut rester jusqu'à ce que l'on emporte le corps, souffla Burkley. Nous ne pouvons pas permettre qu'elle attende indéfiniment.

— Pour le moment, la dépouille doit rester ici, estima Rose. Il faut suivre la procédure. Il faut qu'un certificat soit délivré pour que le corps d'un décédé puisse sortir de l'État. Je ne peux que le faire déposer entre les mains d'un juge de paix texan qui fera office de coroner, ou le garder ici pour pratiquer l'autopsie.

— Mais c'est le Président des États-Unis, s'énerva Burkley.

— Ce n'est pas une raison, répliqua Rose. On ne peut pas laisser emporter le corps du délit.

Face à l'entêtement du médecin légiste qui ne faisait qu'appliquer la loi, Burkley lui proposa de le suivre jusqu'à l'avion. Mais le légiste appliquait la loi au pied de la lettre : celle-ci ne prévoyait pas un tel voyage. Donc, il refusa.

Prenant parti de la suite présidentielle, le docteur Kemp Clark demanda à l'administrateur de Parkland, Charles Jack Price, de trouver un juge de paix. À la manière d'autres personnes, Earl Cabell, le maire de Dallas, tenta d'en trouver. Seule une employée du bureau des admissions parvint à joindre le juge Theran Ward. Distant de vingt kilomètres de Parkland, le juge Ward mit vingt minutes pour arriver à l'hôpital.

— Juge Ward, vous êtes au pied du mur ! s'exclama Rose. Cette affaire doit être menée comme jamais aucune affaire n'a encore été menée dans l'histoire. Si vous autorisez le transfère du corps, ce sera un transfert illégal !

Ward lui conseilla d'abandonner. Mais le légiste n'en fit rien. Il alla jusqu'à échanger de violents propos avec Clark. Sur quoi, Clark s'adressa à Price :

— Il faudrait peut-être en venir à le clouer au sol et s'asseoir sur lui.

En essayant de prendre Burkley par le bras, Ward se présenta :

— Je suis le juge de paix chargé d'affaire.

D'un geste brusque, Burkley se dégagea.

— Je vais m'occuper de tout aussi vite que possible, fit néanmoins savoir Ward.

Montrant ses papiers, Kellerman lui déclara :

— Dites donc, mon vieux… enfin, Votre Honneur, n'y aurait-il pas quelque chose dans vos lois qui permette une exception ?

— Je regrette, répondit le juge de paix. Je sais qui vous êtes, mais je ne puis vous aider dans ces circonstances.

— Moi aussi, je le regrette.

Kellerman joignit le chariot transportant le cercueil qui avait été emmené dans le couloir. Celui-ci était déjà entouré par une dizaine de personnes. Rose, qui se tenait devant une double porte, leur barrait le passage et leva la main :

— Nous ne le laisserons pas partir ! Une mort violente exige une autopsie. C'est notre loi !

Plusieurs hommes vinrent entourer le docteur Rose.

— Vous ne pouvez pas partir maintenant ! Vous n'avez pas le droit de l'emporter ! s'exclama le légiste.

On ouvrit la double porte qui dévoila une quarantaine de personnes. Un policier vint se placer au côté de Rose.

On put joindre un autre juge de paix. Mais celui-ci ne fit pas évoluer la situation :

— En ce qui me concerne, ce n'est qu'un homicide comme un autre.

O'Donnell vint se camper devant lui :

— Nous, nous partons !

— Ces deux gars te disent que vous ne pouvez pas partir, intervint en désignant le juge de paix et le légiste, le policier qui se tenait au côté de Rose.

— C'est leur opinion, répliqua Lawrence O'Brien, un assistant du Président assassiné.

— Grouillez-vous. On file, décida O'Donnell. On se fiche pas mal de ce que peuvent dire toutes leurs lois. On ne va pas rester ici trois heures, ni même trois minutes de plus. Nous partons immédiatement. Roulez-le dehors.

Kellerman n'avait pas attendu la directive d'O'Donnell, puisqu'il commençait déjà à pousser le chariot. Et tant pis pour ceux qui se trouvaient devant. Mais beaucoup s'étaient refusés à toute intervention, à la manière du policier qui s'était tenu au côté du médecin légiste. Rose, lui, ne démordait pas. On le poussa violemment du chemin[23].

Les médias n'eurent pas écho du conflit qui venait de se dérouler dans l'enceinte de l'hôpital Parkland. Ceux-ci purent filmer et photographier Mme Kennedy grimper dans un corbillard blanc. Suivi par trois voitures et une moto de police, le corbillard fit route jusqu'à Love Field[24]. Il était 14 h 08.

Le cortège funèbre arriva à l'aéroport moins de dix minutes après. Quand le corbillard s'arrêta, on tenta de sortir le lourd cercueil. Mais celui-ci ne bougeait pas. Il était en effet retenu par un crochet. L'équipe força tant qu'elle le put. Deux craquements se firent entendre et le cercueil, avec l'ornement d'une charnière et une poignée cassés, put enfin être extrait du corbillard. Il y avait des gens qui regardaient la scène. Des militaires saluaient leur chef, tandis que des policiers baissaient la tête.

La manœuvre pour grimper la passerelle afin de faire entrer le cercueil à bord de l'avion présidentiel fut délicate[25]. « On a chargé le cercueil à bord de l'*Air Force One*, tâche qui s'est révélée difficile, se rappellerait David Grant, de l'escorte présidentielle. On était entre dix et quinze personnes pour effectuer la manœuvre[26]. » « Arrivé à la porte, le cercueil ne passait pas, se souviendrait Clint Hill. Les poignets du cercueil bloquaient l'accès. Ils ont dû les démonter[27]. »

On avait aménagé la partie arrière de l'avion afin d'y déposer le cercueil.

— L'un de nous doit rester, déclara l'aide du général de Division Chester Clifton à l'aide de camps Godfrey McHugh.

— Je reste, répondit McHugh.

Les deux hommes expliquèrent à O'Donnell la coutume militaire exigeant que lorsqu'un commandant en chef est abattu, un officier supérieur doit monter la garde devant le corps jusqu'aux obsèques. Puis, McHugh demanda à O'Donnell :

— Faut-il décoller ?

— Est-ce que nous sommes prêts ?

— Je vais vérifier le carburant, proposa Clifton.

— C'est fait, répondit McHugh. Je m'en suis occupé par téléphone.

Sur quoi, l'aide de camp se rendit jusqu'à la cabine de pilotage. Pendant ce temps, le pilote de l'avion avait démarré le moteur n° 3. Quand il entra dans le poste de pilotage, McHugh déclara :

---

[23]   William Manchester : *The Death of A President*, 1967.

[24]   Tom Jennings : *The Lost JFK Tapes : The Assassination*, 2009.

[25]   William Manchester : *The Death of A President*, 1967.

[26]   Témoignage de David Grant, escorte présidentielle, repris dans *The Kennedy Detail*, Chris Golding, 2010.

[27]   Témoignage de Clint Hill, garde du corps de Jackie Kennedy, repris dans *The Kennedy Detail*, Chris Golding, 2010.

— Décollez vite ! Le Président est à bord !

Mais l'avion était loin d'être sur le point de partir.

Johnson, le nouveau Président, tenait à prêter serment et avait fait appeler une juge, Sarah Hughes. Il en avait parlé à l'attaché de presse Kilduff, précisant que l'attorney général, le frère de Président assassiné, avait donné son accord. Ce qui était faux. Kilduff avait alors joint le cockpit pour dire au pilote de couper le moteur. Après quoi, l'attaché de presse descendit de l'avion pour trouver des journalistes.

Pendant ce temps, McHugh retourna dans le poste de pilotage.

— Décollez vite ! Le Président est à bord ! cria-t-il.

— Non, nous ne pouvons pas partir, répondit le pilote.

— Je vous dis de décoller.

— M. Kilduff vient de me donner l'ordre contraire.

— Je me fous ce que n'importe qui a pu vous dire. Décollez !

Mme Kennedy, qui s'était d'abord assise près du cercueil, avait rejoint sa cabine privée. Mais elle y avait découvert Lyndon Johnson allongé sur son lit, en train de dicter des notes à sa secrétaire. En la voyant s'arrêter net, le nouveau Président et sa secrétaire quittèrent la cabine. La jeune veuve retourna alors auprès du cercueil.

Au bout d'un moment, Mme Kennedy retourna dans sa cabine. Le couple Johnson y entra à son tour pour lui présenter ses condoléances.

— Oh, Jackie, vous savez, nous ne voulions même pas la vice-présidence, et maintenant, mon Dieu, voilà où nous en sommes ! déclara Mme Johnson.

— Oh, si je n'avais pas été là, répondit Mme Kennedy. Heureusement que j'étais auprès de lui !

— Je ne sais que dire. Ce qui me fait le plus mal c'est que ce soit arrivé dans mon Texas bien-aimé !

Mme Johnson regretta immédiatement ses propos maladroits. Elle tenta de se rattraper :

— Voulez-vous que nous appelions quelqu'un pour vous aider à vous changer ?

— Oh ! Non. Plus tard, je demanderai peut-être à Mary Gallagher de m'aider, répondit Mme Kennedy en faisant allusion à sa secrétaire particulière. Mais pas maintenant.

Ils s'assirent tous trois sur le lit : les Johnson entourant Mme Kennedy.

— Eh bien... pour ce qui est du serment... demanda le nouveau Président.

— Lyndon... Oh ! Excusez-moi. Je ne vous appellerai plus jamais ainsi. Je voulais dire monsieur le Président.

— J'espère bien que vous continuerez toujours à m'appeler Lyndon. Pour ce qui est du serment.

— Oh oui, je sais, je sais. Oui, comment cela va-t-il se passer ?

— Je me suis arrangé pour faire venir un juge, une de mes vieilles amies, le juge Hughes. Elle sera là dans une heure environ. Vous devriez vous étendre un peu avant de vous changer. Nous allons vous laisser.

— Oui, oui… c'est ça[28]…

Certains tenants de la théorie du complot estiment que pendant tout le laps de temps que le cercueil fut laissé seul sans surveillance, le corps du Président Kennedy en fut extrait. Un seul but était recherché dans cette macabre action : celui de maquiller les blessures du Président afin d'accréditer la thèse du tireur solitaire[29].

Mme Kennedy portait toujours son tailleur rose taché de sang. On lui suggéra de se changer avant l'intronisation du nouveau Président, mais elle s'y refusa[30] :

— Je veux qu'ils voient ce qu'ils lui ont fait[31].

— Je réclame votre attention, s'il vous plaît.

Wayne Hawks, membre du personnel de la Maison-Blanche, se tenait avec les médecins Perry et Clark dans une salle de l'hôpital Parkland. Une conférence de presse avait été organisé pour parler de l'attentat d'un point de vue médical.

— Si vous voulez parler à l'un des médecins traitants. Il y en a deux ici, le docteur Malcolm Perry, un chirurgien opérant ici au Parkland Memorial Hospital. Il va vous parler le premier, puis le docteur Kemp Clark, le neurochirurgien en chef ici à l'hôpital. Il dira ce qu'il sait à ce sujet.

Il était 14 h 16 et Hawks invita Perry à répondre aux questions. Celui-ci expliqua que l'on avait tenté de réanimer le Président, dont l'État était critique. Il avait noté deux blessures : l'une à la gorge et l'autre à la tête. Il avoua ne pas savoir si les dommages occasionnés à la tête résultaient de la sortie de la balle ayant atteint le Président à la gorge ou s'il s'agissait d'une blessure causée par une deuxième balle.

— Quelle était l'heure exacte de la mort, docteur ? demanda un journaliste.

— C'est très difficile à dire. Nous étions très occupés, et en réponse à la question de quelqu'un d'autre, nous avions beaucoup de gens présents. Nous avons choisi de le faire à 13 heures.

— Vous avez choisi ? demanda un journaliste.

— Comment, Monsieur ? ajouta un reporter.

— Nous avons prononcé à 13 heures.

---

[28]   William Manchester : *The Death of A President*, 1967.

[29]   William Reymond : *JFK : Autopsie d'un Crime d'État*, 1998.

[30]   Témoignage de Clint Hill, garde du corps de Jackie Kennedy, repris dans *The Kennedy Detail*, Chris Golding, 2010.

[31]   Témoignage de Paul Landis, escorte présidentielle, repris dans *The Kennedy Detail*, Chris Golding, 2010.

— Treize ?

— Une heure de l'après-midi, expliqua Hawks[32].

— Pouvez-vous nous décrire la blessure au cou ?

— J'étais occupé avec sa blessure à la tête. Je voudrais demander aux personnes qui ont pris soin de cette partie pour vous la décrire.

— Quelle était la question ? demanda à un journaliste.

— La blessure au cou, visible sur le patient, intervint Perry, a révélé un trou par balle, presque dans la ligne médiane.

— Voulez-vous décrire ?

— Dans la partie inférieure du col, en face.

— Pouvez-vous montrer, docteur, sur votre propre cou ?

— À peu près ici, répondit Perry en indiquant la zone affectée.

— Sous la pomme d'Adam ?

— Sous la pomme d'Adam.

— L'hypothèse est qu'elle est passée par la tête ?

— Ce serait de la conjecture de ma part, il y avait deux plaies que le docteur Clark a notées, l'une au cou et l'autre à la tête. Qu'elles soient directement liées ou résultent de deux balles, je ne peux pas le dire.

— Qu'elle a été l'entrée de la blessure ?

— Il y avait une plaie d'entrée dans le cou, en ce qui concerne celle dans la tête, je ne peux pas le dire.

— De quelle direction venait la balle qui l'a blessée au cou ? De face ?

— Elle semblait venir de devant.

Les journalistes continuèrent à poser des questions, notamment sur l'état de santé du vice-président.

— Docteur, décrivez la blessure d'entrée, demanda un reporter. Vous pensez que l'entrée est dans la gorge ?

— La plaie a semblé être une plaie d'entrée à l'avant de la gorge ; oui, c'est correct, répondit Perry. La blessure de sortie, je ne sais pas. Ç'aurait pu être la tête ou il aurait pu avoir une deuxième blessure à la tête. On n'avait pas le temps pour déterminer à cet instant particulier.

— La balle aurait dû voyager jusqu'à la blessure du cou et sortir par l'arrière ?

— Sauf si elle a été déviée de son trajet en percutant un os ou un autre objet.

---

[32] Si en France on parle de 24 heures pour un jour, aux États-Unis, on divise le jour en deux fois 12 heures : le matin (a.m.) et l'après-midi (p.m.). Le fait que le docteur Clark évoque précisément 13 heures n'était pas explicite pour les journalistes américains.

Dr. Clark : We Pronounced him at 1300 houres. (Nous l'avons prononcé à 13 heures.)

Questioner : Thirteen of ? (Treize ?)

Mr. Hawks : 1 :00 o'clock. (Une heure.)

Les journalistes voulurent également savoir combien de temps les médecins étaient arrivés dans la salle d'opération après l'arrivée du Président.

— Je ne sais pas parce que je ne regardai pas ma montre, répondit Clark.

— Qui était le premier médecin qui l'a vu, et depuis combien de temps était-il arrivé ?

— C'était une question de quelques secondes.

— Je suis arrivé peu de temps après son admission, expliqua Perry. Je ne peux pas vous dire l'heure exacte parce que j'y suis allé immédiatement et il venait d'être admis et je suis entré dans la salle. Je ne sais pas l'heure exacte. J'étais pressé.

— Y avait-il des membres de la famille ou d'autres personnes dans la salle, outre les médecins, dans la salle d'urgence ?

— Je crains que je ne sois pas informé de cela. J'étais trop occupé pour le remarquer[33].

La juge Sarah Hughes arriva enfin à l'aéroport de Love Field. Elle fut accueillie par Curry, le chef de la police. Quand elle fut à bord d'*Air Force One*, elle salua Johnson et sa femme et tous ses amis texans.

— Il faudrait qu'il y ait le plus de monde possible, suggéra Johnson.

Sur quoi, il envoya chercher tout le monde. Il tenait particulièrement à la présence de Mme Kennedy. La Bible était un élément rituel à la prestation, si bien que l'on utilisa celle du Président Kennedy. Johnson fut entouré de sa femme à sa droite et de Mme Kennedy à sa gauche.

— On se sert d'elle, pensa O'Donnell.

Il ne fallut que quelques secondes pour prononcer le serment faisant officiellement de Lyndon Baines Johnson le 36e Président des États-Unis. Il était 14 h 38. La courte cérémonie fut immortalisée par Cecil Stoughton, photographe de la Maison-Blanche[34]. L'un des clichés ferait parler de lui et alimenterait les débats. On y voyait le nouveau Président se tourner vers l'un de ses amis, le sénateur Albert Thomas. Il apparaissait évident que Johnson affichait un sourire, même s'il était vu de trois quarts de dos. En réponse, Thomas lui décrochait un clin d'œil[35]. On n'a pas d'explication. Certains y virent un indice de l'implication des deux hommes dans l'attentat, tandis qu'une autre explication, tout aussi hypothétique, voudrait que les deux hommes se satisfaisaient de la situation, sans pour autant avoir organisé un coup d'État.

---

[33] 22 November 1963 : An Introduction to the JFK Assassination : *Parkland Hospital Press Conference.* http://22november1963.org.uk/jfk-parkland-hospital-press-conference

[34] William Manchester : *The Death of A President*, 1967.

[35] William Reymond : *JFK : Autopsie d'un Crime d'État*, 1998.

Bien évidemment, le Président Johnson fut mis au rang des accusés par des tenants de la conspiration. La thèse de Johnson prenant la décision de faire tuer Kennedy fut largement reprise par William Reymond dans son livre *Le Dernier Témoin*[36] et son documentaire *Autopsie d'un Complot*[37]. On y voyait l'homme d'affaires texan Billie Sol Estes affirmer détenir des enregistrements prouvant que le nouveau Président avait fait tuer son successeur. Plusieurs raisons l'avaient poussé à cette décision. Notamment, la décision de Kennedy d'annuler les faveurs données aux pétroliers. Il était également mis en avant que l'une des empreintes retrouvées au dépôt de livres avait été identifiée par l'expert Nathan Darby comme appartenant à un certain Malcolm Wallace, un sombre personnage protégé par Johnson.

Pour ce qui est des bandes, elles ne furent pas produites publiquement. En ce qui concerne l'empreinte, même si Darby, breveté Certified Latent Print Examiner (CLPE), avait trouvé dans un premier temps 14 points de concordance entre l'empreinte de Wallace et celle du dépôt de livres, Ed German, responsable de l'International Association for Identification (IAI) qui délivrait les CLPE, souligna plusieurs points de dissemblance[38]. Ce qui invalidait la présence de Wallace au dépôt de livres et par là même le seul élément concret reliant le nouveau Président à l'attentat. Cela interpellait également sur la validité des preuves obtenues par le biais d'empreintes.

En 2011, le site *MailOnLine* fit sensation en annonçant que la chaîne américaine ABC s'apprêtait à diffuser des cassettes enregistrées par l'historien Arthur Schlesinger quelques mois après l'assassinat, dans lesquelles l'ancienne Première Dame avançait croire que Johnson était derrière toute cette affaire[39]. Mais il y eut un démenti face aux affirmations du site d'informations. « Les rapports du tabloïd sur le contenu des cassettes sont totalement erronés » fit savoir le jour même un porte-parole d'ABC News à FoxNews.com[40].

En fait, à quelques reprises, Johnson allait émettre des doutes sur les conclusions officielles de cette affaire. Lors des élections présidentielles de 1968, alors qu'il était sur le point de quitter la Maison-Blanche, il accorda une interview à Howard Smith d'ABC. Hors

---

[36]   William Reymond et Billie Sol Estes : *JFK : le Dernier Témoin*, 2003.

[37]   William Reymond et Bernad Nicolas : *JFK : Autopsie d'un Complot*, 2003.

[38]   La Petite Page JFK dans la Prairie : *L'Empreinte Mystérieuse du TSBD*. http://users.skynet.be/mar/Fingerprint.htm

[39]   MailOnLine : *Explosive Jackie O Tapes "Reveal how she Believed Lyndon B Johnson Killed JFK and had Affair withe Movie Star"*, Liz Thomas, 8 août 2011. http://www.dailymail.co.uk/news/article-2023418/Jackie-O-tapes-reveal-JFKs-affairs-believed-death.html

[40]   FoxNews : *Jacqueline Kennedy Reportedly Believed Lyndon B. Johnson Behind JFS's Assassination*, 8 août 2011. http://www.foxnews.com/us/2011/08/08/jacqueline-kennedy-reportedly-believed-lyndon-b-johnson-behind-husbands.html

caméra, le Président déclara au journaliste qu'il allait lui avouer un secret, sous condition de ne jamais le divulguer :

— Kennedy a essayé de descendre Castro, mais Castro l'a eu avant.

Smith tenta vainement d'obtenir plus de détails[41].

Moins d'un an plus tard, en septembre 1969, l'ex-Président accorda une interview à Walter Cronkite, pour l'émission *CBS Nightly News*.

— Franchement, je n'ai jamais pu m'assurer avec certitude qu'il n'y avait eu aucune connexion internationale, souffla l'ex-Président.

— Vous l'envisagez encore ? demanda Cronkite.

— Je n'ai pas complètement écarté cette éventualité.

— Ce qui laisse penser que peut-être le rapport Warren ne vous a pas entièrement convaincu.

— Non, la Commission Warren a fait son enquête. Elle réunit les hommes les plus capables et sensés des deux parties de ce pays. Ils n'avaient qu'un seul but : trouver la vérité. D'autre part, ils étaient compétents et ont fait de leur mieux. Mais je crois aussi que ni moi ni eux ni personne d'autre ne pourrons savoir avec certitude ce qui a pu motiver Oswald ou d'autres individus peut-être impliqués.

Johnson demanda que cette remarque soit coupée au montage, pour des raisons de sécurité nationale. Cette séquence ne fut diffusée à la télé que le 27 avril 1975[42].

— Partons d'ici, souffla le nouveau Président après la cérémonie d'intronisation, ce vendredi-là.

Curry, Putnam et Hughes descendirent alors de l'appareil. Une fois en bas, le chef de la police parla avec le maire de Dallas, Earl Cabell, et son épouse. Ils restèrent là jusqu'à ce que l'avion décolle[43].

Pendant ce temps, Jay Watson, sur l'antenne de WFAA-TV, fit l'annonce de la transition de pouvoir : « On vient de m'indiquer que Lyndon Johnson a prêté serment en tant que Président des États-Unis. Dans peu de temps nous recevrons de New York d'autres images à ce sujet. Je répète : Lyndon Johnson est aujourd'hui Président des États-Unis. Il est entré en fonctions il y a quelques minutes en prêtant serment à l'aéroport de Love Field. »

C'est devant les caméras que le Boeing présidentiel manœuvra pour décoller en direction de Washington[44]. Il était 14 h 47 et *Air Force One* quittait Dallas avec à son bord le nouveau Président et le Président défunt[45].

---

[41]   Philip Shenon : *A Cruel and Shocking Act : the History of the Kennedy Assassination*, 2013.

[42]   Matthew White : *The Murder of JFK : A Revisionist History*, 1999.

[43]   Déposition de Jesse Edward Curry, chef de la police de Dallas, devant la Commission Warren.

[44]   Tom Jennings : *The Lost JFK Tapes : The Assassination*, 2009.

[45]   William Manchester : *The Death of A President*, 1967.

Premiers interrogatoires

Dans le quartier général de la police, Sims et Boyd emmenèrent le suspect dans le bureau de Fritz. Il était 14 h 20. Fritz commença à interroger Oswald cinq minutes plus tard. Celui-ci était entouré du capitaine, ainsi que Sims et Boyd et d'un ou deux officiers du bureau.

Soudain, le téléphone retentit. C'était le lieutenant Gordon Shanklin qui appelait. Il avait dans son bureau James Bookhout, un agent du FBI. Celui-ci demandait à ce que l'agent James Hosty vint assister à l'interrogatoire. Fritz quitta son bureau pour se rendre à celui de Shanklin. Il connaissait déjà Bookhout pour avoir souvent travaillé avec lui. Il lui demanda de venir avec Hosty.

Chose qui lui serait reprochée ultérieurement, Fritz n'aurait pas pris de note de l'interrogatoire du suspect de l'assassinat du Président, d'après ce que l'on eut raconté. Cependant, le capitaine ne dirait pas ne pas avoir pris de notes, mais ne pas les conserver. Il avait fait plusieurs demandes pour être équipé d'enregistreurs. Mais celles-ci avaient toujours été rejetées[1]. « Avec une infime partie de la somme dépensée chaque année pour le festival du coton, on eût pu fournir à Will Fritz des appareils d'enregistrement » écrirait William Manchester[2].

En 1997, l'Assassination Records Review Board déclassifierait des notes manuscrites du capitaine Fritz. Selon certains chercheurs, ces notes auraient été écrites pendant l'interrogatoire du suspect, tandis que d'autres pensaient que la rédaction de ces notes remonterait à une semaine ou deux après l'attentat[3].

Avant de commencer, le capitaine informa le suspect que ses déclarations pourraient être retenues contre lui. Oswald répondit vouloir un avocat. Une fois ou deux, il refuserait de répondre. Et une fois ou deux, il interromprait brusquement sa réponse, et déclarerait vouloir parler à un avocat.

---

[1]   Déposition de John Will Fritz, capitaine du bureau d'homicide et vol, devant la Commission Warren.

[2]   William Manchester : *The Death of A President*, 1967.

[3]   AssassinationOfJFK.net : *The Coke Incident, Frtiz's Notes and the Limo Stop*, Pete Engwall et Staffan H. Westerberg. http://assassinationofjfk.net/the-coke-incident-fritzs-notes-and-the-limo-stop/

Fritz commença l'interrogatoire de la même manière qu'il procédât habituellement. Il posait au suspect des questions du style où avait-il grandi, où avait-il fait ses études. Le suspect répondit être allé à l'école à New York, puis à l'école de Fort Worth. Mais il avait arrêté pour aller chez les Marines. Il avait terminé l'école secondaire dans les Marines[4].

En fait, Fritz posait ce genre de question pour juger l'individu, la façon dont il fallait lui parler. « Will Fritz est un paisible policier d'une soixantaine d'années, à la voix douce et enrouée, rapporterait un journaliste de *Paris-Match*. Son visage de bon vivant, aux traits arrondis, au sang vif et à fleur de peau comme s'il avait été stimulé par un vent froid exerce un charme irrésistible. [...] C'est le type du grand papa-gâteau. [...] C'est ce côté doux et désarmant de son personnage qui a fait de lui le champion des inspecteurs. Il est l'homme des aveux spontanés[5]. »

Hosty demanda à Oswald s'il était allé en Russie ainsi qu'à Mexico. Le suspect s'énerva et frappa le bureau. Il n'était pas allé à Mexico, assura-t-il, mais confirma avoir vécu en Russie.

— Je vous connais, lâcha-t-il à l'adresse d'Hosty. Vous avez accosté ma femme à deux reprises.

Fritz eut les plus grandes difficultés à le calmer, et lui demanda ce qu'il entendait par « accoster ».

— Eh bien, il l'a menacée, répondit le suspect. Il lui a pratiquement dit qu'elle aurait à retourner en Russie. Il l'a abordé à deux occasions différentes[6].

Hosty avait effectivement interrogé Mme Oswald parce qu'il était « dans les habitudes du FBI d'interroger les immigrés de derrière le Rideau de Fer », c'est-à-dire venant d'URSS.

Le 25 octobre, l'agent avait été informé par le bureau de La Nouvelle-Orléans qu'une autre agence avait déterminé que Lee Oswald avait tété en contact avec l'ambassade soviétique à Mexico. Puis, quelques jours plus tard, il avait appris que le couple vivait au 2515 West Fifth Street à Irving, une banlieue de Dallas. En allant enquêter dans le quartier, Hosty découvrit que l'adresse était celle d'une certaine Ruth Paine qui s'était séparée de son mari Michael, un ingénieur de Bell Helicopter. Mme Paine, quant à elle, travaillait à temps partiel comme professeur de russe au Saint Marks School for Boys de Dallas. En fait, elle hébergeait les Oswald[7].

---

[4]   Déposition de John Will Fritz, capitaine du bureau d'homicide et vol, devant la Commission Warren.

[5]   Paris-Match : *Notre Reporter à Dallas : c'est Devenu une Ville pour Fantomas*, Paul Mathias, dossier : *Kennedy : un Numéro Historique*, 7 décembre 1963.

[6]   Déposition de John Will Fritz, capitaine du bureau d'homicide et vol, devant la Commission Warren.

[7]   Déposition de James Patrick Hosty Jr, agent du FBI, devant la Commission Warren.

Fritz déclara à un moment qu'il pensait que l'homme vivait à Irving. Mais Oswald répondit qu'il ne vivait pas à Irving, mais à Beckley, au 1026. Le capitaine demanda pourquoi sa femme vivait à Irving pendant que lui vivait Beckley. Sa femme était logée par Ruth Paine. Comme le couple avait un petit bébé, il avait été arrangé que Mme Paine aiderait avec le bébé, tandis que Mme Oswald lui apprendrait le russe. Fritz voulut savoir la cadence à laquelle Oswald se rendait à Irving. Le suspect lui répondit qu'il s'y rendait le week-end. Pourquoi ne restait-il pas là-bas, voulut savoir le capitaine. Il ne voulait pas rester là-bas, expliqua Oswald, parce que les Paine s'étaient séparés. Avait-il une voiture ? Non, le suspect n'en avait pas.

L'individu ne savait pas s'il louait une chambre à North Beckley ou à South Beckley, mais selon la description qu'il fit, il s'avéra que c'était North Beckley. Fritz y avait envoyé des agents et Potts, l'un d'eux, avait appelé pour informer le capitaine qu'aucun homme du nom d'Oswald n'y était enregistré, mais que l'individu était enregistré sous le nom d'O. H. Lee. Fritz demanda au suspect pourquoi il était enregistré sous ce nom. Oswald expliqua que la loueuse n'avait pas bien compris son nom.

Le suspect demanda à avoir un avocat. Fritz lui répondit qu'il pourrait avoir celui de son choix dès qu'il le désirerait. Oswald voulait être représenté par John Abt, un avocat de New York. Il avait entendu parler de lui pour avoir représenté des gens violés par la loi de Smith.

— Je ne le connais pas personnellement, mais c'est l'avocat que je veux. Si je ne peux pas l'avoir, je veux que l'American Civil Liberties Union me cherche un avocat.

Le premier interrogatoire dura entre 30 et 40 minutes, selon l'estimation qu'en ferait le capitaine par la suite. Plusieurs fois, Fritz arrêtait l'interrogatoire. Il devait aller donner des missions à ses agents et faisait en sorte d'obtenir plusieurs témoins.

Les policiers analysèrent le fusil qu'ils avaient retrouvé au dépôt. Ils interrogèrent la femme du suspect à ce sujet. Mais celle-ci ne put identifier l'arme[8].

Marina Nikolaevna Prussakova Oswald était d'origine Russe. Elle était mère de deux enfants, deux filles, l'une de près de deux ans et la seconde de trois mois. Elle avait rencontré son futur mari à Minsk, quand celui-ci était allé vivre en URSS. Le couple était arrivé aux États-Unis le 13 juin 1962. De New York, les Oswald avaient joint Dallas, où ils avaient été attendus par le frère du suspect, qui les avait hébergés chez lui à Fort Worth. Le couple avait ensuite habité chez la mère d'Oswald. Le suspect avait multiplié les emplois précaires et les déménagements s'étaient succédés. Le couple avait fait la connaissance

---

[8] Déposition de John Will Fritz, capitaine du bureau d'homicide et vol, devant la Commission Warren.

de plusieurs Russes de Dallas, dont un certain George de Mohrenschildt.

Mais à son arrivée aux États-Unis, Mme Oswald constata que son mari avait singulièrement changé de caractère. Comme il trouvait la vie difficile et qu'il ne pouvait trouver un travail stable, Oswald en vint à proposer à sa femme de retourner vivre en URSS, tandis que lui resterait là. Mais celle-ci refusa. Si elle devait y retourner, déclara-t-elle, il fallait alors divorcer. Son mari ne voulait pas. Les discussions devenaient houleuses au point de se transformer en disputes. Et il arriva qu'Oswald frappa sa femme. Il était devenu très irritable, et parfois pour des broutilles. Il devenait de plus en plus reclus. À vrai dire, il n'aimait pas les amis Russes et tenta d'interdire à sa femme de les fréquenter. Le seul qui trouvait grâce à ses yeux était de Mohrenschildt. Oswald disait des autres qu'ils étaient idiots d'avoir quitté l'URSS, qu'ils étaient même des traîtres. Sa femme lui faisait remarquer qu'il avait agi de manière identique envers les États-Unis. Elle estimait son mari jaloux des amis qui avaient une meilleure situation financière que lui. Il y avait eu plusieurs séparations du couple[9]. Mme Oswald s'était vengée du caractère de son mari. Elle n'avait eu de cesse de le rabaisser, flattant ouvertement Ruth Paine devant lui. « Pour Oswald, c'était la fin. Il ne lui restait plus rien, pas même sa fierté » devait estimer William Manchester[10].

Après avoir quitté Love Field, le chef Curry joignit le quartier général de la police. Il était environ 16 heures quand il y arriva. Il rejoignit son bureau situé au deuxième étage. En sortant de l'ascenseur, il constata la présence de douzaines de journalistes. Des câbles de télévision traînaient sur le sol. Quand il arriva à son bureau, Curry fut informé par le chef Stevenson que la police avait arrêté le meurtrier de Tippit et qu'il était interrogé dans le bureau du capitaine Fritz. On lui fit également savoir que cet homme était fortement suspecté d'avoir assassiné le Président[11].

À 16 h 45, une séance d'identification, ou tapissage, fut organisée en la présence d'Helen Markham, témoin du meurtre de l'officier Tippit. Ce ne fut qu'à ce moment-là que l'on fouilla le suspect. Effectuée par l'officier Boyd, cette fouille trouva sur lui[12] cinq cartouches et « d'autres articles » dans sa poche[13]. Les cartouches constituaient des balles d'un pistolet .38.

---

[9]   Déposition de Marina Oswald, épouse de Lee Harvey Oswald, devant la Commission Warren.

[10] William Manchester : *The Death of A President*, 1967.

[11] Déposition de Jesse Edward Curry, chef de la police de Dallas, devant la Commission Warren.

[12] Déposition de John Will Fritz, capitaine du bureau d'homicide et vol, devant la Commission Warren.

Comme Mme Markham se sentait mal, « elle commençait à s'évanouit et tombait malade » selon le capitaine, on allait l'emmener à l'hôpital. Fritz voulut organiser le tapissage le plus vite possible. Markham regarda attentivement les personnes qu'on lui montrait[14]. Il n'y avait pas de vitre sans tain à l'époque. Les témoins étaient dans la même pièce que les suspects. Ils étaient néanmoins protégés de la vue des suspects par des lampes qui éblouissaient ces derniers[15]. Un numéro identifiait chaque personnage. Il ne s'agissait en réalité que de policiers. Fritz déclarerait craindre que s'il prenait des prisonniers, ceux-ci pourraient blesser le suspect. Cependant, comme Fritz n'avait pas d'homme de la taille d'Oswald dans son bureau, il avait demandé à d'autres agents s'ils acceptaient de s'y prêter. Il trouva ainsi un homme travaillant dans le bureau de la prison et un employé civil. Ces deux hommes portaient leurs vêtements civils. On leur fit ouvrir leurs chemises pour leur faire sembler être de quelconques individus[16]. Selon l'inspecteur Sims, trois hommes accompagnaient Oswald lors de ce tapissage. Le numéro un était un certain Billy Perry. Le suspect était le numéro deux. Le numéro trois était B. L. Clark et le numéro quatre, Don Ables. Les quatre hommes étaient menottés ensemble[17].

Après quoi, Fritz retourna à son bureau, auquel on ramena le suspect[18] à 16 h 20[19]. À chaque fois, il fallait traverser les couloirs remplis de journalistes. Cela demandait de se faufiler pour trouver un passage.

— Ces gens m'ont interrogé sans la présence d'un avocat, se plaignit Oswald.

— Avez-vous tiré sur le Président ? demanda un reporter.

— Je n'ai tiré sur personne ; non ![20]

Si l'agent Hosty était parti, l'agent Bookhout était toujours présent dans le bureau de Fritz. Oswald informa Fritz être employé au dépôt de livres. Le capitaine voulut savoir comment il avait obtenu cet emploi. Le suspect expliqua qu'il avait trouvé la place par l'intermédiaire d'une

---

[13]   Commission Warren, *Investigation of the Assassination of President John F. Kennedy Hearings Before the President's Commission on the Assassination of President Kennedy*, 1964.

[14]   Déposition de John Will Fritz, capitaine du bureau d'homicide et vol, devant la Commission Warren.

[15]   Anthony Giacchino : *Lee Harvey Oswald : 48 Hours to Lives*, 2013.

[16]   Déposition de John Will Fritz, capitaine du bureau d'homicide et vol, devant la Commission Warren.

[17]   Dallas Municipal Archives : *Report on officer's duties in regards to the President's murder, (Original), date unknown. 00000916.*

[18]   Déposition de John Will Fritz, capitaine du bureau d'homicide et vol, devant la Commission Warren.

[19]   Commission Warren, *Investigation of the Assassination of President John F. Kennedy Hearings Before the President's Commission on the Assassination of President Kennedy*, 1964.

[20]   Tom Jennings : *The Lost JFK Tapes : The Assassination*, 2009.

femme qu'il connaissait. Fritz demanda ce qu'il avait fait aujourd'hui. Oswald répondit qu'il déjeunait avec d'autres employés quand s'était produit l'attentat contre le Président. Il avait bien remarqué toute l'agitation que cela avait provoquée. Fritz lui demanda pourquoi il avait quitté le bâtiment.

— J'ai pensé que le travail ne serait pas effectué l'après-midi.

Donc, en raison de l'agitation, le suspect était parti[21].

Le shérif adjoint Roger Craig rapporta par la suite avoir vu un homme courir et embarquer à bord d'un break Rambler de couleur vert clair, qui roulait lentement vers l'ouest sur Elm Street. Comme ces deux hommes étaient les seuls à quitter les lieux de l'attentat, selon Craig, il avait voulu les appréhender pour les questionner. Mais il n'avait pas pu les rejoindre. Plus tard, il déclara avoir reconnu Oswald comme étant l'homme qui avait embarqué dans le véhicule. Fritz lui aurait demandé de venir à son bureau pour l'identifier. Selon Craig, le suspect avait même reconnu son crime.

— Je vous ai dit que je l'ai fait.

— Doucement, mon gars, aurait répondu Fritz. On essaie juste de savoir ce qui s'est passé. Et la voiture ?

— Ce break appartient à Mme Paine. N'essayez pas de la mêler à ça[22].

Pourtant, plusieurs éléments démontent la version de Craig. D'une part, le capitaine Fritz n'eut jamais le souvenir que le shérif adjoint était entré dans son bureau. Si l'on imagine un complot impliquant la police de Dallas, on pourra conclure à un mensonge. Mais Fritz nia également qu'Oswald eût reconnu son crime[23], ce qui aurait grandement aidé les policiers. Devant les journalistes, le suspect nia toute implication dans l'affaire. Autre élément qui finit de démonter le témoignage de Craig : il déclara qu'Oswald avait embarqué à bord break après avoir descendu le monticule herbeux où était placée la barrière en bois[24] – zone propice à un tir de face sur le Président. Pourtant, il est reconnu que Lee Oswald se tenait dans le dépôt de livres au moment de l'attentat.

Selon le rapport officiel, Oswald avait quitté le dépôt de livres environ trois minutes après l'attentat. Il avait marché sur sept blocs jusqu'à Murphy Street et était monté dans un bus qui se dirigeait vers le dépôt. Le ticket de bus serait retrouvé sur lui après son arrestation. Il avait été poinçonné par le chauffeur Cecile J. McWatters.

---

[21]   Déposition de John Will Fritz, capitaine du bureau d'homicide et vol, devant la Commission Warren.

[22]   Témoignage de Roger Craig, shérif adjoint, repris dans *Evidence of Revision : the Assassinations of Kennedy and Oswald*, Conspiratus Ubiquitus, 2011.

[23]   Déposition de John Will Fritz, capitaine du bureau d'homicide et vol, devant la Commission Warren.

[24]   Témoignage de Roger Craig, shérif adjoint, repris dans *Evidence of Revision : the Assassinations of Kennedy and Oswald*, Conspiratus Ubiquitus, 2011.

Craignant de rater son train en raison de la dense circulation, une femme avait préféré descendre du bus, alors que le véhicule se trouvait près d'une intersection sur Lamar Street. Oswald avait décidé d'en faire autant. Il avait ensuite pris un taxi conduit par William Whaley[25]. Mais quand il fut dans le véhicule, une femme s'était approchée du taxi et avait demandé :

— Chauffeur, pourriez-vous m'appeler un taxi ?

— Je vous laisse celui-ci, avait alors proposé Oswald en ouvrant la portière comme pour sortir.

— Non, le chauffeur peu m'en appeler un.

Whaley avait alors demandé à Oswald où voulait-il aller.

— 500 North Beckley, avait-il répondu[26].

Une chose étrange s'était produite lorsque Oswald était rentré dans son logis. Une voiture de police avec deux agents à son bord s'était arrêtée devant la maison et avait klaxonné par deux fois. Mme Roberts, la logeuse du suspect, avait regardé par la fenêtre. Mais elle ne souvenait plus si la portière du véhicule affichait le numéro 106, le numéro 107 ou le numéro 207[27]. Il fut établi que les voitures 106 et 207 se trouvaient sur Dealey Plaza à ce moment-là. Quant à la voiture 107, elle fut vendue en avril précédent et son numéro ne serait à nouveau affecté qu'en février 1964[28].

Le capitaine demanda au suspect s'il avait croisé M. Truly, le directeur du bâtiment du dépôt de livres. Oswald répondit que oui, qu'il était en compagnie d'un agent de police. Il les avait croisés dans l'escalier et que l'agent avait pointé son arme sur lui. Le directeur avait alors confirmé qu'il était un employé. Le capitaine lui demanda ce qu'il faisait dans le réfectoire. Le suspect répondit qu'il déjeunait : un sandwich au fromage et un Coca-Cola.

Fritz demanda s'il était propriétaire d'un fusil. Le suspect répondit que non. Le capitaine lui demanda s'il avait possédé un fusil par le passé et Oswald répondit en avoir déjà eu un, pendant un court temps. Le capitaine demanda s'il possédait un fusil quand il vivait en Russie.

---

[25]   Commission Warren, *Investigation of the Assassination of President John F. Kennedy Hearings Before the President's Commission on the Assassination of President Kennedy*, 1964.

[26]   Déposition de William Wayne Whaley, chauffeur de taxi, devant la Commission Warren. Selon Whaley, Oswald avait bien précisé North Beckley, alors qu'il déclara à Fritz ne pas savoir s'il habitait à North Beckley ou South Beckley.

[27]   Déposition d'Earlene Roberts, logeuse de Lee Harvey Oswald au 1026 North Beckley, devant la Commission Warren.

[28]   Robert Oswald : *Lee : A Portrait of Lee Harvey Oswald by His Brother*, 1967. Dans l'édition française du livre, il est écrit numéro 17. Mais selon le contexte – l'auteur évoque au préalable le numéro 107 et ne fait pas mention du numéro 17 – il y a tout lieu de penser à une faute de frappe.

— Vous savez que vous ne pouvez pas posséder de fusil en Russie, répondit l'individu. J'ai eu un fusil de chasse là-bas. Vous ne pouvez pas posséder un fusil en Russie.

Le capitaine lui demanda s'il avait un fusil depuis qu'il avait vécu à La Nouvelle-Orléans, et qu'il l'avait déposé à Irving. Le suspect nia. Fritz répliqua qu'on l'avait déjà vu avec un fusil chez Mme Paine et qu'il le conservait dans une couverture. Oswald nia encore.

Qu'avait-il encore fait après avoir quitté le dépôt, voulut savoir Fritz. Oswald expliqua être allé dans sa chambre pour s'y changer et prendre son pistolet. Puis, il s'était rendu au cinéma. Pourquoi avait-il pris un pistolet, voulut savoir le capitaine.

— Bien, vous savez, un pistolet ; je l'ai juste porté.

Fritz lui demanda s'il avait tué Tippit. Oswald nia.

— La seule loi que j'ai violée était au cinéma, déclara-t-il. J'ai frappé un agent dans le cinéma. Il m'a frappé à l'œil et je devine que je l'ai mérité. C'est la seule loi que j'ai violée. C'est la seule chose que j'ai faite de mal.

À un moment, Fritz l'interrogea au sujet de ses convictions politiques. Le suspect répondit avoir été secrétaire du Fair Play for Cuba. Il s'agissait, selon lui, d'une organisation qui avait son siège social à New York et disposait d'un bureau à La Nouvelle-Orléans. Il avait également été membre de l'American Civil Liberties Union. Fritz lui demanda s'il était payé.

— Cinq dollars par mois, répondit l'individu.

Comme le suspect avait été arrêté avec trois cartes sur lui, Fritz l'interrogea à ce sujet. L'une ressemblait à une carte de sécurité sociale. Une autre était une carte du Fair Play for Cuba. L'une des cartes portait le nom d'Alek Hidell. Oswald expliqua que Hidell était le nom qu'il avait utilisé à La Nouvelle-Orléans. Puis, il déclara ne pas vouloir en entendre parler.

À un moment, Oswald réitéra son désir d'être représenté légalement.

— Avez-vous appelé un avocat ? demanda Fritz.

— Vous savez que je ne peux pas utiliser le téléphone.

— Si, vous pouvez. N'importe qui peut utiliser le téléphone.

Fritz déclara à ses agents de le laisser utiliser le téléphone[29].

Le téléphone sonna dans les locaux du *Fort Worth Star Telegram*. Bob Schieffer décrocha[30]. C'était une femme qui demandait qu'on l'emmène au quartier général de la police[31].

---

[29]   Déposition de John Will Fritz, capitaine du bureau d'homicide et vol, devant la Commission Warren.

[30]   Philip Shenon : *A Cruel and Shocking Act : the History of the Kennedy Assassination*, 2013.

[31]   Anthony Giacchino : *Lee Harvey Oswald : 48 Hours to Lives*, 2013.

— Madame, nous ne sommes pas une compagnie de taxi, répliqua Schieffer. Et de toute façon, il y a eu un attentat contre le Président.

— Je sais, répondit la femme. C'est mon fils qui est soupçonné d'en être l'auteur.

Quelle opportunité ! Schieffer se précipita au domicile de la mère du suspect pour l'emmener au QG de la police. Durant le trajet, Mme Oswald s'inquiéta plus pour elle-même que du rôle joué par son fils dans l'assassinat. Elle avoua craindre que sa belle-fille ne reçoive toute la sympathie à son détriment à elle. Schieffer pensa que ce comportement était dû au stress et regretta plus tard ne pas avoir mentionné les propos de la mère du suspect dans l'article qu'il écrivit par la suite. En effet, il finirait par se convaincre que Mme Oswald était dingue.

Quand ils arrivèrent au quartier général de la police, Mme Oswald et le journaliste furent conduits dans une petite salle.

Pendant ce temps, Marina Oswald, la femme du suspect, était interrogée par la police. Elle affirmait n'être au courant de rien, mais elle sentait que les inspecteurs doutaient de ses propos[32].

Quand Robert Oswald, le frère du suspect, arriva au quartier général de la police, on le conduisit jusqu'à une pièce où se trouvait sa mère.

— Je suis contente que tu m'aies trouvée, Robert, déclara-t-elle en le voyant.

Elle s'était levée de sa chaise et avait commencé à s'avancer vers son fils. Deux agents du FBI se plantèrent devant le frère.

— Brown, du FBI. Lui aussi s'appelle Brown, également du FBI.

La mère leur déclara souhaiter s'entretenir avec son fils. L'un des agents les guida jusqu'à un bureau inoccupé. La mère se pencha alors vers son fils.

— Cette pièce est truffée de micros. Surveille bien tes paroles.

— Écoute, maman, je me moque éperdument de savoir si, oui ou non, cette pièce est farcie de micros, répondit le fils énervé. J'ai l'intention de dire carrément tout ce que j'ai à dire, et même à le crier, au besoin, sur le pas de la porte. Si tu connais des faits concernant ce qui vient de se passer, c'est le moment de m'en faire part. Mais pour l'amour du ciel, épargne-moi tes hypothèses, tés théories, tes élucubrations.

La mère poursuivit néanmoins ses assertions en déclarant que son fils arrêté avait exécuté des ordres officiels. Elle était persuadée que Lee Oswald avait été recruté par la CIA « ou quelque autre organisme alors qu'il servait encore dans les Marines » et qu'il était un agent secret au service du gouvernement américain[33].

---

[32]   Philip Shenon : *A Cruel and Shocking Act : the History of the Kennedy Assassination*, 2013.

[33]   Robert Oswald : *Lee : A Portrait of Lee Harvey Oswald by His Brother*, 1967.

Dans une certaine mesure, la mère du suspect se satisfaisait de la situation.

— Je suis quelqu'un d'important, claironna-t-elle quelques jours plus tard. Je suis parfaitement consciente que moi aussi je ferai partie de l'Histoire[34].

« Je me rendis compte qu'elle avait appris l'arrestation de Lee sans éprouver la moindre émotion, devait rapporter plus tard son fils. Et je devinai, ou du moins je crus deviner, la raison de cette insensibilité : pour la première fois, ma mère allait avoir le droit à la vaste publicité dont elle avait rêvé toute sa vie. Je savais qu'elle avait une très haute opinion de ses capacités, qu'elle se considérait comme un personnage important. Or, durant tant d'années, tout le monde n'avait vu en elle qu'une petite employée de commerce parmi les milliers d'autres, une brave femme dont l'utilité, à n'importe quel poste, se trouvait encore limitée par son caractère passablement grincheux. Fait plus grave, en dehors d'un cercle fort restreint, on ignorait jusqu'à son existence. Mais dès la nouvelle du drame, elle avait compris que, plus jamais, on ne la traiterait comme une femme ordinaire, obscure, pratiquement anonyme[35]. »

En réalité, Lee Oswald avait coupé tout contact avec sa mère depuis l'année précédente. Elle n'avait appris que cet après-midi-là qu'elle avait une deuxième petite-fille. En fait, c'est avec ses trois fils que Mme Oswald n'avait plus vraiment de contact. Divorcée à deux reprises, Mme Oswald était devenue veuve de son troisième mari, mort d'un infarctus deux mois avant la naissance de Lee. John Pic, de demi-frère du suspect, avait coupé les ponts d'avec sa mère, tandis que Robert gardait ses distances[36].

Les médias donnaient des informations à mesure qu'ils en recevaient : « La police a arrêté Lee H. Oswald, président du Fair Play for Cuba Committee, un groupe d'activistes qui soutient la révolution cubaine. Il est suspecté de l'assassinat du Président Kennedy. » « Entre-temps nous arrivent d'autres informations sur ses antécédents, fit savoir WFL News. Nous savons qu'il a été arrêté et a reçu une amande de dix dollars à La Nouvelle-Orléans, pour avoir distribué de la propagande communiste[37]. »

Jim Garrison, le procureur de La Nouvelle-Orléans qui devait mener une enquête sur l'assassinat du Président quelques années plus tard, devait rapporter : « Dans la nuit du vendredi, les bulletins d'in-

---

[34] Philip Shenon : *A Cruel and Shocking Act : the History of the Kennedy Assassination*, 2013.

[35] Robert Oswald : *Lee : A Portrait of Lee Harvey Oswald by His Brother*, 1967.

[36] Philip Shenon : *A Cruel and Shocking Act : the History of the Kennedy Assassination*, 2013.

[37] Tom Jennings : *The Lost JFK Tapes : The Assassination*, 2009.

formations se succédèrent à un rythme étourdissant. Le lendemain, le nom de Lee Harvey Oswald, avait été si souvent répété par les médias qu'il était connu du monde entier. De plus en plus de détails sur sa vie furent aussi rendus publics, y compris le fait qu'il avait passé l'été précédent à La Nouvelle-Orléans. En tant que district attorney de cette ville, je dus ouvrir une enquête pour tenter de déterminer les raisons du séjour d'Oswald dans notre juridiction et découvrir d'éventuels complices[38]. »

Les penchants politiques d'Oswald avaient de quoi apporter leur lot de craintes. Un an auparavant, on avait échappé à une guerre nucléaire lors de la crise des missiles à Cuba. La guerre froide battait son plein entre les États-Unis capitalistes et la communiste URSS. Ce dernier pays était lié au Cuba de Fidel Castro, tout proche des États-Unis.

S'il s'avérait que le Président Kennedy avait été assassiné sur décision de Moscou ou de La Havane, les répercussions pouvaient entraîner une guerre nucléaire. La Première Guerre mondiale n'avait-elle pas éclaté à la suite de l'assassinat de l'archiduc François Ferdinand ? Avec le jeu des alliances, cette guerre pouvait devenir mondiale et basculer dans l'apocalypse nucléaire.

Au soir du 22 novembre, George Herman de CBS News rapporta : « Le ministère de la défense a forgé à cette occasion le terme de "mégatués" pour les millions de gens dont le sort dépend maintenant du Président Lyndon Johnson, en cas de conflit thermonucléaire. Les mots "mort de la planète" ont également été évoqués lors de ce briefing. C'est la charge nucléaire pouvant contaminer mortellement l'air et éliminer toute vie sur terre[39]. »

Il était tout à fait envisageable que Castro armât l'assassin. La menace cubaine avait abouti à l'élaboration de différents plans secrets pour renverser le leader Maximo : empoisonnement de cigares, empoisonnement de nourriture. On avait mis sur rails l'opération Mangoose, en 1962. Plusieurs études furent menées. On songea à réaliser une révolte contre Castro pour aboutir à son renversement. Néanmoins, on opta pour une opération de renseignement. On lista une série d'objectifs à saboter. Ce fut en réponse à l'opération Mangoose que l'URSS avait implanté des missiles nucléaires à Cuba[40].

Se fondant sur les déclarations du secrétaire d'État, la Commission Warren allait estimer ne pas suggérer « que les dirigeants de l'Union soviétique aient pu croire que l'assassinat du Président Kennedy servirait leurs intérêts politiques », tout en reconnaissant « qu'il est ex-

---

[38]   Jim Garrison : *On the Trail of the Assassins*, 1988.
[39]   Matthew White : *The Murder of JFK : A Revisionist History*, 1999.
[40]   Peter Collier et David Horowitz : *The Kennedy*, 1984.

trêmement difficile de porter une appréciation précise sur les intentions ou les intérêts soviétiques[41] ».

Des années plus tard, Arthur Schlesinger Jr, l'un des conseillers du Président assassiné, mettait également en doute le fait que Castro pouvait être derrière l'attentat. S'il y avait des Cubains impliqués dans un éventuel complot, selon lui, c'étaient plutôt des anticastristes que des pro castristes[42].

En réalité, il s'avère que le Président Kennedy tentait à la fois un rapprochement avec Cuba et de renverser Fidel Castro[43].

Un demi-siècle après, Castro déclarerait au journaliste Jeffrey Goldberg de *The Atlantic*, ne pas croire en la culpabilité d'Oswald. Les services cubains avaient même reconstitué l'assassinat : « Il n'a pas été possible de le faire pour un homme. Les informations que j'avais reçues est qu'un homme a tué Kennedy dans sa voiture avec un fusil, mais je déduis que cette histoire a été fabriquée pour tromper les gens. Il y avait des gens dans le gouvernement américain qui pensaient que Kennedy était un traître parce qu'il n'a pas envahi Cuba quand il en a eu la chance, qui le lui demandaient. Ils ne lui ont jamais pardonné pour ça[44]. »

---

[41] Commission Warren, *Investigation of the Assassination of President John F. Kennedy Hearings Before the President's Commission on the Assassination of President Kennedy*, 1964.

[42] Témoignage d'Arthur Schlesinger Jr, conseiller du Président Kennedy, repris dans *The Murder of JFK : A Revisionist History*, Matthew White, 1999.

[43] Matthew White : *The Murder of JFK : A Revisionist History*, 1999.

[44] The Atlantic : *Castro : "Oswald Could Not Have Been the One Who Killed Kennedy"*, Jeffrey Goldberg. http://www.theatlantic.com/international/archive/2013/11/castro-oswald-could-not-have-been-the-one-who-killed-kennedy/281674/

L'autopsie

Il était 18 h 05, heure de Washington – 17 h 05, heure de Dallas. Le voyage du deuil s'achevait. Pendant le vol, Burkley était allé joindre Mme Kennedy qui siégeait aux côtés du cercueil de son mari. Il l'avait informé qu'une autopsie était nécessaire et qu'il était disposé pour se charger de trouver l'endroit où elle désirait qu'elle soit pratiquée :

— Il est obligatoire que nous ayons une autopsie. Je peux la faire à l'hôpital militaire de Walter Reed ou à l'hôpital de la Marine à Bethesda, ou n'importe quel hôpital civil que vous indiquerez.

Même en proposant un éventuel hôpital civil, Burkley préférait un hôpital militaire puisqu'il était question du commandant en chef des armées. Mme Kennedy avait réfléchi à la proposition et avait choisi Bethesda[1].

Air Force One atterrissait enfin à la base militaire Andrews. Toute une foule s'était réunie. Les journalistes étaient également là. Une passerelle d'embarquement fut emmenée jusqu'à la porte avant de l'appareil, tandis que l'on approcha un camion muni d'une plate-forme élévatrice au niveau de la porte arrière.

Le premier à embarquer à bord du Boeing présidentiel était l'attorney général, Robert Kennedy, frère du Président assassiné. Il joignit directement la Première Dame. Celle-ci avait demandé à que ce soit les amis du Président défunt qui descendirent le cercueil de l'avion.

La plate-forme fut enfin baissée. Elle s'arrêtait à un mètre cinquante du sol. Une ambulance s'approcha du camion. On avait également prévu un hélicoptère pour emmener Mme Kennedy à la Maison-Blanche. Mais elle préféra rester auprès de son mari et de se rendre à l'hôpital militaire de Bethesda, où serait pratiquée l'autopsie[2]. Le cercueil fut descendu de la plate-forme et placé immédiatement à

---

[1]   Entretien oral entre le vice-amiral George G. Burkley, médecin personnel du Président Kennedy, et William McHugh pour la John F. Kennedy Library, 17 octobre 1967. http://web.archive.org/web/2004060108523l/http://www.geocities.com/jfkinfo3/test imony/burkleyBurkley, médecin personnel du Président Kennedy,.htm

[2]   William Manchester : *The Death of A President*, 1967.

l'arrière de l'ambulance. Puis, tandis que l'attorney général sautait sur le sol, on aida Mme Kennedy à descendre.

Elle voulait monter à l'arrière de la voiture et se dirigea vers l'une des portières. Mais celle-ci était fermée. On se dépêcha de l'ouvrir. Mme Kennedy put enfin embarquer à bord de l'ambulance. Le véhicule resta encore quelques instants sur place, puis s'en alla enfin.

Après quoi, on enleva le camion avec la plate-forme pour en faire venir un autre, muni d'une passerelle. Le nouveau Président et son épouse descendirent alors d'*Air Force One*. Il terminait là son premier voyage en tant que commandant en chef des États-Unis[3].

Après un voyage de 45 minutes, l'ambulance arriva à Bethesda. Les proches du Président assassiné se réunirent dans un appartement aménagé situé au 16e étage[4]. L'attorney général avait attendu d'être arrivé pour faire savoir à Mme Kennedy :

— On pense avoir trouvé le criminel. Il dit qu'il est communiste.

— Il n'aura même pas eu la satisfaction de mourir pour l'égalité des droits, répondit la veuve. Il a fallu que ce soit un petit communiste déséquilibré[5]...

Dans la morgue, on commença par prendre une série de photographies et par réaliser des radios[6]. Dirigée par James Humes, le chef du service anatomo-pathologie de Bethesda, l'autopsie du Président débuta à 20 heures[7]. Burkley supervisa l'autopsie et fut informé à chaque étape. Il fit souvent des allers-retours entre la morgue et le seizième étage où étaient logées Mme Kennedy et l'équipe du Président défunt[8].

L'autopsie nota une blessure de 7 mm sur 4 « juste au-dessus de la frontière supérieure de l'omoplate ». La plaie à la gorge mesurait 6,5 cm dans sa largeur. Les bords étaient irréguliers.

La tête était endommagée principalement au niveau de l'os pariétal, mais la blessure se prolongeait légèrement dans les régions temporales et occipitales. En outre, trois fragments d'os de la boîte crânienne

---

[3] CircuitBreaker1582 : *Arrival of the Kennedy Party from Dallas on Nov. 22 1963*.https://www.youtube.com/watch ? v=_23UyIuEzK4

[4] Commission Warren, *Investigation of the Assassination of President John F. Kennedy Hearings Before the President's Commission on the Assassination of President Kennedy*, 1964.

[5] William Manchester : *The Death of A President*, 1967.

[6] Commission Warren, *Investigation of the Assassination of President John F. Kennedy Hearings Before the President's Commission on the Assassination of President Kennedy*, 1964.

[7] William Manchester : *The Death of A President*, 1967.

[8] Entretien oral entre le vice-amiral George G. Burkley, médecin personnel du Président Kennedy, et William McHugh pour la John F. Kennedy Library, 17 octobre 1967. http://web.archive.org/web/20040601085231/http://www.geocities.com/jfkinfo3/testimony/burkley.htm

avaient été récupérés à Dallas. Ils avaient été éjectés de la tête du Président.

Humes conclut que le Président avait été tué par des tirs venant de derrière lui. La balle mortelle était entrée au-dessus et à droite de la protubérance occipitale externe. Le projectile avait explosé en morceaux et avait laissé de nombreux fragments dans la tête. Une partie de la balle était sortie au niveau de l'os pariétal en emportant avec elle une partie du cerveau, du crâne et du cuir chevelu[9]. Si l'hémisphère gauche était intact, l'hémisphère droit était sévèrement endommagé[10].

Plusieurs doutes furent émis à propos de l'autopsie du Président Kennedy. Plusieurs théoriciens de la conspiration affirmèrent que les blessures relevées à Washington ne ressemblaient pas à celles de Dallas, comme si le corps avait subi des modifications postmortem pour accréditer la version d'un tireur situé derrière[11].

Pourtant, Burkley, le médecin personnel du Président, affirma devant le HSCA : « J'ai vu les blessures du Président Kennedy à l'hôpital de Parkland et pendant l'autopsie à l'hôpital naval de Bethesda. Il n'y avait aucune différence de forme des blessures que j'ai vues à l'hôpital de Parkland et celles que j'ai observées lors de l'autopsie de l'hôpital naval de Bethesda[12]. »

Si le chirurgien Robert McClelland, de Parkland, localisa un trou derrière la tête, dans une zone chevauchant les régions occipitales et pariétales[13], le docteur Humes, de Bethesda, l'étendait jusqu'à la région temporale[14]. Le rapport de Humes concordait avec le témoignage que tiendrait le garde du corps Hill près de cinquante ans après, lorsque celui-ci évoquerait un trou situé au-dessus de l'oreille droite[15]. D'ailleurs, c'est ce que montrait très nettement le film de Zapruder[16]. Une telle blessure était également visible sur les photos de l'autopsie[17].

Reste que cette blessure située sur le côté droit de la tête du Président tendait à indiquer une chose : il semble peu vraisemblable que le coup de feu mortel fut tiré depuis la droite, sinon quoi, le côté

---

[9]   Rapport du commandant James J. Humes, chef du service anatomo-pathologie de l'hôpital naval de Bethesda, repris dans le rapport Warren.

[10]   Rapport du lieutenant-colonel Pierre A. Finck, médecin de l'hôpital naval de Bethesda, repris dans le rapport Warren.

[11]   William Reymond : *JFK : Autopsie d'un Crime d'État*, 1998.

[12]   Déposition du vice-amiral George G. Brukley, médecin personnel du Président Kennedy, dans le House Select Committee on Assassinations of the U.S. House of Representatives.

[13]   Témoignage de Robert McClelland, chirurgien à Parkland Memorial Hospital, repris dans *The JFK Assassination : the Jim Garrison Tapes*, John Barbou, 1992.

[14]   Rapport du commandant James J. Humes, chef du service anatomo-pathologie de l'hôpital naval de Bethesda, repris dans le rapport Warren.

[15]   Témoignage de Clint Hill, garde du corps de Jackie Kennedy, repris dans *The Kennedy Detail*, Chris Golding, 2010.

[16]   Film tourné par Abraham Zapruder.

[17]   Photos d'autopsie du Président Kennedy prises par John Stinger.

gauche du crâne et du cerveau du Président en auraient porté des traces. Ce qui n'était pas le cas. Il semble peu vraisemblable que la balle fatale fut tirée depuis la zone où le chercheur Jack White croyait voir quelqu'un dans la photo de Moorman.

Néanmoins, les photos de l'autopsie contredisaient les schémas utilisés par la Commission Warren sur certains points. Notamment celui indiquant la trajectoire de la balle à avoir blessé le Président dans le cou – cette fameuse balle ressortie par la gorge et qui aurait ensuite blessé le gouverneur Connally.

Les schémas publiés dans le rapport Warren, comme les pièces CE385 et CE386, plaçaient la blessure du Président à la base du cou[18], tandis que les photos de l'autopsie montraient une blessure quelques centimètres plus bas[19]. Sur ce point, au moins, il est certain que le rapport officiel fait erreur.

Technicien à Bethesda, Paul Connor, affirma que le cerveau du Président avait disparu : « Je pouvais voir à l'intérieur de son crâne, et la plus grosse partie de son cerveau avait disparu. Il restait seulement une poignée de matières macérées qui, si on les avait mis ensemble, aurait constitué peut-être tout juste un quart du cerveau. Mais pour l'essentiel, il n'y avait plus rien à voir[20]. »

Un détail gore contredit par les souvenirs du médecin personnel du Président. Burkley supervisa la fixation et la conservation du cerveau. Aussi morbide que cela pouvait paraître, le Président Kennedy avait été enterré sans son cerveau. Il avait été nécessaire de le retirer de sa tête pendant l'autopsie pour la future étude de la trajectoire « de la balle ou des balles[21] ». Le cerveau fut ainsi plongé dans du formol[22].

On dénonça également le truchement des photos et des radios de l'autopsie. Burkley assura que la documentation liée à cette autopsie lui avait été remise, ainsi qu'au capitaine John Stove, le commandant de l'École de médecine de la Marine, et à l'agent du Secret Service[23] Roy Kellerman[24]. La documentation fut ensuite placée dans un classeur qui

---

[18]   Commission Warren, *Investigation of the Assassination of President John F. Kennedy Hearings Before the President's Commission on the Assassination of President Kennedy*, 1964.

[19]   Photos d'autopsie du Président Kennedy prises par John Stinger.

[20]   Témoignage de Paul K. O'Connor, technicien à l'hôpital naval de Bethesda, repris dans *JFK : Autopsie d'un Crime d'État*, William Reymond, 1998.

[21]   Déposition du vice-amiral George G. Brukley, médecin personnel du Président Kennedy, dans le House Select Committee on Assassinations of the U.S. House of Representatives.

[22]   Rapport du commandant James J. Humes, chef du service anatomo-pathologie de l'hôpital naval de Bethesda, repris dans le rapport Warren.

[23]   Déposition du vice-amiral George G. Brukley, médecin personnel du Président Kennedy, dans le House Select Committee on Assassinations of the U.S. House of Representatives.

[24]   Rapport de James J. Humes, chef du service anatomo-pathologie de l'hôpital naval de Bethesda, repris dans le rapport Warren.

fut lui-même verrouillé par le Secret Service[25]. Puis, le matériel fut remis à la famille[26]. Plus tard, l'attorney général, Robert Kennedy, demanda que la documentation fût transférée aux Archives Nationales. Ce qui fut fait le 26 avril 1965[27].

Des années plus tard, le docteur Peters, qui avait tenté de sauver le Président à Parkland, put étudier les photos et les radios de l'autopsie déposées aux Archives Nationales. Les blessures correspondaient en tout point à ce qu'il avait vu à Dallas. « Les radios du crâne du Président Kennedy, que nous avons eu la faveur de voir plus tard, montraient nettement combien la grande fragmentation du crâne était facilement compatible avec ce que Bob [Robert McClelland] a vu à l'origine. » Ce qui indiquait que le corps n'avait pas subi l'altération. Peters voulut également examiner le cerveau du Président. On l'informa que le cerveau avait été « rendu indisponible par M. Robert Kennedy, qui était alors attorney général[28] ». La disparition du cerveau du Président Kennedy des Archives Nationales serait donc du fait de son propre frère et non de celui de conspirateurs.

Il est une chose à noter. Il y avait de la défiance de la part des proches du Président assassiné envers le docteur Burkley. Au printemps précédent, alors que Mme Kennedy était enceinte – l'enfant ne vivrait que trois jours – il avait été convenu qu'elle accoucherait à l'hôpital de Walter Reed. Mais Burkley avait fait en sorte que l'accouchement se déroulât à Bethesda. Quand elle avait été informée de la situation, Mme Kennedy avait écrit une lettre à Burkley : « Faites-moi une énorme faveur... Sortez de ma vie. » Le docteur s'était ainsi tenu à distance de la Première Dame jusqu'à ce jour fatidique[29].

L'autopsie prit fin vers 23 heures[30]. Le travail d'embaumement fut réalisé à Bethesda. Soutenue par le frère du Président défunt, Mme Kennedy refusa que l'on fasse appel à une entreprise de pompes funèbres :

---

[25]   Déposition du vice-amiral George G. Brukley, médecin personnel du Président Kennedy, dans le House Select Committee on Assassinations of the U.S. House of Representatives.

[26]   Entretien oral entre le vice-amiral George G. Burkley, médecin personnel du Président Kennedy, et William McHugh pour la John F. Kennedy Library, 17 octobre 1967.
http://web.archive.org/web/20040601085231/http://www.geocities.com/jfkinfo3/testimony/burkley.htm

[27]   Déposition du vice-amiral George G. Brukley, médecin personnel du Président Kennedy, dans le House Select Committee on Assassinations of the U.S. House of Representatives.

[28]   Déposition de Paul Conrad Peters, docteur à Parkland Memorial Hospital, devant l'Assassination Records Review Board.

[29]   William Manchester : *The Death of A President*, 1967.

[30]   Commission Warren, *Investigation of the Assassination of President John F. Kennedy Hearings Before the President's Commission on the Assassination of President Kennedy*, 1964.

— Je ne veux pas que l'on envoie Jack dans une de ces affreuses maisons mortuaires ![31]

Sans être excessif, d'après le médecin personnel du défunt, le travail d'embaumement fut long à réaliser. Il y eut un travail considérable à tenter de refaire la zone de la blessure à la tête[32]. Vers 4 heures du matin, le travail était enfin terminé[33]. Il était précisément 3 h 56 quand l'ambulance transportant le cercueil du Président quitta Bethesda pour joindre la Maison-Blanche, où elle arriva à 4 h 34[34]. Le cercueil fut alors déposé dans la salle Est, sous une garde militaire[35].

---

[31] William Manchester : *The Death of A President*, 1967.

[32] Entretien oral entre le vice-amiral George G. Burkley, médecin personnel du Président Kennedy, et William McHugh pour la John F. Kennedy Library, 17 octobre 1967. http://web.archive.org/web/20040601085231/http://www.geocities.com/jfkinfo3/testimony/burkley.htm

[33] Commission Warren, *Investigation of the Assassination of President John F. Kennedy Hearings Before the President's Commission on the Assassination of President Kennedy*, 1964.

[34] William Manchester : *The Death of A President*, 1967.

[35] Commission Warren, *Investigation of the Assassination of President John F. Kennedy Hearings Before the President's Commission on the Assassination of President Kennedy*, 1964.

Conférence

À Dallas, à 18 h 20[1], heure locale, on organisa une autre séance d'identification. Cette fois, les témoins étaient Callaway, un vendeur de voitures, Sam Guinyard le portier du vendeur de voitures, et McWatters, un chauffeur de bus. Fritz n'était pas présent pendant ce tapissage. Il se rendit au bureau du procureur Bill Alexander, pour lui parler des preuves[2]. La séance dura 15 minutes. Après quoi, Oswald fut ramené au bureau du capitaine Fritz pour un nouvel interrogatoire.

Peu après 19 heures, on signa la plainte accusant le suspect du meurtre du policier Tippit[3]. À 19 h 10, ramené au bureau des homicides et vols, Lee Harvey Oswald était officiellement traduit en justice. L'acte d'accusation lui fut lu en la présence du juge David Johnston, du capitaine Fritz, des inspecteurs Sims, Boyd, Hall et du procureur Alexander. Oswald n'eut qu'une réponse sarcastique. Mais Fritz ne se souviendrait plus de laquelle. « Il était comme ça à chaque lecture de l'acte d'accusation[4]. »

Une troisième séance d'identification fut organisée à 19 h 40[5], en la présence de Barbara Jean Davis et de Virginia Davis[6].

Vers 19 h 55, alors que les policiers le faisaient traverser un couloir, Oswald fut encore interrogé par les journalistes présents. Le suspect tenta de répondre à la volée aux questions qui fusaient de toutes parts.

---

[1]   Commission Warren, *Investigation of the Assassination of President John F. Kennedy Hearings Before the President's Commission on the Assassination of President Kennedy*, 1964.

[2]   Déposition de John Will Fritz, capitaine du bureau d'homicide et vol, devant la Commission Warren.

[3]   Commission Warren, *Investigation of the Assassination of President John F. Kennedy Hearings Before the President's Commission on the Assassination of President Kennedy*, 1964.

[4]   Déposition de John Will Fritz, capitaine du bureau d'homicide et vol, devant la Commission Warren.

[5]   Commission Warren, *Investigation of the Assassination of President John F. Kennedy Hearings Before the President's Commission on the Assassination of President Kennedy*, 1964.

[6]   Déposition de John Will Fritz, capitaine du bureau d'homicide et vol, devant la Commission Warren.

— Avez-vous tué le Président ?

— Je travaille dans le bâtiment.

— Étiez-vous dans le bâtiment à ce moment-là ?

— Naturellement, puisque je travaille dans le bâtiment. Oui, monsieur.

— Avez-vous tué le Président ?

— Non, ils m'ont arrêté en raison du fait que j'ai vécu en Union Soviétique… Je ne suis qu'un pigeon ![7]

Cette phrase, « *I'm just a patsy* », allait alimenter les débats. En effet, cette étrange revendication apportait quelques problèmes. Selon l'avocat Auguste Crane, qui avait mené une étude sur les assassinats politiques aux États-Unis en se basant sur des références historiques, judiciaires et psychiatriques, les assassins revendiquaient toujours leur crime, qu'il s'agissait d'un assassinat politique ou de l'acte d'un déséquilibré. Le politique expliquait sa cause, tandis que le fou cherchait une certaine forme de reconnaissance[8].

Les attentats terroristes sont toujours revendiqués. Pour ce qui est de la folie, il suffit de prendre l'exemple de l'attentat raté perpétré contre le Président Ronald Reagan en 1981. L'auteur, John Warnock Hinckley Jr, voulait désespérément attirer l'attention de l'actrice Jodie Foster, sur laquelle il faisait une fixation. Il pensa ainsi à se suicider devant elle. Il envisagea même de détourner un avion. Il décida finalement d'assassiner le Président. Au départ, il traqua le Président Jimmy Carter, mais son plan tomba à l'eau lorsqu'il fut arrêté à Nashville dans le Tennessee, pour port d'arme. Il relança son projet et écrivit à l'actrice qu'il allait agir pour l'impressionner. Ainsi, le 30 mars 1981, alors que le Président Reagan sortait de l'hôtel Hilton à Washington, Hinckley tira six coups de feu sur le chef d'État. Piètre tireur, il manqua sa cible, mais blessa grièvement plusieurs personnes. Il y eut également un mort. Sur quoi, une balle ricocha sur une vitre blindée de la limousine présidentielle et toucha Reagan à la poitrine. Ne cherchant même pas à fuir, Hinckley fut instantanément arrêté[9].

De fait, en se présentant comme un bouc émissaire, Lee Oswald n'entrait dans aucune de ces deux catégories : le politique et le désaxé. Ainsi, certains y virent là un élément indiquant qu'il n'était pas l'auteur de l'assassinat du Président Kennedy. Comprenant qu'il avait été manipulé, Oswald aurait, de fait, averti les conspirateurs qu'il allait

---

[7] DVP's JFK Archives : *Lee Harvey Oswald's « I'm Just A pasty » Lie.* David Von Pein, 7 août 2006, 8 juin 2008. http://jfk-archives.blogspot.fr/2011/03/oswalds-patsy-lie.html

[8] William Reymond : *JFK : Autopsie d'un Crime d'État,* 1998.

[9] Wikipédia : *John Warnock Hinckley Jr.* https://fr.wikipedia.org/wiki/John_Warnock_Hinckley_Jr.

parler, qu'il allait les balancer en prononçant : « Je ne suis qu'un pigeon ![10] »

On peut s'étonner d'une chose : si Oswald avait averti les conspirateurs qu'il allait parler, pourquoi ne dénonça-t-il pas des éléments du complot devant la presse internationale chaque fois qu'il eut l'occasion de parler aux reporters ? Peut-être n'en connaissait-il pas ? Cela semble peu vraisemblable.

Les empreintes de Lee Oswald furent relevées à 20 h 55. On effectua également un test de paraffine sur les mains et le visage du suspect[11]. Dans le rapport qui conclurait à la culpabilité d'Oswald, publié quelques mois plus tard, il serait écrit : « Le jet de paraffine des mains d'Oswald a réagi positivement au test. Le jet de la joue droite n'a montré aucune réaction[12]. » Cette remarque fut reprise par les tenants de la conspiration pour dénoncer le rapport Warren et établir qu'Oswald n'avait pas tiré au fusil, ce 22 novembre. Mais les critiques se firent l'économie du reste du texte.

Les résidus de tir sont composés de métaux lourds, comme du baryum, de l'antimoine, du plomb, tandis que les résidus de poudre constituent en des résidus généralement composés de nitrés – nitrates, nitrites, etc. Les résidus de fumés sont constitués majoritairement de carbone. On peut néanmoins y déceler des métaux vaporisés.

C'est lors de la détonation que les gaz de combustion sont éjectés par la bouche du canon, ainsi que par tous les orifices de l'arme non fermés hermétiquement. Dans le cas d'un fusil, ce sont les mains du tireur supportant le fût du canon qui sont susceptibles de recevoir des résidus de tir. Ceux-ci s'opèrent principalement au niveau de la bouche du canon. On peut également retrouver des résidus sur le visage, les cheveux ainsi que les vêtements du tireur. On a ainsi plus de chances de retrouver des résidus dans les cheveux que sur les mains[13].

Dans les tests de paraffine, c'était principalement le nitrate qui était recherché. Celui-ci était repéré lorsque les produits chimiques viraient au bleu. Mais le rapport Warren rayait le peu de fiabilité des tests de paraffine : « D'une part, la diphénylamine et la diphénylbenzidine réagiront franchement non seulement avec des nitrates des résidus de poudre, mais les nitrates d'autres sources et la plupart des oxydants, y compris des dichromates, des permanganates, des hypochlorites, des periodates, et quelques oxydes. Ainsi, le contact avec du tabac, Clorox,

[10]   William Reymond : *JFK : Autopsie d'un Crime d'État*, 1998.

[11]   Déposition de John Will Fritz, capitaine du bureau d'homicide et vol, devant la Commission Warren.

[12]   Commission Warren, *Investigation of the Assassination of President John F. Kennedy Hearings Before the President's Commission on the Assassination of President Kennedy*, 1964.

[13]   http://www.police-scientifique.com/Armes-a-feu/residus-de-tir

urine, cosmétique, set de cuisine, pharmaceutiques, engrais, ou terre, notamment, peut avoir comme conséquence une réaction positive au test de paraffine. En outre, la simple manipulation d'une arme peut laisser des nitrates sur la peau. Une réaction positive est donc sans valeur en déterminant si un suspect a récemment mis feu à une arme. Réciproquement, une personne qui a récemment mis le feu à une arme peut ne pas montrer une réaction positive au test de paraffine, en particulier si l'arme était un fusil[14]. »

L'expert en arme à feu du FBI expliquerait : « Personnellement, je ne compterais pas trouver des résidus sur la joue droite d'une personne après la mise à feu d'un fusil étant donné que par les principes mêmes de la fabrication et de l'action[15]. »

Cet argument ne fut jamais contredit par les conspirationnistes, comme ne fut jamais démenti le fait qu'après l'assassinat du Président, le FBI procéda à des tests réalisés avec un revolver .38 ainsi qu'avec le fusil retrouvé au dépôt, et qu'il y eut des tests de paraffine qui se révélèrent négatifs[16].

En interrogeant Wesley Frazier, Fritz avait appris que c'était lui qui emmenait Oswald à Irving le week-end. Frazier l'informa qu'il avait exceptionnellement emmené le suspect le jeudi soir et que le vendredi matin, celui-ci s'était présenté avec un paquet qu'il avait emporté au dépôt. Il s'agissait d'un paquet long d'un peu moins de 70 cm. Quand Frazier lui avait demandé ce que contenait le paquet, Oswald avait répondu qu'il s'agissait de tringles à rideau. Or, un paquet avait été découvert au cinquième étage de dépôt de livres, près des trois douilles vides.

Fritz hésita à questionner le suspect au sujet de ces fameuses tringles à rideau. Il en parla néanmoins à son épouse, lui demandant si elle allait les utiliser. Marina Oswald ne savait quoi à propos de ces tringles[17]. Si Oswald avait emmené des tringles à rideau en quittant sa femme, ce n'était visiblement pas pour l'usage de celle-ci.

Frazier était âgé de 19 ans et était logé à Irving, dans la maison de sa sœur Linnie Mae Randle, de son beau-frère William dit Bill et de leurs trois enfants. Il travaillait au dépôt de livres depuis le 13 septembre précédent. Il commençait la journée à 8 heures et terminait à

---

[14] Commission Warren, *Investigation of the Assassination of President John F. Kennedy Hearings Before the President's Commission on the Assassination of President Kennedy*, 1964.

[15] Déposition de Cortlandt Cunningham, expert en identification des armes à feu du FBI, devant la Commission Warren.

[16] Commission Warren, *Investigation of the Assassination of President John F. Kennedy Hearings Before the President's Commission on the Assassination of President Kennedy*, 1964.

[17] Déposition de John Will Fritz, capitaine du bureau d'homicide et vol, devant la Commission Warren.

16 h 45. Il avait 45 minutes de pause le midi. Et le soir, il retournait à Irving. Le matin, il s'arrangeait pour partir vers 7 h 20, 7 h 25 au plus tard. Arrivé au dépôt, il se garait dans le parking et avait 5 à 8 minutes de marche.

Il ne connaissait pas beaucoup Oswald et l'appelait simplement Lee. C'était sa sœur qui lui en avait parlé pour la première fois, en fin de journée après qu'il fut rentré à la maison. Elle lui avait déclaré qu'elle avait appris qu'un voisin s'était rendu au dépôt pour passer un entretien d'embauche avec M. Truly et qu'il avait été embauché. Il ne le vit pour la première fois que le lundi suivant. Il s'était présenté comme s'appelant Lee.

— Nous sommes heureux de vous avoir, lui avait répondu Frazier.

Dans la conversation qu'ils avaient échangée, Frazier avait appris que l'épouse d'Oswald restait à Irving. Il lui avait demandé s'il allait rentrer à Irving, mais Oswald lui avait répondu qu'il n'avait pas de véhicule.

— Bien, j'habite à Irving, répondit Frazier. Quand vous voulez y aller, faites-le-moi savoir.

Il pensait qu'Oswald rentrerait chaque jour voir sa femme, mais celui-ci logeait dans un meublé à Dallas et lui demanda s'il pouvait l'emmener à la maison le vendredi pour le week-end et le ramener le lundi. De fait, Oswald rentra tous les week-ends à Irving, à l'exception d'un seul. Il avait justifié qu'il passait un examen pour obtenir son permis de conduire. Un jour, il fit savoir à Frazier son désir d'acheter une voiture d'occasion.

En faisant quelque peu connaissance, Oswald fit savoir qu'il avait été dans les Marines. Il avoua également avoir vécu en URSS. Il était passé par la France et par l'Allemagne. Il avait bien aimé les Allemands, mais pas les Français. Frazier devait déclarer par la suite qu'Oswald ne parlait pas beaucoup.

Le matin du jeudi 21 novembre, entre 8 heures et 10 heures, faisant exception à son habitude, Oswald alla trouver Frazier pour lui demander s'il pouvait l'emmener à Irving ce jour même :

— Pourrai-je monter à la maison avec toi cet après-midi ?

— Bien sûr. Tu le sais, comme je te l'ai dit, tu peux rentrer à la maison avec moi quand tu veux, comme je te l'ai dit, n'importe quand, quand tu veux aller voir ta femme.

Mais comme il s'agissait d'un jour inhabituel, Frazier lui demanda :

— Pourquoi rentres-tu aujourd'hui ?

— Je rentre à la maison pour prendre quelques tringles à rideau. Tu sais, pour les mettre dans un appartement.

— Très bien.

Le lendemain, quand Frazier prenait son petit déjeuner dans la cuisine, il discutait avec ses trois nièces. Il y avait également de présentes dans la salle sa sœur et sa mère, venue passer quelques semaines à Irving. En jetant un coup d'œil par la fenêtre, la mère vit un homme qui regardait en direction de la fenêtre de la cuisine et demanda :

— Qui c'est ?

— C'est Lee, répondit son frère.

C'était la première fois qu'Oswald s'approchait de la maison où logeait Frazier. D'ordinaire, celui-ci le prenait dans la rue.

Frazier regarda alors l'horloge et vit qu'il était 7 h 21. Il alla se brosser rapidement les dents, puis sortit. Il vit qu'Oswald l'attendait près de la porte arrière de la maison. Et ensemble les deux hommes rejoignirent la voiture. En y arrivant, Frazier jeta un coup d'œil par-dessus son épaule et vit un paquet ressemblant à un sac d'épicerie d'environ 60 cm étendus sur le côté droit de la banquette arrière. Sans vraiment y prêter attention, Frazier demanda néanmoins :

— C'est quoi ce paquet, Lee ?

— Des tringles à rideau.

— Oh, oui, tu m'as dit que tu allais en apporter aujourd'hui.

Il lui demanda également s'il avait emmené de quoi déjeuner. D'ordinaire, Oswald l'emportait avec lui, mais pas cette fois. Il lui répondit qu'il irait en acheter un. Il pouvait effectivement en acheter au dépôt, puisqu'un traiteur s'y rendait à 10 heures.

Pendant le trajet, Frazier lui demanda s'il s'était amusé avec ses deux enfants. Oswald sourit et répondit par l'affirmative. Quand la voiture fut garée sur le parking au bas du dépôt, Oswald fut le premier à sortir du véhicule. Mettant son paquet le long de son bras droit, le tenant par la main et le bloquant sous l'aisselle, il joignit la barrière de voitures et attendit son collègue. Celui-ci coupa le moteur et sortit du véhicule. Oswald commença alors à marcher et Frazier le suivit. Pourtant, Oswald marchait sans vraiment l'attendre[18].

Vers 23 h 15, selon le témoignage qu'il en ferait par la suite, un homme entra dans le quartier général de la police[19]. Jacob Rubenstein se faisait appeler Jack Ruby[20]. Il était propriétaire de deux clubs en ville : le Carousel Club et le Vegas Club, qu'il avait fermé pour trois jours[21]. Contrairement à ses affirmations, cinq personnes étaient pourtant persuadées l'avoir vu au poste de police entre 18 et 21

---

[18]   Déposition de Buell Wesley Frazier, manutentionnaire au Texas School Book Depository, devant la Commission Warren.

[19]   Déposition de Jack Ruby devant la Commission Warren.

[20]   Commission Warren, *Investigation of the Assassination of President John F. Kennedy Hearings Before the President's Commission on the Assassination of President Kennedy*, 1964.

[21]   Déposition de Jack Ruby devant la Commission Warren.

heures[22]. Toujours est-il qu'il déclarerait pas la suite être revenu d'une épicerie dans laquelle il avait acheté des sandwichs. Il avait ensuite appelé l'inspecteur Sims :

— Sims, je comprends que vous et les gars travaillez. Je veux vous apporter quelques sandwichs.

— Jack, nous avons déjà fini notre travail. Nous avons fini ce que nous faisions. Nous avons terminé ce que nous faisions. Je vais parler aux gars de votre attention, et je vous remercie pour eux.

Après quoi, il avait essayé d'obtenir vainement le numéro de téléphone de la station de radio KLIF qu'il écoutait. N'obtenant pas le numéro, il se rendit au quartier général de la police. Arrivé sur place, il accosta plusieurs personnes pour savoir s'il avait affaire à Joe Long de KLIF[23]. Le détective Augustus Eberhardt tomba sur lui. Tenant un bloc-notes dans ses mains, Ruby inventa une réponse, disant qu'il était traducteur pour la presse israélienne[24]. À un moment, ce faux traducteur se retrouva à moins d'un mètre d'Oswald que l'on déplaçait d'une pièce à une autre[25].

Il était 23 h 26 quand on signa l'acte d'accusation de Lee Harvey Oswald dans l'assassinat du Président Kennedy[26].

On avait décidé de présenter Oswald à la presse. Selon Paul Mathias, de *Paris-Match*, l'initiative en revenait aux journalistes : « Le chef de la police, Curry, était vraiment d'une faiblesse étonnante. Par exemple, le soir même de l'assassinat, sur la proposition de certains d'entre nous, il a accepté sans grande réticence de faire descendre Oswald dans la grande salle du sous-sol pour nous faire une conférence de presse[27]. »

Sur quoi, Curry alla trouver Fritz pour lui dire qu'il désirait organiser une conférence de presse. Le capitaine des homicides et vols n'était pas tout à fait rassuré de la situation. « J'avais un peu peur que quelque chose puisse lui arriver devant cette scène, quelqu'un dans la foule pouvait lui faire du mal » avouerait Fritz par la suite. Le capitaine

---

[22] Commission Warren, *Investigation of the Assassination of President John F. Kennedy Hearings Before the President's Commission on the Assassination of President Kennedy*, 1964.

[23] Déposition de Jack Ruby devant la Commission Warren.

[24] Commission Warren, *Investigation of the Assassination of President John F. Kennedy Hearings Before the President's Commission on the Assassination of President Kennedy*, 1964.

[25] Déposition de Jack Ruby devant la Commission Warren.

[26] Commission Warren, *Investigation of the Assassination of President John F. Kennedy Hearings Before the President's Commission on the Assassination of President Kennedy*, 1964.

[27] Paris-Match : *Assassinat de JFK. En 1963, la Contre-Enquête de Paris-Match à Dallas*, Paul Mathias, 22 novembre 2013. http://www.parismatch.com/Actu/International/En-1963-la-contre-enquete-de-Paris-Match-a-Dallas-537869

voulait disposer ses hommes de manière à faire évacuer rapidement le suspect au cas où quelque chose se produirait. Mais Curry répliqua que non ; il voulait exposer Oswald à la foule.

À un moment, Fritz se rendit à la salle de conférences pour voir si tout se passait bien. Mais il ne put y accéder. La foule en bouchait l'accès[28]. Ainsi, peu après minuit[29], Oswald fut présenté aux journalistes.

— Eh bien, j'ai été interrogé par le juge, expliqua le suspect. Cependant, j'ai protesté, car je n'avais pas le droit à une représentation légale durant ce très court et sympathique interrogatoire. Je ne sais vraiment pas de quoi il s'agit. Personne ne m'a encore rien dit, si ce n'est que je suis accusé du meurtre d'un policier. Je ne sais rien de plus que cela, et je demande à quelqu'un de se manifester pour me fournir une assistance légale.

Son comportement était calme. Il semblait à l'aise pour formuler ses phrases, bien que cherchant parfois ses mots.

— Avez-vous tué le Président ? demanda un reporter.

— Non, je n'ai pas été accusé de cela, répondit le suspect. En fait, personne ne m'avait encore dit cela. La première chose que j'ai entendue à ce sujet était quand les journalistes dans le hall m'ont posé cette question.

— Vous avez été inculpé.

— Pardon ?

— Vous avez été inculpé.

Tandis que les policiers commençaient à emmener le suspect vers la sortie, un journaliste demanda :

— Qu'avez-vous fait en Russie ?

— M. Oswald, demanda un autre, comment vous êtes-vous blessé à l'œil ?

— Un policier m'a frappé, répondit-il en se penchant en avant[30].

« Lors de sa conférence de presse et à plusieurs autres occasions, j'ai pu l'observer, l'entendre, et même lui poser des questions, devait se souvenir Paul Mathias. C'est un homme intelligent ; il réfléchit, même s'il donne des réponses préparées d'avance. C'est quelqu'un qui est très conscient de ses droits comme citoyen américain. Ma conviction est qu'une fois son calme retrouvé, Oswald jouait un rôle. Il était fier de ce

---

[28]   Déposition de John Will Fritz, capitaine du bureau d'homicide et vol, devant la Commission Warren.

[29]   Commission Warren, *Investigation of the Assassination of President John F. Kennedy Hearings Before the President's Commission on the Assassination of President Kennedy*, 1964.

[30]   David Von Pein's JFK Channel : *Lee Harvey Oswald's Midnight Press Conference*, https://www.youtube.com/watch ? v=plJ9ihtsF3o&feature=player_embedded

qu'il avait fait, et il se préparait certainement à beaucoup d'apparitions et de déclarations[31]. »

Vers minuit vingt, on ramena Oswald à sa cellule de sécurité maximale située au quatrième étage[32].

Jack Ruby avait suivi le mouvement des journalistes et était descendu dans la salle de conférences. Il avait grimpé sur une table dans le fond pour ne pas gêner les reporters devant lui[33].

Le procureur Henry Wade répondait ensuite aux questions des journalistes.

— Est-il membre d'une organisation communiste déguisée ? demanda un reporter.

— Je ne saurai vous dire à l'heure actuelle.

— Connaissez-vous des organisations auxquelles il appartient ?

— Eh bien, la seule que j'ai mentionnée était le mouvement Free Cuba, ou, comment déjà…

— Fair Play ![34] corrigea Ruby pour avoir entendu KLIF le mentionner[35].

— Fair Play for Cuba, il me semble que c'était ça, convint Wade.

— Selon vous, quelles raisons l'ont poussé à tuer le Président ?

— Tout ce que je fais, c'est collecter les preuves soumises au jury et je ne communique pas les raisons de son geste ou quoi que ce soit d'autre. Nous devons juste prouver que c'est lui le coupable et c'est ce que nous avons fait, il me semble[36].

Après la conférence, Ruby vit Wade dans un couloir. Pensant qu'il serait reconnu par le procureur, il l'accosta :

— Henry, je veux que vous sachiez, je suis celui qui vous a corrigé[37].

Wade ne semblait pas vraiment identifier cet individu.

— Vous ne reconnaissez pas ? Je suis Jack Ruby ; c'est moi qui tiens le Vegas Club.

---

[31]   Paris-Match : *Assassinat de JFK. En 1963, la Contre-Enquête de Paris-Match à Dallas*, Paul Mathias, 22 novembre 2013. http://www.parismatch.com/Actu/International/En-1963-la-contre-enquete-de-Paris-Match-a-Dallas-537869

[32]   Commission Warren, *Investigation of the Assassination of President John F. Kennedy Hearings Before the President's Commission on the Assassination of President Kennedy*, 1964.

[33]   Déposition de Jack Ruby devant la Commission Warren.

[34]   Conspiratus Ubiquitus : *Evidence of Revision : the Assassinations of Kennedy and Oswald*, 2011.

[35]   Déposition de Jack Ruby devant la Commission Warren.

[36]   Conspiratus Ubiquitus : *Evidence of Revision : the Assassinations of Kennedy and Oswald*, 2011.

[37]   Déposition de Jack Ruby devant la Commission Warren.

L'individu se présenta également au juge de paix David Johnston et lui donna une carte pour ses boîtes de nuit[38]. Voyant alors deux hommes passer proche de lui, Ruby les apostropha pour leur demander :

— Vous êtes Joe Long ?

— Non, pourquoi vous voulez Joe Long ?

— Je veux aller à KLIF. J'ai quelques sandwichs.

— Et nous ?

— Une autre fois.

Il s'agissait de Jerry Cunkle et de Sam Pease, deux journalistes d'une radio rivale de KLIF[39], KBOX[40]. Ils lui donnèrent le numéro de KLIF et Ruby alla téléphoner à la fameuse radio pour leur parler des sandwichs qu'il voulait leur apporter[41]. Puis, il vit Icarus "Ike" Pappas, reporter de la station de radio new-yorkaise WNEW garder une ligne téléphonique. Quelques minutes auparavant, Ruby lui avait donné une carte à lui aussi. Pappas tentait vainement d'attirer l'attention de Wade. Ruby alla chercher le procureur pour l'emmener vers le journaliste. Il profita de la situation pour joindre un autre téléphone et appela à nouveau KLIF[42].

— J'ai vu Henry Wade parler au téléphone à quelqu'un. Voulez-vous que je vous l'emmène ici ?

— Oui, faites-le.

Quand Wade eut terminé sa conversation téléphonique, Ruby l'appela :

— Voici quelqu'un qui veut vous parler.

Un peu plus tard, le tenancier de boîtes de nuit grimpa d'un étage et vit un journaliste muni d'un magnétophone. Il s'agissait de Russ Knight de KLIF.

— Jack, où est-ce que ça se passe ? lui demanda-t-il.

— Venez en bas.

Une fois en bas, voyant Wade assis, Ruby s'en approcha avec le journaliste de KLIF. Il présenta les deux hommes et retourna à sa voiture[43].

Ce Jack Ruby était un personnage assez particulier. Il n'avait rien à faire au poste de police. Et pourtant, il y était. Le journaliste Seth

---

[38] Commission Warren, *Investigation of the Assassination of President John F. Kennedy Hearings Before the President's Commission on the Assassination of President Kennedy*, 1964.

[39] Déposition de Jack Ruby devant la Commission Warren.

[40] Commission Warren, *Investigation of the Assassination of President John F. Kennedy Hearings Before the President's Commission on the Assassination of President Kennedy*, 1964.

[41] Déposition de Jack Ruby devant la Commission Warren.

[42] Commission Warren, *Investigation of the Assassination of President John F. Kennedy Hearings Before the President's Commission on the Assassination of President Kennedy*, 1964.

[43] Déposition de Jack Ruby devant la Commission Warren.

Kanter rapporta l'avoir vu à l'hôpital Parkland au moment de l'annonce de la mort du Président. Mais la Commission Warren estima que le journaliste avait amalgamé avec sa présence avec celle dans les locaux de la police[44]. Cependant, Kanter n'était pas le seul à avoir vu Ruby à Parkland. Une certaine Wilma Tice l'avait également aperçu. Mme Tice devait rapporter avoir subi une bien curieuse expérience : un homme devait lui téléphoner pour lui dire de se taire à ce sujet[45].

Pour ce qu'il allait faire par la suite, beaucoup de théoriciens du complot placeraient Ruby dans la machination. Sa mission, selon eux, était de faire taire Oswald[46].

Jack Ruby aurait été vu en train de déposer un tireur sur le tertre herbeux. Julia Ann Mercer était une jeune femme qui circulait en voiture sur Elm Street quand elle vit une camionnette garée sur sa droite, en fin de matinée du 22 novembre. Elle y vit un jeune homme, portant ce qui semblait être un étui à fusil, descendre du véhicule et grimper le tertre herbeux. Mme Mercer vit également trois policiers en poste sur le pont ferroviaire. La jeune femme était d'avis qu'elle pourrait identifier le conducteur si elle le revoyait[47].

Le lendemain, Mme Mercer fut interrogée par le FBI. Le rapport conclut qu'elle ne reconnut pas le conducteur sur les photographies qu'on lui montra. Elle fut encore interrogée le lundi suivant, mais ne reconnut personne, là non plus. Le 27 novembre, lors d'un nouvel interrogatoire, on lui montra de nouvelles photos et Mme Mercer ne désigna pas Ruby dont un cliché était dans le lot. Quand on se pencha sur une photographie de Ruby, Mme Mercer déclara que le conducteur avec un visage rond ressemblant au sien, mais qu'elle ne pouvait l'identifier comme étant le conducteur. Quand on lui montra une photo d'Oswald, elle déclara qu'il ressemblait à l'homme qui était monté sur le tertre herbeux, mais ne pouvait pas non plus dire qu'il s'agissait bien de l'individu qu'elle avait vu avec l'étui du fusil[48].

L'un des policiers en poste sur le pont, E. V. Brown, déclara au FBI ,le 9 décembre suivant, qu'un pick-up vert avait effectivement calé sur Elm Street vers 10 h 40, le 22 novembre. Selon Brown, les occupants du camion étaient des ouvriers. Personne, selon lui, n'avait pris quelque chose dans la camionnette. Il s'était inquiété de la

---

[44]   Commission Warren, *Investigation of the Assassination of President John F. Kennedy Hearings Before the President's Commission on the Assassination of President Kennedy*, 1964.

[45]   Dallas Municipal Archives : *Report concerning threats against Wilma Tice, witness regarding Jack Ruby at Parkland Hospital on November 22, 1963, (Multipart Form Signed), 07/22/64.*

[46]   William Reymond : *JFK : Autopsie d'un Crime d'État*, 1998.

[47]   Déposition de Julia Ann Mercer dans le bureau du shérif du comté de Dallas, 22 novembre 1963, repris dans *The JFK 100*, David Reitzes. http://www.jfk-online.com/jfk100mercer.html

[48]   Dave Reitzes : *The JFK 100*. http://www.jfk-online.com/jfk100mercer.html

présence de ce véhicule arrêté sur une rue qu'emprunterait le cortège présidentiel[49]. Interrogé le même jour par le FBI, le policier Joe Murphy, lui aussi sur le pont au moment de l'incident, parla, lui aussi, d'un calage de véhicule. Il y avait trois occupants dans la camionnette et l'un d'eux était parti chercher un autre véhicule. C'est par le biais de ce second véhicule que le premier fut retiré. Contrairement à son collègue, Murphy estima probable que quelque chose fut pris dans la camionnette, comme un outil, pour tenter de faire démarrer le véhicule[50].

La transcription des communications radio de la police, le jour de l'attentat, évoquait bien le véhicule en panne sur Elm Street. Ainsi, un agent demanda à 11 h 07 :

— Pourriez-vous envoyer une dépanneuse de la ville au triple passage souterrain : juste à l'ouest du passage souterrain sur Elm pour retirer un camion de l'itinéraire de l'escorte ?

Puis, à 11 h 16, on annonça au central que la dépanneuse était inutile :

— Ne tenez pas compte de la dépanneuse au triple passage souterrain. Nous avons pris un camion pour le pousser hors de là[51].

En se basant sur sa rencontre avec Mme Mercer, Jim Garrison, le procureur de La Nouvelle-Orléans, rapporta que le FBI savait dès le début qu'il y avait eu un complot à Dallas, un complot impliquant Jack Ruby, que Mme Mercer avait bien identifié. Néanmoins, celle-ci ne témoigna pas au procès qu'avait intenté le procureur contre un homme qu'il pensait être l'un des organisateurs de l'assassinat. « Tenant compte de la mort subite de nombreux témoins qui semblaient en avoir trop vu pour leur bien, écrivit le procureur par la suite, je pensai qu'elle devrait signer de son nom de jeune fille, comme elle l'avait fait tout de suite après l'attentat. Elle suivit mon conseil[52]. » Garrison avait eu des égards envers Mme Mercer qu'il n'eut pas envers ses autres témoins, qui ne furent pas tués pour autant.

Peu après 1 h 30, on emmena Oswald au bureau d'identification où le juge David Johnston lui lut la charge d'accusation. Le procureur Alexander, le procureur Henry Wade, le chef Curry, le capitaine Fritz et deux ou trois autres personnes étaient présents. On informa le suspect

---

[49]   Déposition d'E. V. Brown, policier, devant le FBI, 9 décembre 1963, repris dans *The JFK 100*, David Reitzes. http://www.jfk-online.com/jfk100mercer.html

[50]   Déposition de Joe Murphy, policier, devant le FBI, 9 décembre 1963, repris dans *The JFK 100*, David Reitzes. http://www.jfk-online.com/jfk100mercer.html

[51]   http://mcadams.posc.mu.edu/mercer1.txt

[52]   Jim Garrison : *On the Trail of the Assassins*, 1988. Jim Garrison : *On the Trail of the Assassins*, 1988.

des charges qui pesaient contre lui. Il était officiellement mis en examen pour avoir assassiné le Président des États-Unis[53].

Lee Harvey Oswald était un jeune homme de 24 ans. Il n'avait pas eu une enfance facile. Son père étant mort avant sa naissance, il avait souffert de l'absence paternelle. Sa mère ne lui avait jamais montré d'affection.

Très tôt, il s'était découvert une passion pour les armes à feu et avait souvent accompagné ses frères lors de parties de chasse.

Malgré les déménagements successifs de maisons décidés par sa mère, et par là même les changements d'école, Lee Oswald avait de bonnes notes.

Mais quand sa mère alla vivre à New York, son comportement se dégrada. Il avait déjà démontré des accès de violence, mais sa personnalité avait singulièrement changé. Il fit l'école buissonnière, au point qu'il dut passer devant le Tribunal pour Enfants. Il fut ainsi envoyé à la Maison de la Jeunesse. Son dossier rédigé par le psychiatre Irving Sokolov indiquait : « Lee est un garçon agréable, d'aspect avenant. Tout au long des tests, il a fait preuve d'un esprit vif et de motivations généralement excellentes, tout en manifestant certaines appréhensions.

« Son quotient d'intelligence était de 118, ce qui indique que, sur le plan intellectuel, il se situe dans la zone supérieure de l'intelligence normale. Tous ses résultats dépassaient la moyenne de son groupe d'âge, surtout dans l'explication des notions abstraites et l'assemblage d'objets courants. Presque toujours, il attaquait les problèmes posés avec une aisance remarquable, montrant une perception aiguë des questions à résoudre. Dans les diverses matières scolaires, bien que présumé indifférent à tout ce qui concernait l'école, il dépassait de loin la moyenne. »

Sokolov constata que l'enfant Oswald semblait « éprouver certaines difficultés dans ses relations avec le personnage maternel ».

Son frère devait rapporter par la suite ne pas être étonné des craintes que sa mère lui inspirait : « [...] Il était resté seul avec ma mère, obligé constamment de supporter son attitude autoritaire, ses accès de mauvaise humeur, ses crises de colère. [...] Pour la première fois depuis qu'il n'était plus bébé, il avait dû affronter seul – une épreuve pénible, j'étais payé pour le savoir. D'autant plus pénible pour lui qu'il n'avait certainement pas la force de la subir indéfiniment. »

De l'avis d'experts, Oswald aurait dû subir un traitement psychiatrique. Mais sa mère n'avait pas donné suite. Son frère devait

---

[53]   Déposition de John Will Fritz, capitaine du bureau d'homicide et vol, devant la Commission Warren.

estimer : « Par la suite, notre mère devait affirmer qu'on ne l'avait jamais avertie de la nécessité d'un traitement psychiatrique pour Lee. Peut-être lui avait-on expliqué la situation dans un jargon tellement technique qu'elle ne pouvait se rendre compte de l'urgence de ce traitement – à moins qu'elle ne fût incapable d'affronter la vérité. Quoi qu'il en fût, elle ne devait jamais admettre qu'il y avait quelque chose d'anormal dans le comportement de Lee. Si elle avait eu le courage d'en convenir, si elle avait veillé à ce que Lee eût les conseils dont il avait tant besoin, il y a fort à parier que le monde n'eût jamais entendu parler de Lee Harvey Oswald. »

C'est à New York qu'Oswald avait fait la connaissance avec le communisme. Ce fut tout à fait par hasard que cette doctrine fut mise sur son chemin. Alors qu'il avait 15 ans, on lui tendit dans la rue un tract invitant le public à manifester pour soutenir les époux Rosenberg, un couple condamné à mort pour espionnage au profit de l'URSS. Oswald s'était alors renseigné sur le communisme et en avait été séduit.

Il s'était engagé chez les Marines à l'âge de 17 ans. Cinq mois après son incorporation, il passa un examen au fusil et obtint 212 points, le classant de justesse comme tireur d'élite – qui exigeait un minimum de 210 points. Lors d'un autre examen mené deux ans et demi plus tard, son score descendit à 191 points, ce qui le classait comme bon tireur. On était donc bien loin du tireur médiocre présenté plus tard par des tenants de la conspiration.

Il avait ensuite demandé à être démobilisé sous prétexte d'aider sa mère. Mais, pratiquement dans la foulée, il avait rejoint l'URSS. Il avait pris le bateau à La Nouvelle-Orléans jusqu'au Havre. Puis il avait joint l'Angleterre et de là, prit l'avion pour Helsinki où il se rendit au consulat soviétique. Enfin, il prit le train jusqu'à Moscou. Il y était attendu par une guide de l'Intourist, une femme du nom de Rima Shirokova. Il fit part de son attention de renoncer à sa citoyenneté américaine et demander la nationalité soviétique.

Néanmoins, quand il apprit que son visa ne serait pas prolongé, Oswald tenta de se suicider en se tailladant les veine. Découvert in extremis par Shirokova, il fut emmené dans un hôpital.

Après quoi, il refit une demande de citoyenneté soviétique. Il se rendit également à l'ambassade américaine pour faire demander un dossier de renonciation de sa citoyenneté américaine. L'ambassade câbla évidemment un résumé de l'entretien avec Oswald à la CIA et au FBI. Les fonctionnaires soviétiques lui donnèrent le droit de rester en URSS le temps qu'une décision soit prise le concernant. Au lieu d'une citoyenneté, il obtient un titre de séjour. Il fut envoyé à Minsk et travailla dans une usine de postes radio. La Croix-Rouge lui donna 5 000 roubles. En plus de son salaire, il touchait mensuellement de 600 à 700 roubles de la part de la Croix-Rouge. Il comprit plus tard que ces dons venaient, en fait, du MVD, le ministère de l'Intérieur soviétique. Il finit par penser que c'était une récompense pour avoir renié l'Amérique.

Il avait connu la « grande vie », selon ses termes. Il se fit plusieurs amis, sortait avec eux. Il fit la connaissance d'une jeune fille prénommée Rosa avec qui il se rendait presque chaque soir au théâtre ou à l'opéra. Son affection se posa néanmoins sur une certaine Ella Germain, à qui il fit une demande en mariage. Mais celle-ci refusa. Un peu plus tard, il annonça à l'ambassade américaine son désir de retourner aux États-Unis.

Par la suite, il fit la connaissance de Marina Prussakova. Moins d'un mois après, il la demanda en mariage. Oswald s'était marié pour se venger d'Ella. Mais il se rendit compte qu'il avait des sentiments pour Marina. Enfin, quand il annonça à sa femme son intention de retourner dans son pays natal, elle l'encouragea. Avant le départ, le couple eut une petite fille[54].

---

[54]   Robert Oswald : *Lee : A Portrait of Lee Harvey Oswald by His Brother*, 1967.

Coups de feu

Il était 5 heures, heure de Washington, 4 heures *Central Standard Time* (CST). À Chicago, les directeurs de la compagnie Klein's Sporting Goods avaient passé 6 heures à rechercher dans leurs documents microfilmés. Ils tombèrent enfin sur un bon de commande datant de huit mois déjà, découpé dans la revue *American Rifleman* du numéro de février 1963 et reçu le 13 mars de cette année. Il s'agissait du bon de commande pour la carabine C2766, le fameux Mannlicher Carcano retrouvé au dépôt de livres. L'arme avait été expédiée le 20 mars suivant.

La commande avait été passée par A. Hidell – un pseudonyme utilisé par Oswald. Des experts en graphologie du FBI et du Treasury Department, le Trésor Public, confirmèrent que la signature était bien celle du suspect[1].

La publicité parue dans le magazine proposait des fusils de meilleure qualité. Cependant, le prix du Carcano était plus attractif que les autres modèles[2]. Le fusil seul revenait à 12,78 $ et à 19,95 $ avec une lunette de visée. À quoi il fallait ajouter les frais de port[3].

L'adresse donnée pour l'envoi sur le bon de commande était : « A. Hidell, PO Box 2915, Dallas, Texas. » Il fut avéré que la boîte postale avait été louée par Oswald du 9 octobre 1962 au 14 mai 1963.

Le pseudonyme d'Alek J. Hidell utilisé par Oswald était un nom récurrent. Il avait souvent signé ses lettres écrites à sa femme par le prénom d'Alek. C'est également sous l'identité d'A. J. Hidell qu'il

---

[1]   Commission Warren, *Investigation of the Assassination of President John F. Kennedy Hearings Before the President's Commission on the Assassination of President Kennedy*, 1964.

[2]   Rushmore DeNooyer : *"Nova" Cold Case JFK*, 2013.

[3]   Le rapport Warren rapporte textuellement : « Le formulaire d'expédition de Klein's montre une empreinte faite par la caisse enregistreuse qui a enregistré la réception de 21,45 $ le 13 mars 1963. Ce prix inclus 19,95 $ pour le fusil et la lunette, et 1 $ pour les frais de port et de manutention. Le fusil sans la lunette ne coûte que 12,78 $. » Il existe des exemplaires de publicités souvent utilisés pour illustrés le fameux bon de commande où le prix du seul fusil est de 12,88 $. La publicité faisant état d'un prix de 12,78 $ indique également que le prix du Smith & Wesson, calibre .38, est de 32,78 $.

avait acheté son pistolet Smith & Wesson. Au moment de son arrestation, il portait sur lui un certificat de service des Marines au nom de Hidell et une carte du Selective Service au nom d'Alek J. Hidell, avec sa propre photo. Il s'avéra qu'il s'agissait de fausses cartes. Hidell était aussi le nom donné au président du Fair Play for Cuba Committee. Sa femme rapporta plus tard qu'une telle organisation était fictive et que le nom de Hidell était simplement une modification du prénom de Fidel Castro[4]. Robert Oswald, le frère du suspect, était d'un autre avis : « Dans les Marines, Lee avait eu un camarade affligé du sobriquet "Hidell[5]". »

Combien de coups de feu furent tirés sur le cortège du Président Kennedy, ce vendredi 22 novembre 1963 ? Les témoins donnèrent des chiffres différents. Clint Hill, le garde du corps de la Première Dame, n'entendit que deux coups de feu, espacés d'environ cinq secondes[6]. « À ce moment-là, alors que je scrutais le côté gauche d'Elm Street, j'ai entendu un bruit d'explosion derrière moi, à droite, rapporterait le garde du corps. J'ai d'abord cru que c'était un pétard. J'ai regardé l'arrière de la voiture présidentielle, et j'ai vu le Président se tenir la gorge et chanceler légèrement sur sa gauche. J'ai compris qu'il y avait un problème. Juste avant d'atteindre la voiture du Président, j'ai entendu une nouvelle détonation sur ma droite. Puis, j'ai entendu le bruit d'un impact, comme une balle pénétrant un corps creux. Mme Kennedy est montée sur le coffre de la voiture pour essayer d'attraper quelque chose qu'elle avait vu sortir de la tête du Président[7]. »

Cecil Ault, placé à l'une des fenêtres de la salle d'audience Henry King du Dallas District Court pour regarder le cortège, entendit trois coups de feu qu'il identifia immédiatement comme étant des « tirs d'un fusil de haute puissance ». Il entendit d'abord deux coups de feu, puis un troisième plus espacé. Les deux premiers coups de feu lui avaient paru si rapprochés qu'Ault avait cru à une arme automatique. Au premier tir, il avait vu le Président se redresser sur lui-même, tandis qu'il s'était effondré après le deuxième tir. Ault ne savait pas d'où avaient été tirées les balles. Mais son intention avait été attirée par la vue d'un motard descendu de sa moto à trois roues sur l'avenue Elm et courir sur le tertre herbeux[8].

---

[4]   Commission Warren, *Investigation of the Assassination of President John F. Kennedy Hearings Before the President's Commission on the Assassination of President Kennedy*, 1964.

[5]   Robert Oswald : *Lee : A Portrait of Lee Harvey Oswald by His Brother*, 1967.

[6]   Déposition de Clint Hill, garde du corps de Jackie Kennedy, devant la Commission Warren.

[7]   Témoignage de Clint Hill, garde du corps de Jackie Kennedy, repris dans *The Kennedy Detail*, Chris Golding, 2010.

[8]   Déposition de Cecil Ault, commis du Tribunal de député arrondissement, devant le FBI, 10 janier 1964.

Quand il s'empara du micro de la radio présente dans la voiture de presse, Merriman Smith évoqua directement trois coups de feu[9].

Jean Hill pensait avoir entendu de quatre à six coups de feu. Si elle était persuadée qu'il y avait eu plus de trois tirs, elle ne se souvenait pas s'il y en avait eu quatre, cinq ou six. Les balles, pensait-elle, avaient été tirées depuis le tertre herbeux[10]. C'est ce qu'elle affirma devant le micro de WBAP-TV, dès 13 h 11, ce jour-là :

— Les tirs sont venus de la colline[11].

En 1991, elle affirmerait avoir vu le tireur : « Ça venait d'en haut [en haut du tertre herbeux], le type a tiré de là, à côté du gros arbre. J'ai vu le coup partir de là-bas[12]. » Néanmoins, lors d'une deuxième interview, toujours accordée à WBAP-TV, ce vendredi-là, le journaliste lui demanda si elle avait vu quelqu'un utilisant une arme, elle répondit nettement :

— Non, non. Je n'ai vu personne utiliser une arme.

— Vous ne l'avez qu'entendu, constata le journaliste.

— Je l'ai seulement entendu. Et quand j'ai levé les yeux, j'ai vu un homme qui courait jusqu'à cette colline[13].

« Dealey Plaza est un véritable canyon, déclara le cinéaste Oliver Stone qui avait reconstitué l'attentat sur les lieux mêmes pour son film *JFK*. La réverbération sonore varie beaucoup d'un lieu à l'autre : parfois vous percevez clairement l'écho des détonations, parfois vous entendez seulement le premier coup de feu, puis le quatrième, mais ni le second, ni le troisième, ni le cinquième. Lorsque vous entendez l'écho des tirs, vous comprenez aisément la panique et la confusion qui s'ensuivirent. Et pourquoi ce jour-là, tant de témoins crurent entendre des ratés de moteur ; pourquoi certains perçurent six coups de feu, et d'autres trois seulement[14]. »

Selon le visionnage du film de Zapruder, sur trois tirs, deux balles avaient fait mouche. L'une avait blessé le Président Kennedy et le gouverneur Connally et l'autre avait été le coup fatal. Il restait une balle qui avait complètement manqué sa cible.

Il y avait eu un troisième blessé dans l'attentat, un badaud du nom de James Tague. Celui-ci s'était posté à l'entrée du triple passage

---

[9]   William Manchester : *The Death of A President*, 1967.

[10]   Déposition de Jean Hill, témoin de l'assassinat du Président Kennedy, devant la Commission Warren.

[11]   Interview de Jean Hill par WBAP-TV, reprise dans *Jean Hill – the Lady in Red*, JFK Assassination Research Materials. http://www.jfk-info.com/whitmey3.htm

[12]   Témoignage de Jean Hill, témoin de l'assassinat du Président Kennedy, repris dans *Beyond "JFK" : the Question of Conspiracy*, Barbara Kopple et Danny Schechter, 1992.

[13]   Interview de Jean Hill, témoin de l'assassinat du Président Kennedy, par WBAP-TV, reprise dans *Jean Hill – the Lady in Red*, JFK Assassination Research Materials. http://www.jfk-info.com/whitmey3.htm

[14]   Livre du film *JFK*, 1992.

souterrain, sur Commerce Street, une rue opposée à Elm. S'il admettait qu'il y avait eu trois coups de feu, il avait comparé le premier tir à un coup de canon. Sans vraiment pouvoir être affirmatif, Tague était d'avis que c'était le deuxième coup de feu qui l'avait touché. La balle avait percuté un trottoir et un éclat (de balle ou de béton) l'avait blessé au visage[15].

Pourtant, il semble peu vraisemblable que Tague fut blessé par la deuxième balle tirée, si l'on s'en réfère aux trois coups de feu et à la chronologie proposée par le film de Zapruder. Le tireur du dépôt n'aurait pas eu le temps de faire feu entre le moment où le Président fut blessé à la gorge et le tir fatal.

On pourrait supposer que le tireur voulut attenter à la vie de la Première Dame. Cela pourrait expliquer pourquoi la balle perdue alla percuter un trottoir situé de l'autre côté de Dealey Plaza. Pourtant, cette hypothèse est difficilement imaginable. Comment le tireur aurait touché le Président à la tête et raté la Première Dame qui rampait sur le coffre arrière ? La balle fut-elle tirée dans la précipitation ?

Cependant, le film de Zapruder propose une autre version, que la Commission Warren finit par admettre à contrecœur. Le tir raté serait le premier coup de feu. Il y a de quoi s'étonner que le tireur, embusqué au dépôt de livres, manqua sa cible située juste sous lui ; tandis qu'il réussit le dernier tir, alors que la cible lui était plus éloignée. C'est ce que soulignait le rapport Warren : « [...] La plus grande cause pour le doute que le premier tir a manqué et l'improbabilité que le même tireur d'élite qui a deux fois frappé un objectif en mouvement serait si inexacte sur le premier et le plus court de ses tirs[16] [...]. »

Le témoignage du gouverneur Connally permet d'établir que le tir raté est bien le premier coup de feu : « J'ai entendu ce que je pensai être un tir. J'ai entendu ce bruit que j'ai immédiatement pris pour être un tir de fusil. Je me suis instinctivement tourné sur ma droite parce que le bruit a semblé venir par-dessus mon épaule droite, je me suis ainsi tourné pour regarder par-dessus mon épaule droite et je n'ai rien vu hors du commun excepté des personnes dans la foule, mais je n'ai pas vu le Président, et je voulais le voir, parce que une fois que j'ai entendu le tir que j'ai pensé être un coup de fusil, la seule pensée qui a traversé mon esprit était que c'était une tentative d'assassinat. Ainsi, j'ai regardé, mais je ne l'ai pas vu. Je me tournai pour regarder le siège arrière par-dessus mon épaule gauche, mais je n'ai jamais pu le faire.

---

[15]   Déposition de James Tague, témoin de l'assassinat du Président Kennedy, devant la Commission Warren.

[16]   Commission Warren, *Investigation of the Assassination of President John F. Kennedy Hearings Before the President's Commission on the Assassination of President Kennedy*, 1964.

J'étais en position de face en regardant un peu sur la gauche, et alors j'ai senti comme si quelqu'un m'avait frappé dans le dos[17]. »

Selon la Commission Warren, une balle aurait blessé le Président Kennedy dans le cou, puis aurait provoqué les blessures du gouverneur Connally à la cage thoracique, au poignet droit et à la cuisse gauche[18]. Cette balle unique fut l'élément le plus controversé du rapport Warren. On argumenta que la balle aurait dû zigzaguer dans tous les sens pour blesser les deux personnes. On argumenta encore que la balle présentée par le rapport Warren, la pièce CE399, était dans un état de conservation remarquable ; qu'elle apparaissait presque neuve.

Il y avait de quoi émettre de sérieux doutes quant à l'état de la balle. Des tests avec des balles de Carcano avaient été réalisés et les résultats différaient sérieusement de l'état de la pièce CE399. En effet, on avait tiré des balles dans des cages thoraciques de chèvres et dans des poignets de cadavres humains[19]. Les balles tirées dans les cages thoraciques semblaient comme gonflées, tandis que celles tirées dans les poignets étaient écrasées à leurs pointes, ressemblant plus à des champignons qu'à la pièce CE399[20]. Seulement, les balles atteignaient directement soit la cage thoracique, soit le poignet. Ce qui faussait les résultats.

Certaines expériences expliquèrent le fait que la pièce CE399 était relativement en bon état. Luke Haag mena des tests avec un fusil Mannlicher Carcano. Un test consista à tirer directement dans une série de planches de pin. Pénétrant sur une longueur de 91 cm, la balle demeura intacte.

D'autres tests consistèrent à étudier la réaction de la balle après avoir traversé des obstacles. Une expérience usa ainsi de gélatine et une autre de savon balistique. Ces substances avaient une densité et une résistance identiques à la pénétration de muscles. La grande différence entre la gélatine et le savon consistait au fait qu'une cavité temporaire s'ouvrait puis se refermait au passage d'une balle dans la gélatine, tandis que la cavité creusée par une balle restait ouverte, préservant la forme, dans le savon balistique.

Les tests sur ces deux matériaux démontrèrent qu'au sortir de l'obstacle, les balles commençaient à tournoyer sur elle-même. Derrière chacun des obstacles, un panneau de stuc avait été placé à une distance

---

[17]   Déposition du gouverneur du Texas John Bowden Connally Jr devant la Commission Warren.

[18]   Commission Warren, *Investigation of the Assassination of President John F. Kennedy Hearings Before the President's Commission on the Assassination of President Kennedy*, 1964.

[19]   Chip Shelby : *Reasonable Doubt : The Single-Bullet Theory and the Assassination of John F. Kennedy*, 1988.

[20]   Témoignage de Cyril Wecht, docteur, repris dans *Reasonable Doubt : The Single-Bullet Theory and the Assassination of John F. Kennedy*, Chip Shelby, 1988.

de 91 cm pour servir de témoin. Il fut démontré que la balle vint frapper le panneau par son flanc. Le panneau affichait ainsi le profil de la balle dans une forme parfaite[21]. « Chaque fois que la balle retrouve l'atmosphère, elle dévie, constata Haag. On ne s'y attendait pas. Je ne peux pas l'expliquer, mais scientifiquement, on peut le reproduire[22]. »

D'ailleurs, l'état de la pièce CE399 allait dans le sens d'une déviation. Intacte en son bout, elle était aplatie à la base[23]. Après avoir blessé le Président au cou et être ressortie par la gorge, sans avoir rencontré d'obstacle susceptible de l'endommager, la balle dévia pour venir frapper le gouverneur à la cage thoracique par son flanc, puis lui briser le poignet pour venir se loger dans sa cuisse gauche.

Quant au prétendu trajet dit magique de la balle, rien ne vient confirmer que les deux hommes étaient placés dans la voiture au point que la balle dut zigzaguer. Au contraire, il semble que les deux hommes étaient positionnés de manière que la balle n'eut à effectuer qu'une ligne droite. En effet, différentes photographies du défilé présidentiel à Dallas montraient la position des deux hommes. Les images les plus révélatrices étaient la série de douze photos prise par Duane Robinson au téléobjectif de 240 mm, alors que le cortège roulait au niveau du croisement de Cedar Springs et de Routh Street.

Le cliché n° 8 de la série était l'un des plus révélateurs. Tandis que la Lincoln continentale commençait à s'éloigner de Robinson, on y voyait le Président Kennedy de dos, tandis que le gouverneur Connally apparaissait de profil, ce qui indique que ce dernier n'était pas assis exactement dans le sens de la voiture, mais de manière oblique, comme s'il avait pivoté sur sa droite. De même, la photographie n° 5 montrait très nettement que le gouverneur n'était pas tout à fait assis juste devant le Président. Tandis que ce dernier avait le bras posé sur le flanc du véhicule avec son aisselle pratiquement sur le flanc, le gouverneur devait étendre le bras pour poser son coude sur la portière. Cette série de clichés détruisait la théorie obligeant la balle à zigzaguer dans tous les sens et confortait la version d'une seule balle blessant les deux hommes en sortant de la gorge du Président et suivant une ligne droite pour blesser le gouverneur à l'aisselle droite, lui briser son poignet droit, et se planter dans sa cuisse gauche[24].

En fait, contrairement à ce qui était présenté depuis des décennies avec cette histoire de "balle magique", il était tout à fait envisageable qu'un seul projectile eût blessé tour à tour le Président Kennedy et le gouverneur Connally.

---

[21]   Rushmore DeNooyer : *"Nova" Cold Case JFK*, 2013.

[22]   Témoignage de Luke Haag, expert en arme à feu, repris dans *"Nova" Cold Case JFK*, Rushmore DeNooyer, 2013.

[23]   Rushmore DeNooyer : *"Nova" Cold Case JFK*, 2013.

[24]   Photographies prise par Duane Robinson publiées par *Paris-Match*, n° 920, 26 novembre 1966.

Toutefois, un fait avait de quoi surprendre. Même s'il croyait en la culpabilité de son propre frère, Robert Oswald s'interrogeait sur le nombre de balles que le suspect avait en réserve : « Généralement, les cartouches de carabine sont vendues par boîtes de vingt.

« [...] Après le crime, les enquêteurs découvrirent, dans le dépôt de livres scolaire, trois douilles et une cartouche intacte. Mais ensuite, malgré la fouille minutieuse du dépôt de livres, de la chambre de Lee à Oak Cliff et de la maison des Paine, à Irving, ils ne trouvèrent pas une seule cartouche, ni même une seule douille[25]. »

Une autre chose intriguait bien des chercheurs indépendants. La limousine présidentielle présentait plusieurs impacts. On releva un dommage au pare-brise, ainsi qu'un trou entre les pare-soleil[26].

Pour ce qui est de l'impact sur le pare-brise, le rapport Warren rapporta qu'il pouvait s'agir du résultat d'un éclat de balle[27], probablement celle qui tua le Président puisqu'elle éclata en morceaux. Malheureusement, aucune explication n'était apportée pour l'impact situé entre les pare-soleil et qui correspondait difficilement avec un éclat de la balle fatale.

---

[25] Robert Oswald : *Lee : A Portrait of Lee Harvey Oswald by His Brother*, 1967.

[26] JFK : le Complot : *Assassinat de John F. Kennedy à Dallas le Vendredi 22 Novembre 1963*. http://www.jfk-lecomplot.com/francais/7/

[27] Commission Warren, *Investigation of the Assassination of President John F. Kennedy Hearings Before the President's Commission on the Assassination of President Kennedy*, 1964.

QG

« Les personnes que j'ai rencontrées ce matin, sur le chemin du studio, parlaient à voix basse de ce qui est arrivé hier, rapporta Bob Walker, le directeur de publication de WFAA-TV. Selon les dernières nouvelles reçues de l'hôpital Parkland, le gouverneur du Texas John Connally se trouve dans un état satisfaisant. Il a passé une nuit tranquille et les médecins se réjouissent de son amélioration. Le pronostic semble favorable[1]. »

Le gouverneur Connally ne reprit un état de semi-conscience[2] que ce samedi matin[3]. Il demanda à son épouse de le renseigner sur le sort du Président. Mme Connally l'informa du décès du chef d'État[4].

À 10 h 25, on procéda à un nouveau tapissage, dans le quartier général de la police. L'agent Bookhout participait à la séance d'identification. On notait également la présence de Forrest Sorrels, du Secret Service, du marshal de Dallas, Robert Nash, d'un officier de policer et de Fritz[5]. Puis, on emmena le suspect au bureau du capitaine Fritz pour poursuivre l'interrogatoire qui dura 1 h 10 cette fois[6]. Sorrels avait l'impression qu'Oswald provoquait le capitaine Fritz, dans l'espoir que celui-ci en vint à le frapper. Le suspect aurait alors pu se plaindre de la brutalité policière, pensa l'agent du Secret Service[7].

Quand on fit traverser le couloir au suspect, ce fut la même scène que la veille après-midi. Un cri se fit entendre :

— Le voilà !

---

[1]   Tom Jennings : *The Lost JFK Tapes : The Assassination*, 2009.

[2]   William Manchester : *The Death of A President*, 1967.

[3]   Tom Jennings : *The Lost JFK Tapes : The Assassination*, 2009.

[4]   William Manchester : *The Death of A President*, 1967.

[5]   Déposition de John Will Fritz, capitaine du bureau d'homicide et vol, devant la Commission Warren.

[6]   Commission Warren, *Investigation of the Assassination of President John F. Kennedy Hearings Before the President's Commission on the Assassination of President Kennedy*, 1964.

[7]   William Manchester : *The Death of A President*, 1967.

« Au bourdonnement monotone et endormissent de notre attente (le journalisme de faits-divers consiste d'abord et avant toute chose à attendre) vient de succéder une rumeur, une houle, devait se rappeler Philippe Labro. On est monté de trois vitesses. Sans transition. Les voilà ! Le couloir se réveille, une brusque poussée de fièvre et d'impatience, on est affamé, on veut en savoir plus, on veut le scruter – on veut, comme moi et comme ceux qui ont eu la chance d'être présents la veille, le revoir. Les voilà ! Eux, c'étaient Oswald, encadré de Fritz et de plusieurs flics en civil. Soudain, dès lors, vous êtes en droit d'employer l'expression : "C'est le bordel" – la bousculade au cours de laquelle seule compte votre solidité physique. Ça flashe de partout, les gros flashs blancs, aveuglants, avec ce bruit curieux, ce claquement métallique de ces appareils, désormais tout à fait obsolètes, mais qui, à l'époque, éblouissaient fortement, SCHLACK, SCHLACK, SCHLACK, ça crépite[8] […]. »

Le chef Curry joignit les journalistes pour leur donner des informations sur le déroulement de l'enquête.

— Qui mène l'interrogatoire ce matin ? lui demanda-t-on.

— Le capitaine J. Will Fritz, répondit Curry.

— Il est chef du service des homicides, souligna un reporter.

— Sont également présents un agent du FBI et un du Secret Service, ajouta Curry.

— Comment s'est-il montré au cours de l'interrogatoire ?

— Très arrogant. Depuis le début.

— C'est-à-dire ?

— Il nie tout.

— Vous avez dit qu'un policier l'avait vu dans le bâtiment... déclara un journaliste.

— Oui, certifia Curry.

— Après le coup de feu, précisa le journaliste.

— Oui.

— Pouvez-vous me dire pourquoi on ne l'a pas arrêté à ce moment-là ?

— Parce que le directeur nous avait certifié que c'était un employé ; il avait dit : "Tout va bien. Il travaille ici."

— Vous semble-t-il sain d'esprit ?

— Oui, il ne s'agit pas d'un déséquilibré.

— Vous ne pensez pas qu'il a perdu la raison ?

— Non, je ne pense pas, non.

— Avez-vous des doutes sur le fait qu'Oswald soit l'homme qui a assassiné le Président ?

— Je pense que c'est bien lui[9].

---

[8]   Philippe Labro : *On a Tiré sur le Président*, 2013.

[9]   Tom Jennings : *The Lost JFK Tapes : The Assassination*, 2009.

Pendant l'interrogatoire, Oswald expliqua encore avoir pris le bus pour rentrer à Beckley, mais qu'il avait également marché. Fritz lui demanda s'il avait pris un taxi et le suspect confirma. Il avait décidé de quitter le bus en raison de la très mauvaise circulation.

Fritz demanda à Oswald ce qu'il pensait du Président. Le suspect répondit n'avoir aucun commentaire particulier à faire à propos du Président. Il estimait qu'il s'agissait d'une bonne famille, qu'il admirait.

— Vous savez que vous avez tué le Président, et c'est une grave accusation, lui déclara le capitaine.

Oswald continua de nier avoir tué le Président. Fritz confirma qu'il l'avait tué. Sur quoi, le suspect répondit que les gens allaient oublier dans quelques jours et qu'il y aurait un autre Président.

Oswald fut renvoyé dans sa cellule à 11 h 33[10]. Dans le couloir, il s'adressa aux journalistes :

— Je souhaite bénéficier des droits fondamentaux à l'hygiène. Comme prendre une douche ![11]

Vers midi, le shérif Decker appela le capitaine Fritz pour savoir quand ils seraient prêts à transférer Oswald du quartier général de la police à la prison du comté. Mais le capitaine du bureau des homicides et vols désirait encore l'interroger. Il se refusait encore à procéder à un transfert.

— Peut-il être prêt pour environ 16 heures ? demanda Decker. Peut-il être transféré à 16 heures ?

Fritz répondit ne pas penser que ce serait possible. Decker demanda alors si le transfert pouvait être opéré vers 10 heures, le lendemain[12].

Une grande foule s'était réunie autour d'Elm Street, sur Dealey Plaza. On y déposait des fleurs en signe de deuil, dans un périmètre délimité. Une plaque de fleur rendait ainsi hommage à « JFK ». Plusieurs croix furent érigées, dont une placée par l'église Saint-Bernard, qui avait mis cette inscription : « En mémoire pieuse de notre Président bien-aimé[13]. »

Parmi les badauds, il y avait Jack Ruby. Il était venu sur place entre midi et 13 h 30. Il parla à un policier, qui lui indiqua de quelle fenêtre avaient été tirés les coups de feu. Après quoi, Ruby conversa avec un

---

[10]   Déposition de John Will Fritz, capitaine du bureau d'homicide et vol, devant la Commission Warren.

[11]   Tom Jennings : *The Lost JFK Tapes : The Assassination*, 2009.

[12]   Déposition de John Will Fritz, capitaine du bureau d'homicide et vol, devant la Commission Warren.

[13]   Tom Jennings : *The Lost JFK Tapes : The Assassination*, 2009. L'inscription notait plus précisément : « IN PRARFUL MEMORY OF OUR BELOVED PRESIDENT JOHN FITZGERALD KENNEDY MEN OF S' BERNARD'S CHURCH. » « En mémoire pieuse de notre Président bien aimé John Fitzgerald Kennedy. Les hommes de l'Église Saint Bernard. »

journaliste de la station de radio KRLD. Le journaliste avait entendu parler de l'aide que Ruby avait apportée à KLIF pour obtenir une interview avec le procureur Henry Wade. Ruby fit remarquer au journaliste que le chef Curry et le capitaine Fritz se tenaient dans la place. Tandis que le journaliste alla interviewer les deux policiers, Ruby quitta Dealey[14].

Un journaliste présent sur les lieux réalisa un microtrottoir.

— Je n'arrive pas à comprendre que cela se soit passé justement à Dallas, déclara quelqu'un. J'espère que nous n'en serons pas tenus pour responsables.

— J'ai honte de vivre ici, confessa quelqu'un d'autre.

— Les gens ne doivent pas blâmer Dallas, dit une autre personne. Je pense que nous devrions nous estimer responsables en tant que nation de ce qui est arrivé[15].

Dès la veille, des micros-trottoirs avaient été réalisés pour connaître l'opinion des gens sur l'assassinat du Président. Une femme estimait ainsi que le Président avait « pris des risques inconsidérés » en se rendant à Dallas :

— Nul besoin d'ennemi à l'étranger, on en a assez ici. Je pense qu'il n'aurait pas dû aller là-bas. On avait déjà eu un échantillon avec Stevenson, sur qui ils avaient craché.

— Ce sont les rois du pétrole, accusait un homme, les millionnaires du Texas, qui ont dû payer cet homme – ou ces hommes – pour faire le boulot. Ceux qui ont fait ça ne sont pas les décideurs. C'était un contrat[16].

Bien sûr, il y avait des gens qui étaient loin de supporter Kennedy et la nouvelle de l'assassinat n'eut d'autre effet que de les réjouir. Quand Labro était arrivé à Dallas et qu'il avait hélé un taxi, il avait fini par parler de l'attentat au chauffeur.

— Il était grand temps, avait répliqué celui-ci[17].

La veille, à Amarillo, Texas, une vingtaine d'étudiants était sorti de leur lycée à l'heure du déjeuner en criant :

— C'est formidable, JFK a crevé !

À Madison, dans le Wisconsin, un homme arborant un svastika, déclarait haut et fort fêter la mort du Président. La police l'interpella[18]. J. M. Shea, vice-président d'une compagnie du pétrole, entendit un homme d'affaires, membre de l'Église baptiste, se réjouir :

---

[14]   Commission Warren, *Investigation of the Assassination of President John F. Kennedy Hearings Before the President's Commission on the Assassination of President Kennedy*, 1964.

[15]   Tom Jennings : *The Lost JFK Tapes : The Assassination*, 2009.

[16]   Matthew White : *The Murder of JFK : A Revisionist History*, 1999.

[17]   Philippe Labro : *On a Tiré sur le Président*, 2013.

[18]   William Manchester : *The Death of A President*, 1967.

— Je suis content, ce fils de putain est mort ![19]

Dans son édition du 22 novembre 1963, le *Dallas Morning News* avait publié une pleine page signée par Bernard Weissman, président de l'American Fact-Finding Committee, un groupuscule d'extrême droite liée à la John Birch Society[20]. Même s'il souhaitait la « bienvenue M. Kennedy à Dallas », ce placard constituait un brûlot en posant une série de questions virulentes contre la politique du Président : « POURQUOI l'Amérique Latine est-elle en train de devenir antiaméricaine ou communiste, ou les deux à la fois, en dépit de l'aide américaine à l'étranger, de la politique du Ministère des Affaires Étrangères et de vos propres déclarations du haut de votre Tour d'Ivoire ?

« POURQUOI déclarez-vous avoir élevé autour de Cuba un "mur de liberté" alors que la liberté n'existe plus à Cuba aujourd'hui ? Par la faute de votre politique, des milliers de Cubains ont été emprisonnés, meurent de faim ou sont persécutés ; avec les milliers déjà assassinés et les milliers qui attendent d'être exécutés, la population entière de près de sept millions de Cubains vit dans l'esclavage.

« POURQUOI avez-vous approuvé les ventes de blé et de maïs à nos ennemis, quand vous savez fort bien que les soldats des armées communistes "marchent avec leur estomac" tout comme les nôtres ? Les soldats communistes blessent et (ou) tuent chaque jour des soldats américains au Sud Viêt Nam.

« […] M. Kennedy, en tant que citoyen de ces États-Unis d'Amérique, nous EXIGEONS une réponse à ces questions, et nous les voulons TOUT DE SUITE[21]. »

Le matin même de l'attentat, des tracts inspirés de l'époque du Fart West, réalisés par un certain Robert Glenn Klause[22], un activiste d'extrême droite[23], furent distribués à Dallas avec deux photos du Président, disposées comme s'il s'agissait de photos anthropo-métriques, avec pour titre : « Recherché pour trahison. » Le Président y était notamment accusé de violation de la Constitution, de se tromper « sur quantité de problèmes affectant la sécurité des États-Unis », d'avoir « donné son appui et ses encouragements à des émeutes raciales d'inspiration communiste », d'avoir placé des « hommes antichrétiens

---

[19]   Frédéric Pottecher : *Dallas : l'Affaire Ruby*, 1971. Frédéric Pottecher : *Dallas : l'Affaire Ruby*, 1971.

[20]   JFK-fr.com : *American Fact-Finding Committee.* http://www.jfk-fr.com/en/term_33.php

[21]   Extrait du *Dallas Morning News* repris dans *Dallas : l'Affaire Ruby*, Frédéric Pottecher, 1971.

[22]   The Portal of Texas History : *Wanted for Treason.* http://texashistory.unt.edu/ark :/67531/metapth337403/? q=Kennedy

[23]   Internet Archive : *Full texte of "Klause Robert".* https://archive.org/stream/nsia-KlauseRobert/nsia-KlauseRobert/Klause%20Robert%2005_djvu.txt

aux emplois gouvernementaux » ou encore d'avoir menti à plusieurs reprises[24].

Philippe Labro estima que le Président Kennedy n'était pas destiné à vivre vieux : « Je pense, d'abord, qu'il aurait été flingué ailleurs, une autre fois[25]. » « Il attirait les détraqués comme des mouches » devait rapporter plus tard le garde du corps Ron Pontius. Quand le Président Kennedy sortait, il recevait « dix fois plus de lettres d'injures, de menaces » que son prédécesseur[26]. George Bush senior avait fait savoir qu'un homme avait parlé de tuer le Président Kennedy durant sa visite à Houston[27].

Le lendemain même de l'attentat, Gladys Shastid, une serveuse du Lawrence Hotel, situé au 302 South Houston Street, se présenta au quartier général de la police pour soumettre une déposition. La veille au matin, selon elle, à 4 heures, un homme vint manger une part de tarte et, au moment de passer à la caisse pour payer, lui demanda si elle allait aller voir le Président défiler. Elle répondit que non, elle devait se rendre à un enterrement. L'homme déclara alors que le Président pourrait ne pas sortir vivant de Dallas, et qu'il s'agissait du désir de nombreuses personnes. En voyant Oswald à la télévision, Shastid crut reconnaître l'homme qu'elle avait vu le matin même. Mais elle n'en était pas tout à fait sûre[28]. En réalité, il ne peut s'agir de Lee Oswald, puisque celui-ci était à Irving, à 4 heures du matin, ce vendredi 22 novembre[29].

Un homme avait déjà voulu attenter à la vie du Président. C'était un dimanche matin, et il était entré dans une église et s'était assuré de la présence de sa victime. Ayant repéré l'individu, le garde du corps Ron Pontius l'avait observé quitter l'église. Pontius l'avait alors suivi et lui avait demandé son permis de conduire. L'individu avait chargé sa propre voiture de cinq bâtons de dynamite, avec laquelle il voulait foncer dans celle du Président. Mais quand il avait vu Mme Kennedy sortir de l'église avec ses enfants, il avait décidé d'annuler son plan[30].

---

24   The Portal of Texas History : *Wanted for Treason.* http://texashistory.unt.edu/ark :/67531/metapth337403/? q=Kennedy

25   Philippe Labro : *On a Tiré sur le Président*, 2013.

26   Témoignage de Ronald Pontius, garde du corps du Président Kennedy et de Jackie Kennedy, repris dans *The Kennedy Detail*, Chris Golding, 2010.

27   John Barbou : *The JFK Assassination : the Jim Garrison Tapes*, 1992.

28   Dallas Municipal Archives : *Affidavit En tout Facttyped, par Gladys Shastid. Déclaration concernant une menace contre le président Kennedy, (Carbon Copy Signed), 11/23/63. 00001000.*

29   Commission Warren, *Investigation of the Assassination of President John F. Kennedy Hearings Before the President's Commission on the Assassination of President Kennedy*, 1964.

30   Témoignage de Ronald Pontius, garde du corps du Président Kennedy et de Jackie Kennedy, repris dans *The Kennedy Detail*, Chris Golding, 2010.

Un complot avait également été déjoué, le 9 novembre précédent, alors que le Président Kennedy devait effectuer une visite à Miami. William Somersett, un informateur de la police, avait enregistré une conversation tenue avec un certain Joseph Milteer, un extrémiste de droite[31]. Durant la conversation, Milteer avait avancé que, plus, il y aurait de gardes du corps, plus il serait facile de tuer le Président. Sur les interrogations de Somersett qui voulait savoir comment il voyait l'affaire, Milteer avait expliqué :

— D'un immeuble de bureaux avec un fusil de haute puissance.

Somersett avait demandé une confirmation :

— Ils vont vraiment essayer de le tuer ?

— Ah, ouais, c'est en cours.

Somersett avait alors dit ne pas savoir si le Secret Service fouillait des immeubles, sur quoi Milteer avait répliqué :

— S'ils ont un soupçon, ils font cela naturellement. Mais sans soupçon, ils ne le font pas.

Milteer avait encore expliqué que par beau temps, à Washington, il suffisait que le Président sorte sur la véranda « et quelqu'un pourrait être dans une chambre d'hôtel ». Et pour ne pas se faire repérer, il suffisait de démonter une arme à feu. Somersett avait objecté que tuer le Président était un grand coup qui provoquerait « une vraie secousse ». Milteer expliqua qu'un bouc émissaire serait jeté en pâture, « jeté au public ». « Quelqu'un devra aller en prison, voire être tué » avait compris l'informateur[32].

Milteer avait été interpellé et, devant le FBI, avait nié avoir prononcé ces mots. Il avait été relâché. La police de Miami avait néanmoins annulé le défilé présidentiel[33]. Reste que le schéma décrit par Milteer allait devenir le scénario des tenants de la thèse du complot à Dallas. Et pour cause, Milteer fut identifié par certains comme étant présent parmi les badauds regardants passer le cortège sur Dealey Plaza[34].

Jim Garrison ferait également cas d'un télex envoyé par le FBI à ses bureaux le 17 novembre, avertissant qu'un « groupe révolutionnaire militant pourrait tenter [d'] assassiner [le] Président Kennedy lors de son voyage projeté à Dallas ». Le télex aurait disparu des dossiers du FBI[35].

Elm Street était devenue un lieu de recueillement, ce samedi-là. La mort violente du Président avait choqué beaucoup de monde. La veille,

---

[31]   John Barbou : *The JFK Assassination : the Jim Garrison Tapes*, 1992.

[32]   Mary Ferrell Foundation : *Transcript of Milteer-Somersett Tape.* https://www.maryferrell.org/pages/Transcript_of_Milteer-Somersett_Tape.html

[33]   John Barbou : *The JFK Assassination : the Jim Garrison Tapes*, 1992.

[34]   William Reymond : *JFK : Autopsie d'un Crime d'État*, 1998.

[35]   Jim Garrison : *On the Trail of the Assassins*, 1988.

les caméras télévisées avaient diffusé les images d'anonymes en pleurs à l'annonce du décès[36].

Dans les multiples théories du complot, un élément revenait assez souvent. Il s'agissait d'un changement dans le parcours du cortège. Jim Garrison fut le premier à dénoncer cette modification qui permettait d'amener la voiture du Président sur Elm Street où s'étaient camouflés plusieurs tireurs. Le procureur constata ce détail en étudiant un schéma du parcours présidentiel publié à la une du *Dallas Morning News* du 22 novembre 1963.

Selon l'hypothèse du changement de parcours, le Président Kennedy devait initialement traverser Dealey Plaza par Main Street, une rue qui n'offrait aucun abri aux tueurs et éloignaient la voiture du dépôt de livres où l'on avait placé le futur coupable. On avait ainsi fait tourner le cortège sur Houston Street, puis sur Elm Street.

Cette modification, qui permettait de réaliser l'attentat, démontrait ainsi que le complot était interne aux États-Unis. En aucun cas l'URSS ou Cuba n'avaient pu trafiquer le trajet du défilé. Sur ce fait, Garrison suspecta ainsi la Police de Dallas, le Secret Service, le FBI, ainsi qu'Earl Cabell, le maire de Dallas. D'ailleurs, le maire de la ville était le frère de Charles Cabell, ancien directeur adjoint de la CIA, limogé par le Président Kennedy après le fiasco de la baie des Cochons – cette opération qui avait consisté à tenter de renverser Fidel Castro, mais à laquelle le Président avait refusé d'envoyer un soutien aérien[37].

« Jusqu'au jeudi 21 novembre, la presse annonçait que le cortège déboucherait sur Main, continuerait tout droit pour traverser ce terre-plein, baptisé Dealey Plaza, devait expliquer Garrison des années plus tard. Le même jeudi soir, à 23 heures, le parcours fut modifié par les services du maire, Earl Cabell. Le cortège devait tourner à droite dans Houston puis à gauche dans Elm, non seulement vers l'embuscade où l'attendaient les fusils, mais aussi à proximité du bâtiment où l'on avait posté le futur "coupable[38]". »

Pour joindre le Trade Mart, il avait été décidé d'emprunter l'autoroute Stemmons. Pour joindre l'autoroute, puis le Trade Mart, il fallait nécessairement quitter Main Street sur Dealey Plaza, pour prendre Houston Street, puis Elm Street. Joindre Stemmons Freeway par Main était impossible en raison de la présence d'un parapet en béton entre Main et Elm[39]. Quelques mètres après le triple passage souterrain, Elm et Main rejoignaient Commerce Street, en abolissant le

---

[36]   Tom Jennings : *The Lost JFK Tapes : The Assassination*, 2009.

[37]   Jim Garrison : *On the Trail of the Assassins*, 1988.

[38]   Témoignage de Jim Garrison, procureur de La Nouvelle-Orléans, repris dans *The JFK Assassination : the Jim Garrison Tapes*, John Barbou, 1992.

[39]   Commission Warren, *Investigation of the Assassination of President John F. Kennedy Hearings Before the President's Commission on the Assassination of President Kennedy*, 1964.

fameux parapet. Le cortège ne pouvait cependant pas joindre Stemmons sans former un S très étroit, qui interdisait le passage des bus présents dans le cortège. La zone constituait de surcroît un virage encore plus serré, et donc plus dangereux, que celui qui quitte Houston et et entre sur Elm Street.

En réalité, la suspicion du changement de parcours était infondée. Le schéma imprimé en première page était trop petit pour indiquer tous les détails. Dans leurs éditions du 19 novembre, le *Dallas Morning News* et le *Dallas Times Herald* précisaient déjà que le cortège devait passer par Elm Street[40]. On était donc bien loin du changement opéré la veille dans le cadre d'une vaste conspiration.

On ramena Oswald au bureau des homicides et vols à 12 h 35[41]. L'interrogatoire dura une demi-heure[42]. Puis, un nouveau tapissage fut organisé à 14 h 15, auquel on montra le suspect à Sciggins et à Whaley, deux chauffeurs de taxi[43]. Whaley se trompa de personne en identifiant Oswald. Il indiqua l'homme placé sous le numéro 2, qui était en fait un certain David Knapp, alors que le suspect était placé sous le numéro 3.

Le suspect reçut la visite de sa femme et de sa mère entre 13 h 10 et 13 h 30[44]. Oswald ne prêta guère d'attention à sa mère. C'est en russe qu'il conversa avec sa femme. Il demanda des nouvelles de leurs deux enfants. Il lui déclara aussi l'aimer et lui demanda d'acheter des chaussures pour leur fille aînée. Elle ne lui demanda pas s'il avait tué le Président, mais ne se convainc qu'il était coupable[45].

Quand Marina Oswald, la femme du suspect, et Marguerite Oswald, la mère, passèrent dans le couloir au milieu des journalistes, l'épouse leur déclara :

— Allez-vous-en.

— Pas de commentaire, lâcha la mère[46].

Dix minutes après le départ des deux femmes, Oswald tenta d'appeler un avocat de New York.

---

[40]   John McAdams : *Changed Motocarde Route in Dallas.* http://mcadams.posc.mu.edu/route.htm

[41]   Déposition de John Will Fritz, capitaine du bureau d'homicide et vol, devant la Commission Warren.

[42]   Commission Warren, *Investigation of the Assassination of President John F. Kennedy Hearings Before the President's Commission on the Assassination of President Kennedy*, 1964.

[43]   Déposition de John Will Fritz, capitaine du bureau d'homicide et vol, devant la Commission Warren.

[44]   Commission Warren, *Investigation of the Assassination of President John F. Kennedy Hearings Before the President's Commission on the Assassination of President Kennedy*, 1964.

[45]   William Manchester : *The Death of A President*, 1967.

[46]   Tom Jennings : *The Lost JFK Tapes : The Assassination*, 2009.

Une nouvelle séance d'identification fut organisée à 14 h 15. Puis, à 14 h 45, avec son autorisation, on préleva des cheveux du suspect.

À 15 h 30, Oswald reçut la visite de son frère Robert. La rencontre ne dura qu'une dizaine de minutes environ[47]. Les deux hommes communiquèrent par téléphone.

— On nous entend, avertit le suspect.

— C'est possible, répondit son frère.

Son frère l'interrogea par rapport aux marques que le suspect avait sur son visage.

— Qu'est-ce qu'on t'a fait ? Ils t'ont passé un tabac ?

— Cela m'est arrivé au cinéma. Depuis, ils m'ont laissé tranquille. Je suis plutôt bien traité.

Le suspect mentionna la visite de sa mère et de sa femme, puis fit allusion au bébé né peu de temps avant.

— Ah, oui, répliqua son frère. Merci de me parler quand même du bébé. Je ne savais même pas qu'il était né.

— Tu comprends, j'aurais préféré un garçon. Enfin, comme c'est une fille, et qu'on n'y peut rien…

— Allons, Lee, assez bavardé. Qu'est-ce qui s'est passé ?

— Je n'en sais rien.

— Comment ? Les flics sont en possession de ton revolver, ils ont trouvé ta carabine, ils t'accusent d'avoir assassiné le Président et un policier, et tu me dis que tu ne sais rien ? J'exige une explication.

Le suspect se crispa.

— Il se trouve que je ne comprends pas de quoi il s'agit, lâcha-t-il. Surtout, n'attache aucune importance à ces soi-disant preuves matérielles.

Le frère fixa le suspect droit dans les yeux, comme s'il pouvait y trouver des réponses aux questions qu'il se posait. Oswald le regarda un instant sans rien dire, puis déclara :

— Tu ne verras rien, mon petit vieux.

Se détendant, le suspect parla alors de sa femme.

— Justement, répliqua son frère sur un ton d'irritation. Qu'est-ce qu'elle va devenir, maintenant, avec deux gosses ?

Le suspect répondit que ses amis s'occuperaient d'elle. Mais son frère fit comprendre sa mésestime envers les Paine. Changeant de sujet, Oswald déclara alors que sa fille aînée avait besoin de chaussures.

— Il y a certainement plus urgent, répondit le frère.

Le frère mentionna l'avocat qu'Oswald voulait prendre pour sa défense :

---

[47] Commission Warren, *Investigation of the Assassination of President John F. Kennedy Hearings Before the President's Commission on the Assassination of President Kennedy*, 1964.

— Qu'est-ce que c'est que cet avocat que tu voulais faire prévenir ? D'où le connais-tu ?

— C'est un homme compétent, expliqua le suspect. J'aimerais qu'il se charge de ma défense.

— Je puis te trouver un excellent avocat ici, à Dallas.

— Non. Ne t'occupe de rien, tiens-toi à l'écart.

— Me tenir à l'écart ! J'ai plutôt l'impression d'être mêlé malgré moi à cette histoire.

— De toute manière, je ne veux pas d'un avocat de Dallas. Je veux celui-là.

— Comme tu voudras[48].

Robert Oswald devait finir par se convaincre que son frère Lee avait bien tué le Président Kennedy. « J'aimerais pouvoir dire que Lee n'était pas impliqué en aucune manière, ou beaucoup moins dans la mesure où je crois qu'il était, devait se confier Robert Oswald. Il s'agit d'une lutte qui dure avec moi depuis près de 30 ans. Il s'agit d'esprit et de coeur. L'esprit me dit une chose et le cœur me dit quelque chose d'autre[49]. »

Entre 16 heures et 16 h 30, Oswald appela par deux fois Ruth Paine, la logeuse de sa femme[50]. Il lui demanda d'essayer d'appeler l'avocat John Abt et lui donna le numéro. Au deuxième appel, il réitéra sa demande[51].

C'était toujours le même chahut dans les couloirs du quartier général de la police. Les journalistes étaient toujours partout, dans l'attente de nouvelles informations. Et chaque fois que l'on emmenait Oswald d'un endroit à un autre, il fallait se frayer un chemin pour passer. En réalité, la sécurité du suspect n'était en rien assurée. Le journaliste de Paul Mathias avouerait son sentiment de se « trouver devant une police d'opérette » : « Il est certain que c'était une police tranquille[52]. » Cinquante ans plus tard, Mathias expliquerait plus en détail : « Les nouvelles arrivaient pêle-mêle au milieu d'un désordre in-imaginable où tout le monde se marchait sur les pieds[53]. »

---

[48]   Robert Oswald : *Lee : A Portrait of Lee Harvey Oswald by His Brother*, 1967.

[49]   Font Linc : *Interview Robert Oswald.* http://www.pbs.org/wgbh/pages/frontline/shows/oswald/interviews/oswald.html

[50]   Commission Warren, *Investigation of the Assassination of President John F. Kennedy Hearings Before the President's Commission on the Assassination of President Kennedy*, 1964.

[51]   Anthony Giacchino : *Lee Harvey Oswald : 48 Hours to Lives*, 2013.

[52]   Paris-Match : *Notre Reporter à Dallas : c'est Devenu une Ville pour Fantomas*, Paul Mathias, dossier : *Kennedy : un Numéro Historique*, 7 décembre 1963.

[53]   Paris-Match : *Assassinat de JFK. En 1963, la Contre-Enquête de Paris-Match à Dallas*, Paul Mathias, 22 novembre 2013. http://www.parismatch.com/Actu/International/En-1963-la-contre-enquete-de-Paris-Match-a-Dallas-537869

Il y avait toujours ce type de qui distribuait des cartes de ces boîtes de nuit à qui les acceptait. Il n'avait de cesse d'inciter qui il croisait à passer boire un verre. Il accosta Philippe Labro.

— Jack Ruby. Appelez-moi Jack, se présenta-t-il. Vous faites partie des garçons ? Tout le monde me connaît ici. Demandez à qui vous voulez qui est Jack Ruby. Dès que vous pourrez, venez me voir dans une de mes boîtes, la plus proche est pas loin d'ici, je vous offrirai à boire. D'où venez vous ?

— De Paris, en France, répondit Labro.

— Ah ! La France ! Oh là là, Folies Bergère !

« Nous l'écoutions sans trop vouloir l'entendre, devait se rappeler le journaliste. Car il était envahissant, embarrassant, il collait au *press corps*. [...] Ruby ne m'avait aucunement fait frissonner. J'avais pourtant noté son nom sur mon carnet. Et ajouté : "Qu'est-ce qu'il fout là ?[54]" »

Vers 17 h 30[55], Oswald reçut la visite de Louis Nichols, le président de l'Ordre des avocats de Dallas. Le suspect réitéra son désir d'être défendu par John Abt. Se tenant dans un couloir au côté de Curry, Nichols en informa la presse.

— Est-il possible que cet homme soit jugé par un jury impartial ? Vous pouvez le redire ? lui demanda un journaliste.

— D'après moi, oui, répondit Nichols.

— Vous estimez qu'il pourra recevoir un procès équitable ?

— Je pense qu'il pourra être jugé de manière équitable[56].

Lors d'un nouvel interrogatoire, de 18 heures à 19 h 15[57], Fritz montra au suspect une photo de lui portant un fusil et un pistolet. Cette photographie avait été retrouvée le matin même dans ses affaires qu'il entreposait à Irving. Le laboratoire de la police venait de la faire agrandir et c'est cet agrandissement que l'on montra au suspect. Oswald protesta qu'il ne s'agissait pas d'une photo de lui.

— On a pris ma photo et c'est mon visage qu'on a mis sur un autre corps. Je sais tout sur la photographie, j'ai travaillé dans la photographie pendant une longue période. C'est une image que quelqu'un d'autre à fait. Je n'ai jamais vu cette photo de ma vie.

— Attendez une minute, répliqua Fritz en dévoilant le cliché original, je vais vous en montrer une que vous avez probablement vu.

---

[54]   Philippe Labro : *On a Tiré sur le Président*, 2013.

[55]   Commission Warren, *Investigation of the Assassination of President John F. Kennedy Hearings Before the President's Commission on the Assassination of President Kennedy*, 1964.

[56]   Tom Jennings : *The Lost JFK Tapes : The Assassination*, 2009.

[57]   Commission Warren, *Investigation of the Assassination of President John F. Kennedy Hearings Before the President's Commission on the Assassination of President Kennedy*, 1964.

— Je n'ai jamais vu cette photo non plus.

— C'est une image réduite de la grande[58].

Comme pratiquement tout dans cette affaire, les photos montrant Oswald porter un pistolet et un fusil identique à celui retrouvé au dépôt de livres devaient ouvrir la voie à la polémique. Peu après l'assassinat, Marguerite Oswald, la mère du suspect, et Marina, sa femme, détruisirent un cliché montrant l'assassin présumé portant le fusil au-dessus de sa tête avec ses deux mains[59].

Les tenants de la théorie du complot affirmèrent que de tels clichés étaient des photomontages fabriqués pour accuser Lee Oswald. On mettait notamment en avant la différence d'angle des ombres sous le nez et sur le sol. À première vue, les angles différents étaient fortement suspects. On aurait cru que le visage d'Oswald venait d'une photo prise en studio, tandis qu'un homme avait pris la pose. On dénonça aussi l'étrange posture de l'homme, ainsi que la taille du fusil.

La scène s'était déroulée un dimanche, le 31 mars 1963, alors que les Oswald louaient une maison sur Neely Street, à Dallas. Mme Oswald était occupée à étendre les couches de leur fille, quand son mari arriva et lui demanda de le photographier. Il prit la pose avec le fusil, le pistolet et des exemplaires des journaux *The Worker* et *The Militant*. Le rapport Warren rapporta que ce furent deux photos qui avaient été prises[60]. Mais la House Select Committee on Assassinations établit plus tard qu'il y avait eu d'autres clichés[61].

Lyndal Shaneyfelt, l'expert photographe du FBI, identifia le fusil sur la photo comme étant celui retrouvé au dépôt : « J'ai constaté que c'était la même configuration générale. Tous les aspects étaient identiques[62]. »

Par ailleurs, Shaneyfelt conclut que les photos avaient été prises par l'appareil d'Oswald, un Imperial Reflex, et qu'il ne s'agissait pas d'un montage. L'un des exemplaires fut largement reproduit dans les journaux et les magazines. Sur quoi, le rapport Warren nota que « dans de nombreux cas les détails de ces images ont différé de l'original, et même entre eux, en particulier quant à la configuration du fusil ». Il

---

[58]   Déposition de John Will Fritz, capitaine du bureau d'homicide et vol, devant la Commission Warren.

[59]   Report of the elect Committee on Assassinations of the U.S. House of Reprentatives, 1979.

[60]   Commission Warren, *Investigation of the Assassination of President John F. Kennedy Hearings Before the President's Commission on the Assassination of President Kennedy*, 1964.

[61]   Report of the House Select Committee on Assassinations of the U.S. House of Representatives, 1979.

[62]   Déposition de Lyndal Shaneyfelt, expert photographe du FBI, devant la Commission Warren.

semblerait que les photos publiées étaient des copies d'un cliché original, et que ces copies avaient été retouchées individuellement[63].

En 1979, le House Select Committee on Assassinations rendit son rapport dans lequel il était établi qu'un panel de spécialistes était arrivé à la conclusion que les photographies n'avaient pas été truquées[64].

Près d'un demi-siècle plus tard, ce fut l'infographie 3D qui fut utilisée pour tenter de répondre à cette question. Des chercheurs de Dartmouth College, dans le New Hampshire, utilisèrent un modèle virtuel. L'étude porta, en 2009-2010, sur les ombres. Puis une nouvelle étude se pencha sur la posture de l'individu. Cette étude fût menée par l'ajout de masse appropriée pour juger si l'équilibre de l'individu était réellement possible. Les résultats furent publiés dans le *Journal of Digital Forensics*. « Notre analyse détaillée de la pose, l'éclairage et les ombres d'Oswald et le fusil dans ses mains réfute l'argument de la photo falsifiée » estima le chef de projet Hany Farid[65].

Marina Oswald affirma toujours avoir prise elle-même les photos, même si elle s'était contredite dans la date[66]. Trente ans après les faits, bien que finissant par croire en un complot et en l'innocence de son mari, elle maintiendrait être l'auteur des clichés dans une interview accordée à *Paris-Match* : « J'ai pris trois photos de lui avec ce fusil. Je trouvais ça ridicule, et il était gêné quand je lui ai demandé ce qu'il voulait en faire. Il m'a juste répondu : "C'est pour les enfants. Un souvenir de leur père[67]." »

Oswald fut ramené à sa cellule à 19 h 15[68]. À ce moment-là, la police voulut montrer le fusil à la femme du suspect. Fritz refusa que l'on fasse traverser le couloir rempli de journalistes à Mme Oswald. Il décida alors d'apporter le fusil au sous-sol. Les caméras de télévision filmèrent ainsi l'arme portée à bout de bras au-dessus de la foule, comme si elle était exhibée. Mme Oswald trouvait que l'arme

---

[63]   Commission Warren, *Investigation of the Assassination of President John F. Kennedy Hearings Before the President's Commission on the Assassination of President Kennedy*, 1964.

[64]   Report of the House Select Committee on Assassinations of the U.S. House of Representatives, 1979.

[65]   Independant : *John F Kennedy Assassination : Photo Showing Lee Harvey Oswald with Same Type of Gun Used to Kill JFK "Authentic"*, Adam Sherwin, 19 octobre 2015.   http://www.independent.co.uk/news/world/americas/john-f-kennedys-assassination-photo-showing-lee-harvey-oswald-with-gun-used-to-kill-former-president-a6699751.html

[66]   Report of the House Select Committee on Assassinations of the U.S. House of Representatives, 1979.

[67]   Paris-Match : *Marina, Retour à Dallas*, interview réalisée par Charles Magistry, dossier : *Il y a Juste Trente Ans. Ce Jour-là à Dallas*, novembre 1993.

[68]   Déposition de John Will Fritz, capitaine du bureau d'homicide et vol, devant la Commission Warren.

ressemblait au fusil de son mari, mais déclara ne pas savoir s'il avait une lunette de visée[69].

À 20 heures, Lee Oswald rappela Mme Paine et lui dit vouloir parler à son épouse. Celle-ci répondit qu'elle était absente[70].

Un peu plus tard, Curry alla trouver le capitaine Fritz pour discuter du transfert d'Oswald. Fritz n'était pas favorable à un transfert de nuit, car il est plus facile de prévenir n'importe quel danger de jour. Il préférait attendre la levée du jour, selon la procédure normale.

— Quand pensez-vous que vous serez prêt demain ? demanda Curry.

Fritz ne savait pas vraiment quoi répondre.

— Vous pensez aux environs de 10 heures ? suggéra Curry.

— Je crois.

Curry sortit du bureau et joignit les journalistes pour leur conseiller d'être présents le lendemain à 10 heures[71].

Dans les couloirs du quartier général, les policiers répondaient souvent aux questions des journalistes.

— Je travaille toujours sur des tuyaux et des preuves, et croyez-moi, j'en ai assez amassé pour l'impliquer formellement, déclara Fritz à Labro. Pourquoi croyez-vous que nous avons signé, hier, à 23 h 26, la déclaration officielle l'accusant du meurtre du Président ? Il peut toujours tout nier ou se taire, faire le ricaneur, mentir sur toutes les preuves, fusil, douilles, pistolet, empreintes, tout ! On tient le vrai coupable[72].

Quand ils furent informés de nouveaux éléments, les journalistes demandèrent des détails :

— Chef Curry, j'ai compris que vous avez de nouvelles informations dans cette affaire. Pourriez-vous nous dire ce que c'est ?

— Oui, confirma Curry, nous venons juste d'être informés par le Federal Bureau of Investigation, qu'il, le FBI, a un bon de commande d'une maison de vente par correspondance, et le bon a été envoyé à leur laboratoire à Washington et l'écriture sur ce bon a été comparée avec des échantillons connus de notre suspect, l'écriture d'Oswald s'est avérée être la même.

— Ce bon était pour le fusil ?

— Ce bon était pour le fusil, à une maison de vente par correspondance à Chicago. L'adresse du receveur était à Dallas, Texas,

---

[69]   Anthony Giacchino : *Lee Harvey Oswald : 48 Hours to Lives*, 2013.

[70]   Commission Warren, *Investigation of the Assassination of President John F. Kennedy Hearings Before the President's Commission on the Assassination of President Kennedy*, 1964.

[71]   Déposition de Jesse Edward Curry, chef de la police de Dallasn devant la Commission Warren.

[72]   Philippe Labro : *On a Tiré sur le Président*, 2013.

dans une boîte postale au nom d'A. Hidell, H. I. D. E. double L. C'est la boîte postale de notre suspect. Ce fusil a été envoyé par la poste le 20 mars 1963. J'ai compris qu'il a quitté Dallas peu de temps après et n'est pas revenu jusqu'à, je pense, il y a environ deux mois.

— Savez-vous à quelle date ce fusil a été commandé et êtes-vous capable de le relier avec certitude comme le fusil que vous avez saisis au dépôt de livres scolaires ?

— Nous ne l'avons pas fait jusqu'ici. Si le FBI l'a fait, il ne me l'a pas encore informé. Nous savons que cet homme a commandé un fusil identique à celui qui a été utilisé dans l'assassinat du Président à cette maison de vente par correspondance de Chicago et le FBI a certainement identifié l'écriture comme étant celle de notre suspect.

— Sur un autre sujet, j'ai cru comprendre que vous avez des photographies du suspect, Oswald, avec un fusil identique à celui qui a été utilisé. Pourriez-vous nous décrire cette photo ?

— C'est une photo d'Oswald faisant face à un appareil photo avec un fusil dans sa main qui est très semblable au fusil que nous avons en notre possession. Il a également un pistolet attaché à sa hanche. Il tient deux journaux dans sa main, dont l'un d'entre eux semble être le *Worker* et l'autre le *Militant*. Je ne sais pas si ce sont des titres ou les noms des journaux.

— Combien a coûté le fusil de la maison de vente par correspondance ?

— J'ai compris que le fusil a été annoncé pour 12,78 $, je crois.

— Avez-vous eu des résultats sur les tests balistiques effectués sur le fusil et sur Oswald ?

— Ils vont être favorables. Je n'ai pas encore de rapport formel.

— Mais vous êtes actuellement sûr qu'ils seront favorables ?

— Oui.

— Est-ce que vous pensez maintenant avoir tous les éléments, où vous allez continuer à chercher ?

— Nous continuerons tant qu'il y aura une once de preuve à recueillir. Nous avons actuellement un dossier convaincant.

— Je crois que vous avez dit plus tôt cet après-midi que vous avez un nouveau développement qui renforce le dossier. Est-ce correct ?

— C'était ce matin. Ces preuves supplémentaires renforcent le dossier.

— Mais ce n'est pas les mêmes preuves auxquelles vous vous référiez ?

— Non, c'est vrai.

— Seriez-vous disposé à dire ce que sont ces preuves ?

— Non, Monsieur. Je ne souhaite pas l'indiquer. Cela pourrait compromettre notre dossier.

— Merci beaucoup chef Curry du département de police de Dallas[73].

On demanda également à Henry Wade, le procureur du district de Dallas, s'il allait être le président de la cour qui jugerait Oswald. Celui-ci pensait que oui.

— Demanderez-vous la peine capitale ?

— Oui, la condamnation à mort.

— Combien de cas similaires avez-vous traités, c'est-à-dire où l'on demande la peine de mort ?

— Depuis que je suis procureur de district, je l'ai demandé vingt-quatre fois.

— Et combien de fois l'avez-vous obtenue ?

— Vingt-trois[74].

---

[73]   Commission Warren, *Investigation of the Assassination of President John F. Kennedy Hearings Before the President's Commission on the Assassination of President Kennedy*, 1964.

[74]   Tom Jennings : *The Lost JFK Tapes : The Assassination*, 2009.

Menace

Le téléphone sonna dans le bureau local du FBI. Il était entre 2 h 30 et 3 heures, cette nuit de samedi à dimanche. C'était un homme qui annonça qu'un comité avait décidé de « tuer l'homme qui a tué le Président ». Un appel identique fut passé au bureau du shérif. Un agent du FBI prévint donc la police de Dallas des menaces qui pesaient sur Oswald[1]. Le Bureau tenta alors d'inciter la police à effectuer le transfert à 3 heures[2].

Quand il arriva au quartier général, entre 8 h 30 et 8 h 45, Curry téléphona au shérif Decker pour discuter du transfert. Il fallait savoir si c'était la police ou le bureau du shérif qui devait opérer ce transfert. Curry était d'avis que cette opération devait revenir à la police.

Après avoir raccroché le téléphone, Curry discuta des plans pour le transfert. En raison des menaces qui pesaient sur Oswald, le chef demanda à Batchelor et au sous-chef Stevenson d'utiliser un fourgon blindé. Batchelor alla faire en sorte de trouver un fourgon. Pendant ce temps, Curry et Stevenson étudièrent l'itinéraire. On ferait sortir le suspect par le sous-sol.

Dès la veille, on avait demandé à avoir des agents supplémentaires. Ce matin-là, on décida d'ajouter des réservistes aux effectifs. Vers 9 heures, Stevenson ordonna à tous les détectives de rester dans le bâtiment pour le transfert.

Dans le même temps, les policiers vidèrent le sous-sol. Des agents de police furent placés en haut des rampes donnant sur Commerce Strcct ct Main Strcct, ainsi qu'à toutcs lcs portcs donnant accès au sous-sol. Puis, sous la direction du sergent Patrick Dean, quatorze agents fouillèrent le garage de fond en comble. Ils inspectèrent également les voitures garées, ainsi que les pièces adjacentes. On pria des ouvriers de maintenance de quitter le sous-sol.

---

[1]   Commission Warren, *Investigation of the Assassination of President John F. Kennedy Hearings Before the President's Commission on the Assassination of President Kennedy,* 1964.

[2]   William Manchester : *The Death of A President,* 1967.

Seulement après la fouille, on autorisa les journalistes à venir dans le sous-sol. On vérifia les identités des reporters. Des journalistes devaient ainsi rapporter que l'on avait vérifié leurs identités à plusieurs reprises. Néanmoins, il y eut des lacunes, puisque certains reporters ne furent pas contrôlés[3]. On expliqua ensuite aux journalistes le trajet qui devait être emprunté pour le départ d'Oswald du quartier général de la police.

— Pas d'accord, pas d'accord du tout, protesta l'un des responsables d'une télévision locale. S'il passe par là, je ne l'aurai pas dans mon angle de vue[4].

À 9 h 30, tandis que l'on signait le bon de transfert du prisonnier[5], Oswald fut ramené au bureau de Fritz. Le capitaine lui posa des questions à propos de repères qu'il avait faits sur une carte de la ville de Dallas. Oswald expliqua qu'il avait fait ces repères pour y chercher du travail. On l'interrogea également sur ses convictions religieuses, à laquelle il n'avait pas vraiment pensé. Mais il ne voyait pas de problème à parler de ce sujet.

Fritz l'interrogea également sur ses convictions politiques. Oswald répliqua n'appartenir à aucun Parti politique. Il était bien marxiste, avoua-t-il, mais pas marxiste-léniniste. Il croyait également à la révolution de Castro. Fritz demanda s'il appartenait au Parti communiste. À quoi le suspect répondit que non ; il n'avait jamais eu la carte. En revanche, déclara-t-il, il appartenait à l'organisation Fair Play for Cuba, qui militait en faveur de la révolution de Castro.

Le capitaine voulut se renseigner à propos des supposées tringles à rideau qu'il avait emporté avec lui dans un paquet, le matin de l'attentat. Oswald répondit n'avoir jamais emporté de tringles à rideau. Fritz expliqua qu'un paquet avait été mis sur la banquette arrière de la voiture de Frazier, le matin du vendredi, et que ce paquet était censé contenir des tringles à rideau. Oswald répondit n'avoir pas emmené un tel paquet ; il ne transportait que son déjeuner.

— Vous êtes allé vers le bâtiment en portant le long paquet ? insista Fritz.

— Non. Je n'ai rien porté, seulement mon déjeuner.

Le capitaine lui demanda de quelle taille était le sac.

— Je ne me rappelle pas, répondit Oswald, ça put être un petit ou un grand sac. Vous ne trouvez pas toujours un sac adapté à vos sandwichs.

---

[3]   Commission Warren, *Investigation of the Assassination of President John F. Kennedy Hearings Before the President's Commission on the Assassination of President Kennedy*, 1964.

[4]   France-Soir : *Personne ne Sait encore Pourquoi ni pour Qui Ruby a Assassiné Oswald*, Philippe Labro, 27 novembre 1963, reproduction, 25 novembre 2005.

[5]   Commission Warren, *Investigation of the Assassination of President John F. Kennedy Hearings Before the President's Commission on the Assassination of President Kennedy*, 1964.

Le capitaine déclara que son collègue Frazier et la sœur de celui-ci l'avaient vu avec un grand paquet.

— Ils peuvent confondre avec une autre fois qu'il m'a pris, répliqua Oswald.

Fritz voulut savoir pourquoi, alors qu'il retournait à Irving le week-end, Oswald avait-il bousculé son habitude et s'y était rendu le jeudi soir. Le capitaine voulut encore savoir ce qu'il faisait pendant l'attentat. Il mangeait un sandwich au fromage avec un fruit, répondit le suspect. Il y avait un type avec lui, un gars qu'on surnommait Junior, et un autre homme dont il ne se rappelait pas du nom. Il s'agissait tout deux d'employés du dépôt.

Comme des morceaux de poulet avaient été retrouvés à l'étage d'où étaient partis les coups de feu, le capitaine voulut se renseigner sur ce sujet. Mais Oswald n'avait pas emmené de poulet. Ce que confirma Mme Paine qui n'en n'avait pas dans son frigo.

Fritz l'interrogea à propos du nom de Hidell et d'une adresse à Neely Street, à laquelle aurait été reçu le fameux fusil. Oswald nia tout lien avec cette adresse. Fritz l'interrogea encore à propos de la photo le montrant avec le fusil. Le suspect continua à nier, affirmant ne pas connaître cette photo. Il réitéra sa conviction qu'il s'agissait d'un trucage.

Fritz lui demanda depuis quand il disposait du pistolet qu'il avait sur lui quand il avait été arrêté. Il l'avait acheté à Fort Worth, il y avait 6 ou 7 mois. Le capitaine lui demanda s'il avait acheté le fusil au magasin Klein's de Chicago. Oswald nia :

— Comment est-ce que je pourrais me permettre de commander un fusil avec mon salaire d'un dollar quinze de l'heure ?

Fritz lui demanda s'il possédait un fusil. Oswald répondit par la négative, mais qu'il en avait possédé un il y avait longtemps. Le capitaine lui demanda s'il conservait un fusil dans une couverture, dans le garage de Mme Paine. Le suspect nia. Fritz lui demanda s'il avait tiré sur le Président Kennedy. Non, répondit Oswald. Avait-il tiré sur le gouverneur Connally ? Oswald répondit qu'il ne l'avait pas fait et qu'il n'avait pas tiré non plus sur l'officier Tippit[6].

Vers 10 h 20, le chef Curry joignit les journalistes et leur expliqua qu'Oswald serait transféré dans un fourgon blindé. Il expliqua également les précautions de sécurité qui avaient été prises.

Vers 11 heures, le sous-chef Stevenson demanda au capitaine O. A. Jones, du bureau de contrefaçon, d'emmener tous les détectives disponibles au sous-sol.

---

6   Déposition de John Will Fritz, capitaine du bureau d'homicide et vol, devant la Commission Warren.

Personne ne fut informé de l'itinéraire qui serait pris. Même le conducteur du fourgon blindé fut maintenu dans l'ignorance jusqu'à l'arrivée du véhicule, à 11 h 07[7].

À 11 heures, Mme Connally, l'épouse du gouverneur blessé dans l'attentat, fit une déclaration à la presse depuis l'hôpital Parkland :

— Le gouverneur Connally m'a demandé d'exprimer aux habitants du Texas, à la nation et au monde entier notre profonde douleur pour la tragédie horrible qui a touché le Président Kennedy dans l'une de ses journées les plus heureuses. Le gouverneur et moi-même demandons à tous les Texans d'observer un jour de deuil, lundi prochain, en mémoire du Président[8].

Pendant ce temps, Jim Pomeroy, du bureau des admissions, prévoyait un attentat contre le suspect de l'assassinat du Président. En observant la foule réunie devant le quartier général de la police, il se prépara à une action violente. Il ordonna alors au personnel de se préparer à toute urgence. Trois salles d'urgences furent ainsi accommodées[9].

Dans le même temps, le capitaine Fritz chargea les officiers Dhority, Brown et Beck de descendre au sous-sol pour mettre en place les voitures qui seraient utilisées dans le transfert. Beck était chargé de conduire le véhicule placé en tête du cortège. Le convoi devait emprunter le côté est de Commerce Street jusqu'à Preston, puis remonter au nord jusqu'à Main et partir sur l'ouest jusqu'à la prison du comté.

Une fois au sous-sol, les officiers s'empressèrent à la mise en place des voitures, mais rencontrèrent certaines difficultés en raison de la présence des journalistes et de leurs caméras[10].

L'interrogatoire d'Oswald se poursuivit jusqu'à 11 h 15. Fritz n'était pas favorable à la présence de la presse lors de ce transfert, et plus particulièrement à l'installation qui avait été faite pour l'occasion. « J'avais peur que nous ne pourrions pas sortir de la prison avec lui avec toutes ces caméras et toutes ces personnes dans le bureau de la prison. »

Quand le chef Curry arriva et demanda s'ils étaient prêts pour opérer le transfert, Fritz se plaignit de tout le dispositif médiatique qui

7 Commission Warren, *Investigation of the Assassination of President John F. Kennedy Hearings Before the President's Commission on the Assassination of President Kennedy*, 1964.

8 Tom Jennings : *The Lost JFK Tapes : The Assassination*, 2009.

9 William Manchester : *The Death of A President*, 1967.

10 The Portal to Texas History : *Report on Officier's Duties in Regards to Oswald's Murder. E. R. Beck #45.* http://texashistory.unt.edu/ark :/67531/metapth338658/? q= %22Ruby%2C%20Jack%22

avait été déployé dans le sous-sol[11]. Le capitaine aurait préféré laisser les journalistes attendre dans le sous-sol, pendant qu'Oswald serait sorti par une autre porte. L'agent du Secret Service Forrest Sorrels n'était pas non plus favorable à un transfert médiatisé. Il avait même fait la requête à Fritz de transférer Oswald à un moment inattendu, de manière à ce qu'il n'y ait pas de foule autour[12].

— Nous sommes prêts, si la sécurité est prête, lâcha néanmoins Fritz.

— Ils sont tous réunis, répondit Curry. Les gens sont dans la rue et les journalistes sont dans le garage. Ils sont regroupés. Nous avons pris le fourgon blindé pour le placer dedans.

— Eh bien, chef, je n'aime pas l'idée de le transférer dans le fourgon blindé, répliqua Fritz qui ignorait jusque-là tout à propos du fourgon.

— C'est exact, convint Curry. Transférez-le dans votre voiture si vous voulez et nous utiliserons le fourgon blindé comme leurre et j'aurai un peloton pour l'emmener jusqu'à l'autoroute urbaine centrale par Elm Street, et vous pouvez tourner en bas de Main Street pour aller à la prison du comté.

Déjà menotté, on rajouta une paire de menottes pour lier la main droite d'Oswald à la main gauche du policier Jim Leavelle. Montgomery se plaça à la gauche du suspect. Un inspecteur du nom de Swain se proposa de les aider[13]. Alors qu'ils se trouvaient toujours à l'un des étages supérieur, Leavelle donna son opinion au suspect :

— Si on tire sur toi, j'espère que ce sera quelqu'un d'aussi adroit que toi.

— Personne ne va tirer sur moi, répondit Oswald après avoir ricané[14].

Le groupe prit l'ascenseur. Quand l'appareil arriva au sous-sol Swain fut le premier à en sortir. Il était suivi de Fritz, puis de Leavelle et de Montgomery encadrant le suspect.

Le groupe arriva à la porte les menant directement au garage. On alluma une série de projecteurs. Fritz demanda aux agents présents si la zone avait été sécurisée. Deux d'entre eux confirmèrent que oui.

Swain et Fritz firent d'abord leur apparition dans le sous-sol[15]. Le premier précédait le second de quelques pas. Un long coup de klaxon se

---

[11]   Déposition de John Will Fritz, capitaine du bureau d'homicide et vol, devant la Commission Warren.

[12]   Commission Warren, *Investigation of the Assassination of President John F. Kennedy Hearings Before the President's Commission on the Assassination of President Kennedy*, 1964.

[13]   Déposition de John Will Fritz, capitaine du bureau d'homicide et vol, devant la Commission Warren.

[14]   William Manchester : *The Death of A President*, 1967.

[15]   Déposition de John Will Fritz, capitaine du bureau d'homicide et vol, devant la Commission Warren.

fit soudain entendre[16]. Encadré de Leavelle et Montgomery, Oswald arriva alors[17]. Un second coup de klaxon se fit entendre, plus bref que le premier. C'était la voiture qui devait transporter Oswald qui indiquait qu'elle approchait[18]. On comptait de 40 à 50 journalistes présents dans le garage. Ils étaient surveillés par 70 à 75 policiers.

La scène se passa alors très vite. Il était 11 h 21[19]. Bousculant au passage le journaliste François Pelou[20], un homme émargea de la foule de reporters. Il s'approcha d'Oswald en levant le bras droit[21] et en criant :

— Tu as tué le Président, salaud ![22]

Sur quoi, il fit feu à bout portant dans l'abdomen du suspect[23]. Plaçant sa main droite presque au niveau de la blessure et sa main gauche au niveau de la poitrine, Oswald ouvrit la bouche sous la crispation et la douleur[24]. Il poussa un cri et s'effondra sur lui-même[25].

— Enfant de p…, cria un inspecteur en civil[26].

Les policiers entourant le suspect repoussèrent légèrement le tireur. Mais celui-ci fit un pas en avant et tenta de se pencher sur sa victime, comme s'il voulait lui tirer dessus une seconde fois, comme s'il voulait s'assurer de sa mise à mort. Il fut néanmoins maîtrisé et emporté sur le côté[27]. Les lieutenants Swain et Deck firent barrage pour retenir la foule de journalistes en arrière[28].

---

[16] JFK1963NewsVideos : *KRLD-TV Footage of the Oswald Shooting*, https://www.youtube.com/watch ? v=m5khMFFKslw

[17] Déposition de John Will Fritz, capitaine du bureau d'homicide et vol, devant la Commission Warren.

[18] JFK1963NewsVideos : *KRLD-TV Footage of the Oswald Shooting*, https://www.youtube.com/watch ? v=m5khMFFKslw

[19] Commission Warren, *Investigation of the Assassination of President John F. Kennedy Hearings Before the President's Commission on the Assassination of President Kennedy*, 1964.

[20] Interview par Valérie Mielnicki de François Pelou, assurant à New York de la couverture sportive pour l'Agence France Press, envoyé spécial à Dallas, mai 2010, reproduit dans *AFP, Making-of / Les Coulisses de l'Info*, Paola Juvénal. http://blogs.afp.com/makingof/? post/2013/11/14/Dallas%2C-22-novembre-1963#. UozjhsR0k-O

[21] Photographie prise par Jack Beers Jr du *Dallas Morning News*.

[22] William Manchester : *The Death of A President*, 1967.

[23] JFK1963NewsVideos : *KRLD-TV Footage of the Oswald Shooting*, https://www.youtube.com/watch ? v=m5khMFFKslw

[24] Photographie prise par Bob Jackson.

[25] David Von Pein's JFK Channel : *Lee Harvey Oswald is Shot (NBC-TV Video Footage)*. https://www.youtube.com/watch ? v=NQpoHclNwTk

[26] France-Soir : *Il a un Tempérament Coléreux*, Philippe Labro, 27 novembre 1963, reproduction, 25 novembre 2005.

[27] JFK1963NewsVideos : *KRLD-TV Footage of the Oswald Shooting*, https://www.youtube.com/watch ? v=m5khMFFKslw

[28] The Portal to Texas History : *Report on Officier's Duties in Regards to Oswald's Murder. E. R. Beck #45.* http://texashistory.unt.edu/ark :/67531/metapth338658/? q= %22Ruby%2C%20Jack%22

— On lui a tiré dessus ! On lui a tiré dessus ! cria un reporter dans son micro. Lee Oswald a été abattu ![29]

Avec quelques difficultés, les policiers parvinrent à saisir l'arme du tireur[30].

— Mais je suis Jack Ruby. Vous me connaissez tous, s'exclama-t-il[31].

Oswald fut transporté à l'écart et on l'allongea sur le sol. On emmena ensuite le tireur dans un bureau[32]. Un détective pratiqua une respiration artificielle sur Oswald, ce qui aggrava l'hémorragie[33].

On fit venir une ambulance de laquelle on sortit une civière. Les journalistes étaient encore présents quand on revint avec Oswald allongé sur la civière. Son bras gauche traînait sur le sol. La civière fut installée à l'arrière de l'ambulance[34]. Leavelle, Graves et Dhority embarquèrent également dans le véhicule. Fritz, quant à lui, embarqua avec Montgomery et Brown dans la voiture conduite par Beck[35].

Mais avant que l'ambulance ne pût quitter les lieux, il fallut déplacer le fourgon blindé qui obstruait la sortie. Le fourgon était à peine parti que l'ambulance quitta les lieux en faisant tourner son gyrophare. Le véhicule de secours fut suivi de quelques mètres par une voiture de police. Certains journalistes embarquèrent dans des automobiles pour suivre l'ambulance.

Dans le sous-sol, les journalistes firent cercle autour d'un policier pour lui poser des questions :

— Vous avez vu son visage ?

— Oui, Monsieur, répondit le policier.

— Vous le connaissez ?

— Oui, Monsieur.

— Il habite à Dallas, pas vrai ?

— Oui, Monsieur, absolument, mais je ne dirai rien de plus[36].

Selon Philippe Labro, un détective aurait bien remarqué la présence du tireur dans le sous-sol cinq minutes avant qu'il ne fasse feu sur Oswald et lui aurait demandé :

---

[29] David Von Pein's JFK Channel : *Lee Harvey Oswald is Shot (NBC-TV Video Footage)*. https://www.youtube.com/watch ? v=NQpoHclNwTk

[30] JFK1963NewsVideos : *KRLD-TV Footage of the Oswald Shooting*, https://www.youtube.com/watch ? v=m5khMFFKslw

[31] William Manchester : *The Death of A President*, 1967.

[32] Déposition de John Will Fritz, capitaine du bureau d'homicide et vol, devant la Commission Warren.

[33] William Manchester : *The Death of A President*, 1967.

[34] JFK1963NewsVideos : *KRLD-TV Footage of the Oswald Shooting*, https://www.youtube.com/watch ? v=m5khMFFKslw

[35] The Portal to Texas History : *Report on Officier's Duties in Regards to Oswald's Murder. E. R. Beck #45*. http://texashistory.unt.edu/ark :/67531/metapth338658/? q=%22Ruby%2C%20Jack%22

[36] JFK1963NewsVideos : *KRLD-TV Footage of the Oswald Shooting*, https://www.youtube.com/watch ? v=m5khMFFKslw

— Eh, Jack ! Qu'est-ce que tu fais ici ?

— Je viens faire l'interprète pour la presse juive ! aurait répondu Ruby[37].

Lee Oswald fut emmené au Parkland Memorial Hospital. Des journalistes étaient déjà présents pour filmer la scène. Dans un couloir, les policiers empêchèrent les reporters d'aller plus loin[38]. On poussa le brancard en direction de la salle des urgences n° 1. Mais un médecin fit comprendre qu'il s'agissait là d'un acte indécent. C'était dans cette salle que le Président Kennedy était mort deux jours plus tôt. Oswald fut alors emmené dans la salle des urgences n° 2[39].

Quand il apprit que l'on avait attenté à la vie d'Oswald, le docteur McClelland se précipita à Parkland. Il y arriva en même temps que le blessé. Il s'employa alors pour tenter de lui sauver la vie. Le chirurgien constata que la balle avait endommagé une grosse aorte, mais Oswald était encore en vie. Néanmoins, au bout de 25 minutes, son cœur cessa de battre. Pensant pouvoir faire repartir le cœur, les médecins s'activèrent à effectuer un massage cardiaque pendant 15 ou 20 minutes[40].

À 13 h 08, heure de Washington, 12 h 08, heure de Dallas, une prolonge d'artillerie quitta la Maison-Blanche. Mme Kennedy apparut avec ses deux enfants à ses côtés : une petite fille qui aurait six ans deux jours plus tard et un petit garçon qui n'aurait trois ans que le lendemain. Tout en gardant la dignité sous une expression de douleur, celle que l'on appelait familièrement Jackie frappa les consciences[41].

Sous des roulements de tambour, le cortège funèbre quitta la Maison-Blanche et remonta Pennsylvania Avenue. Il avait été décidé que la cérémonie se calquerait sur celle d'Abraham Lincoln, enterré presque un siècle auparavant. Enveloppé par la bannière étoilée, le cercueil fut posé sur une prolonge d'artillerie tirée par six chevaux. Des marins étaient placés en amont et en aval de la prolonge d'artillerie. Un cheval noir suivait[42]. On lui avait donné le nom de Black Jack, le surnom que

---

[37] France-Soir : *Il a un Tempérament Coléreux*, 27 novembre 1963, Philippe Labro, reproduction, 25 novembre 2005.

[38] Tom Jennings : *The Lost JFK Tapes : The Assassination*, 2009.

[39] William Manchester : *The Death of A President*, 1967.

[40] Interview Robert McClelland, chirurgien à Parkland Memorial Hospital, par MetroNews : MetroNews : *Le Chirurgien de JFK "Convaincu qu'il y avait Plusieurs Tireurs"*, 20 novmebre 2013, mis à jour 22 novembre 2013. http://www.metronews.fr/info/kennedy-le-chirurgien-de-jfk-convaincu-qu-il-y-avait-plusieurs-tireurs/mmkt ! DLYMSEOhuwB9 g/

[41] William Manchester : *The Death of A President*, 1967.

[42] Steve Forbes : *JFK Funeral Part 1 of 3*. https://www.youtube.com/watch ? v=NuJjaOKITn4

portait le défunt père de la Première Dame[43]. Les membres du gouvernement suivaient à bord de voitures[44].

Le cortège funèbre arriva au Capitole à 13 h 52[45]. Tout le monde sortit des véhicules[46]. On fit tirer la salve d'honneur : 21 coups de canon retentirent d'un parc non loin[47]. Pendant ce temps, on entonna la *Marche Présidentielle* qui fut jouée à un rythme lent[48]. Le visage de la Première Dame se crispa légèrement de douleur, et elle baissa la tête. Mme Kennedy se tenait avec ses deux enfants et son beau-frère, l'attorney général.

Puis, quand le *Salut au Chef* prit fin, on entonna *Eternal Father, Strong to Save*, l'hymne de la Navy. Au même moment, quelques marins vinrent rejoindre d'autres qui étaient près de la prolonge d'artillerie. Neuf personnes soulevèrent le cercueil de la prolonge d'artillerie et grimpèrent les marches de la Rothonde. Une fois à l'intérieur, le cercueil fut posé sur le catafalque[49].

Pendant ce temps, à l'hôpital Parkland, les médecins constatèrent que leurs efforts étaient vains. À 13 h 07, heure de Dallas, Lee Harvey Oswald était déclaré mort[50]. Les médecins finirent par tenir une conférence de presse.

— Docteur, il est vivant ? demanda un journaliste.

— Non, il est…

— Laissons parler le docteur, déclara un reporter à toutes les personnes en train de discuter.

— Quand est-il mort, docteur ?

— Il est décédé à 13 heures ; à 13 h 07, heure locale ; d'une blessure causée par une arme à feu.

— Vous pouvez nous dire quelque chose de ces derniers moments en salle d'opération ?

— Il y a eu des convulsions. Il a eu un arrêt cardiaque à cause de la perte de sang considérable et la profondeur de la blessure. Dans les dernières minutes nous avons tenté de le réanimer. Massage à cœur

---

43   William Manchester : *The Death of A President*, 1967.

44   Steve Forbes : *JFK Funeral Part 1 of 3*. https://www.youtube.com/watch ? v=NuJjaOKITn4

45   William Manchester : *The Death of A President*, 1967.

46   Steve Forbes : *JFK Funeral Part 1 of 3*. https://www.youtube.com/watch ? v=NuJjaOKITn4

47   William Manchester : *The Death of A President*, 1967.

48   D'un rythme habituel de 120 battements par minutes, *La Marche Présidentielle* fut jouée ce jour-là à un rythme de 86 bpm.

49   Steve Forbes : *JFK Funeral Part 1 of 3*. https://www.youtube.com/watch ? v=NuJjaOKITn4

50   Commission Warren, *Investigation of the Assassination of President John F. Kennedy Hearings Before the President's Commission on the Assassination of President Kennedy*, 1964.

ouvert, défibrillation électrique, défibrillation interne, mais à la fin, il ne donnait plus aucun signe de vie. Pupilles fixes, dilatées et inerte, aucun signe vital[51].

Marina Oswald était dans une voiture qui l'emmenait au « centre de détention de Dallas » où elle devait y voir son mari. Soudain, la radio annonça l'attentat. « Je n'en ai jamais voulu à Jack Ruby, déclara-t-elle plus tard. J'ai demandé au juge de ne pas le condamner à mort, car je pardonnais son geste. Cet homme aimait profondément le Président. Je pouvais comprendre sa réaction[52]. »

Quand elle apprit la mort de son fils, Marguerite Oswald déclara que celui-ci travaillait en fait pour le gouvernement américain. Elle exclama son opinion selon laquelle il devait être enterré au cimetière national d'Arlington.

— Tais-toi, mère ! répliqua sèchement Robert.

En fait, la majorité des Américains réprouvaient l'assassinat d'Oswald.

— Une chose abominable en plus, souffla la Première Dame.

— C'est dommage que ce type, là-bas, à Dallas, ait été abattu, commenta l'attorney général et frère du Président assassiné[53].

Il y eut pourtant des manifestations de soutien à l'égard de Ruby, comme à Miami en Floride, pour demander sa libération[54]. Deux personnes, Jim Stone et Virginia Ditullio, envoyèrent conjointement un télégramme à Ruby pour le féliciter : « Vous avez accompli quelque chose que des millions de personnes à travers le monde auraient aimé faire. Ce faisant, vous avez gagné vous-même une place dans l'histoire de ce grand pays. Je peux vous assurer que tout le monde aux U. S. me rejoint en disant "Merci à vous[55]." » Un certain Stuart Watson télégraphia lui aussi son soutien[56]. Une personne anonyme écrivit quant à elle une lettre de menace au procureur Wade, pour lui demander de libérer Ruby[57].

---

[51]   Tom Jennings : *The Lost JFK Tapes : The Assassination*, 2009.

[52]   Paris-Match : *Marina, Retour à Dallas*, interview réalisée par Charles Magistry, dossier : *Il y a Juste Trente Ans. Ce Jour-là à Dallas*, novembre 1993.

[53]   William Manchester : *The Death of A President*, 1967.

[54]   Matthew White : *The Murder of JFK : A Revisionist History*, 1999.

[55]   The Portal to Texas History : Télégramme de félicitation et de remerciement adressé par Jim Stone et Virginia Ditullio à Jack Ruby. http://texashistory.unt.edu/ark :/67531/metapth338191/? q=%22Assassination%20--%20Investigation%20--%20Dallas%20 %28Tex.%29 %22

[56]   The Portal to Texas History : Télégramme de soutien adressé par Stuart Watson à Jack Ruby. http://texashistory.unt.edu/ark :/67531/metapth338944/? q= %22Assassination%20--%20Investigation%20--%20Dallas%20 %28Tex.%29 %22

[57]   The Portal to Texas History : Lettre de menace à l'encontre du procureur Henry Wade. http://texashistory.unt.edu/ark :/67531/metapth338651/m1/1/? q=%22Ruby,%20Jack%22

Dix minutes après la mort d'Oswald, à 14 h 17, heure de Washington, Mme Kennedy et sa fille s'approchèrent du catafalque[58]. L'ancienne Première Dame appliqua d'abord la main gauche sur le cercueil et s'agenouilla. La petite fille toucha le drapeau recouvrant le cercueil en tournant le visage vers sa mère, qui posait maintenant les deux mains et embrassa la bannière étoilée. Puis, après s'être redressée, et en tenant sa fille par la main, Mme Kennedy s'éloigna du cercueil[59].

À 13 h 30, à Dallas, le chef Curry alla trouver les journalistes encore présents dans le quartier général de la police et leur annonça[60] :

— Oswald est décédé à 13 h 07.

— Il est mort ? demanda un reporter.

— Il est mort à 13 h 07, confirma Curry. Nous avons arrêté l'assassin. Cet homme sera accusé de meurtre.

— Qui est-il ?

— Il s'agit... le nom du suspect est Jack Rubenstein, à ce qui semble. Il se fait appeler Jack Ruby. Je n'ai rien d'autre à ajouter[61].

« Quand on a su qui était Jack Ruby, toute l'histoire est devenue extrêmement suspecte, devait rapporter 50 ans après les faits le journaliste Paul Mathias. [...] Né dans le ghetto de Chicago, il a mené une existence de marginal, toujours en délicatesse avec la police. Il avait des rapports avec de petits gangsters, avec des boîtes de nuit de troisième ordre, avec des boxeurs de seconde classe, bref avec ce que l'on appelle le "milieu".

« [...] Dans ses deux clubs de strip-tease, le Carousel et le Vegas, les policiers en civil pouvaient s'arrêter pour prendre un verre. Toute la police connaissait Ruby et toutes les filles connaissaient Ruby, et pourtant même à Dallas, et en dépit de ses relations, Ruby avait des ennuis avec la police[62]. »

Les journalistes interrogèrent des policiers pour tenter d'en savoir davantage.

— Ruby non... il n'a aidé en rien notre travail en tirant sur Oswald, déclara Jim Leavelle.

— Vous l'avez reconnu quand vous l'avez vu arriver ? demanda le reporter qui l'interviewait.

---

58   William Manchester : *The Death of A President*, 1967.

59   Steve Forbes : *JFK Funeral Part 1 of 3*. https://www.youtube.com/watch ? v=NuJjaOKITn4

60   Commission Warren, *Investigation of the Assassination of President John F. Kennedy Hearings Before the President's Commission on the Assassination of President Kennedy*, 1964.

61   Tom Jennings : *The Lost JFK Tapes : The Assassination*, 2009.

62   Paris-Match : *Assassinat de JFK. En 1963, la Contre-Enquête de Paris-Match à Dallas*, Paul Mathias, 22 novembre 2013. http://www.parismatch.com/Actu/International/En-1963-la-contre-enquete-de-Paris-Match-a-Dallas-537869

— Oui, je connaissais Jack Ruby depuis plusieurs années et je l'ai reconnu dès qu'il s'est séparé de la foule[63].

— Ruby a couvert de honte les habitants de Dallas, devait dire le maire de la ville[64].

À l'annonce de l'inculpation de Ruby pour le meurtre d'Oswald, et tandis que les policiers entouraient le tireur dans un couloir pour le mener dans une salle, un speaker faisait savoir en direct : « L'accusation de meurtre contre le propriétaire d'une boîte de nuit de Dallas, Jack Ruby, vient d'être formulée. Mais on spécule énormément sur le motif qui l'a poussé à tuer Oswald, en admettant que ce soit lui. Une seule chose apparaît claire pour l'instant : aucun agent de la centrale de la police locale ne croit que Jack Ruby ait tué Oswald Lee par ferveur patriotique. S'il s'avère que c'est bien lui l'assassin, il aura agit pour une raison bien différente : le faire taire[65]. »

---

[63] Tom Jennings : *The Lost JFK Tapes : The Assassination*, 2009.

[64] Frédéric Pottecher : *Dallas : l'Affaire Ruby*, 1971.

[65] Tom Jennings : *The Lost JFK Tapes : The Assassination*, 2009.

Ruby

Le meurtre de Lee Harvey Oswald par Jack Ruby entraîna de nombreuses questions. Avait-on cherché à faire taire Oswald ? Comment Ruby avait-il réussi son coup ? Les deux hommes se connaissaient-ils ? Y avait-il eu une collusion ?

Le général d'armée Maxwell Taylor, président du Comité des Chefs d'État-Major, devait dire plus tard : « Je fus certain que l'assassinat d'Oswald par Ruby éveillerait des soupçons : on allait croire qu'il s'agissait de faire disparaître quelque chose[1]. »

Ce fut une impression immédiate. L'ancien porte-parole du Président Eisenhower, Jim Haggard, estima sur l'antenne d'ABC News, dont il était désormais le vice-président :

— Il s'agit sans conteste d'une terrible tragédie et d'un complot soigneusement planifié[2].

À Dallas, lors d'une conversation téléphonique, Jerry Behn, du Secret Service, fit part de son opinion à Forrest Sorrels :

— C'est un complot.

— Évidemment, répondit simplement Sorrels[3].

« Ce crime est d'autant plus suspect qu'il a été commis à l'intérieur même des locaux de la police et qu'il a pu être filmé par les caméras de la télévision, rapporta *Le Monde*. La disparition d'un suspect qui persistait à nier les charges peu convaincantes retenues contre lui pourrait évidemment permettre de camoufler certains aspects troublants d'un assassinat politique dont les conséquences risquent toujours d'être exploitées à des fins douteuses[4]. »

Il était évident que Ruby connaissait de nombreux policiers de Dallas. Aux dires de Labro, la brigade des mœurs se rendait « vérifier

---

[1] William Manchester : *The Death of A President*, 1967.

[2] Conspiratus Ubiquitus : *Evidence of Revision : the Assassinations of Kennedy and Oswald*, 2011.

[3] Commission Warren, *Investigation of the Assassination of President John F. Kennedy Hearings Before the President's Commission on the Assassination of President Kennedy*, 1964.

[4] Extrait de *Le Monde*, repris dans *Dallas : l'Affaire Ruby*, Frédéric Pottecher, 1971.

tous les soirs si tout allait bien dans son club[5] ». Dans l'édition du 27 novembre suivant du journal *France-Soir*, le journaliste dressa comme portrait un « indicateur de police, l'ami des voyous et des strip-teaseuses[6] ».

On déterrait également des liens entre Jack Ruby et la Mafia. « Mais ce qu'on dit maintenant, c'est que Ruby était jusqu'au cou dans "Cosa Nostra" » rapporta *Paris-Match*[7].

Ce qui ne fut rendu public que bien plus tard, sont les liens qu'avait entretenus la famille Kennedy avec la mafia. La fortune de la famille Kennedy venait en grande partie de l'époque de la prohibition, par la vente illégale d'alcool. Le père du Président avait travaillé avec de grands noms de la pègre, comme Frank Costello et Joseph "Doc" Stacher. Ce qui ne se savait pas à l'époque dans le grand public, c'est que la mafia avait aidé John Kennedy à devenir Président des États-Unis. « Sans la pègre, Kennedy aurait probablement perdu les élections » devait estimer dans un documentaire G. Robert Blakey, qui avait été le conseiller principal du House Select Committee on Assas-sinations[8].

Journaliste au *Wall Street Journal*, Roscoe Born avait enquêté durant cinq semaines en 1960, sur les liens entre le candidat Kennedy et Sam Giancana, le parrain de la pègre de Chicago[9]. Il découvrit que des représentants de Kennedy avaient donné de l'argent « afin de contrôler les appareils politiques locaux ». Néanmoins, il ne put jamais sortir son histoire, puisque son journal exigeait les « dates des échanges à un endroit donné, un moment donné, déclarations signées, certifiées exacts à l'appui[10] ».

Maîtresse à la fois de Kennedy et de Giancana, la comédienne Judith Campbell avait fait savoir que le candidat lui avait demandé de porter un paquet au gangster. Elle avait donc pris le train pour joindre Giancana qui l'attendit à la gare, sachant visiblement qu'il allait recevoir le paquet[11].

---

[5]   France-Soir : *Il a un Tempérament Coléreux*, 27 novembre 1963, Philippe Labro, reproduction, 25 novembre 2005.

[6]   France-Soir : *Personne ne Sait encore Pourquoi ni pour Qui Ruby a Assassiné Oswald*, Philippe Labro, 27 novembre 1963, reproduction, 25 novembre 2005.

[7]   Paris-Match : *Notre Reporter à Dallas : c'est Devenu une Ville pour Fantomas*, Paul Mathias, dossier : *Kennedy : un Numéro Historique*, 7 décembre 1963.

[8]   Témoignage de G. Robert Blakey, conseiller principal de l'United States House Select Committee on Assassinations (HSCA), repris dans *La Face Cachée des Kennedy*, Thomas Johnson, 2000.

[9]   Thomas Johnson : *La Face Cachée des Kennedy*, 2000.

[10]   Témoignage de Roscoe C. Born, journaliste au *Wall Street Journal*, repris dans *La Face Cachée des Kennedy*, Thomas Johnson, 2000.

[11]   Témoignage de Judith Katherine Inmoor, dite Judith Campbell Exner, maîtresse du Président Kennedy et de Sam Giancana, parrain de la mafia de Chicago, repris dans *The Kennedys* 1 et 2, série : *American Experience*, James A. DeVinnet et David Espar , 1992.

Par la pose de micros dissimulés dans un téléphone, le FBI fut informé de l'aide fournie par Giancana à Kennedy[12].

Le plan était que Giancana mit « des hommes dans tous les arrondissements des circonscriptions de Chicago, notamment dans le secteur ouest » avec des voitures mises à « disposition afin que le maximum de gens en faveur de Kennedy puisse se rendre aux bureaux de vote ». « Et c'est comme ça que Kennedy à gagner les élections dans l'Illinois et à Chicago » devait rayer un avocat de la mafia[13].

L'attorney général avait ensuite mené une guerre ouverte contre la mafia : « Le crime organisé est présent dans toutes les grandes villes américaines et son pouvoir augmente d'année en année. Nous devons faire cesser la corruption des fonctionnaires dans les grandes villes[14]. »

En 1961, comme il ne put faire inculper Carlos Marcello, le parrain de la Louisiane, l'attorney général le fit déporter au Guatemala. Néanmoins, Marcello parvint à revenir aux États-Unis par le biais d'un pilote nommé David Ferrie[15], ce même Ferrie que le procureur Garrison soupçonnerait d'être impliqué dans le complot visant à assassiner le Président[16]. D'ailleurs, il existait une photo datante de 1955, montrant un groupe de jeunes hommes de la Civil Air Patrol, dont le chef était Ferrie. L'un des jeunes hommes présents était Lee Harvey Oswald[17]. Cependant, même s'il était prouvé que Ferrie et Oswald avaient été en lien par le passé dans la Civil Air Patrol, cette photo ne pouvait prouver que les deux hommes avaient gardé des contacts.

Néanmoins, pendant ce temps, la CIA se lia avec la mafia pour éliminer Fidel Castro. Robert Maheu, ancien agent du FBI, fut recruté par la CIA. Sa mission était de jouer les intermédiaires entre l'Agence et la pègre. Maheu se lia ainsi, à Las Vegas, à John Roselli, qui l'introduit ensuite auprès de Giancana, associé à Santos Trafficante, l'ancien parrain de La Havane.

Le fait que le Président avait comme maîtresse Judith Campbell, qui couchait également avec Giancana, risquait de faire dévoiler les opérations secrètes menées contre Castro. De fait, l'Attorney General s'attaqua à Giancana. Mais il ne put le faire inculper ; il décida alors de procéder à un harcèlement. Le parrain fut ainsi surveillé 24 heures sur 24 par des agents du FBI[18].

---

[12] Témoignage de Cartha DeLoach, directeur adjoint du FBI sous J. Edgar Hoover, repris dans *La Face Cachée des Kennedy*, Thomas Johnson, 2000.

[13] Témoignage de Robert McDonnell, avocat de la mafia, repris dans *La Face Cachée des Kennedy*, Thomas Johnson, 2000.

[14] Déclaration de Robert Francis Kennedy, attorney général, repris dans *Did the Mob Kill JFK ?*, Elizabeth Fischer (Executive Producer), 2009.

[15] Elizabeth Fischer (Executive Producer) : *Did the Mob Kill JFK ?*, 2009.

[16] Jim Garrison : *On the Trail of the Assassins*, 1988. Jim Garrison : *On the Trail of the Assassins*, 1988.

[17] Elizabeth Fischer (Executive Producer) : *Did the Mob Kill JFK ?*, 2009.

[18] Peter Collier et David Horowitz : *The Kennedy*, 1984.

Durant l'enquête menée par le House Select Committee on Assassinations, le FBI fournit des centaines d'heures d'enregistrement des parrains de la mafia qui avaient été réalisées dans tout le pays durant l'année 1963. Dans une conversation enregistrée à Philadelphie, le parrain de la ville, Angelo Bruno, discuta avec d'autres gros bonnets :

— On doit butter Kennedy. Le grand et le petit[19].

La version du Président tué par la Mafia était la thèse de certains membres de la famille de Sam Giancana. Néanmoins, dans la version du neveu et du frère du gangster, on avait l'impression que c'était le mafieux qui dirigeait secrètement les États-Unis. Et on avait également l'impression que c'était Giancana qui avait décidé de faire tuer le Président[20].

On soupçonna également Carlos Marcello, le parrain de La Nouvelle-Orléans. Celui-ci avait été incarcéré à la prison fédérale de Texarkana, au Texas. Jack Van Laningham, détenu dans cette même prison[21] pour huit ans, après avoir été reconnu du braquage de banques, rapporta s'être lié d'amitié avec le parrain.

Au dire de Laningham, Marcello aurait expliqué qu'Oswald était un homme du parrain, et qu'il aurait dû être tué durant son arrestation. Ruby était lui aussi un de ses hommes, et qu'il lui devait beaucoup[22].

Selon Thierry Lenttz, auteur de *L'Assassinat de John F. Kennedy*, Ruby était un proche ami de Joseph Civello, un lieutenant de Carlos Marcello à Dallas. En 1977, le *New York Times* rapporta qu'un motel de Miami avait servi de cadre à, au moins, deux réunions entre Ruby et le mafieux John Roselli à l'automne 1963[23].

Même si elle pourrait expliquer l'assassinat, la thèse Oswald travaillant pour Marcello rencontre des difficultés lorsque l'on prend en compte le séjour du suspect en URSS.

---

[19]   Témoignage de G. Robert Blakey, conseiller principal de l'United States House Select Committee on Assassinations (HSCA), repris dans *Did the Mob Kill JFK ?*, Elizabeth Fischer (Executive Producer), 2009.

[20]   Samuel Giancana et Chuck Giancana : *Double Cross : the Explosive, Inside Story of the Mobster who Controlled America*, 1992.

[21]   Elizabeth Fischer (Executive Producer) : *Did the Mob Kill JFK ?*, 2009.

[22]   Témoignage de Jack Van Laningham, détenu de la prison fédérale de Texarkana, Texas, devenu indicateur du FBI, repris dans *Did the Mob Kill JFK ?*, Elizabeth Fischer (Executive Producer), 2009.

[23]   Thierry Lentz : *L'Assassinat de John F. Kennedy : Histoire d'un Mystère d'État*, 2010.

Robert Blakey, conseiller principal du HSCA, répara ces difficultés. Il avança qu'en agitant une fausse bannière communiste, des Cubains liés au milieu auraient recruté le tireur : « Oswald aurait tué Kennedy au nom de Castro et non au nom de Marcello. Mais pour qu'Oswald soit recruté, il devait être connu de la mafia. Or, comme par hasard, Oswald est né et à grandi à La Nouvelle-Orléans, dans un quartier très difficile. Et il se trouve que son oncle était bookmaker pour Carlos Marcello[24]. »

On peut dès lors s'interroger. Comme Oswald aurait compris avoir été dupé, pourquoi il ne parla pas durant sa garde à vue ? On peut supposer qu'il aurait pu se douter que l'on aurait cherché à le faire taire. Pourtant, il semble qu'il ne croyait pas que l'on attenterait à sa vie. C'est en tout cas ce qu'il répondit lorsque Leavelle lui avait dit :

— Si on tire sur toi, j'espère que ce sera quelqu'un d'aussi adroit que toi[25].

Si la mafia avait vraiment fait assassiner le Président, on pourrait comprendre qu'on ne tenta pas de faire connaître publiquement la vérité en raison des liens entre le milieu et la CIA pour tuer Castro. La famille Kennedy n'aurait pas, non plus, souhaité que les liens entre le clan et la pègre soient rendus publics. On peut imaginer le choc que de telles révélations auraient produites si l'Amérique en deuil apprenait que le Président qu'elle pleurait avait été élu en grande partie grâce à l'aide de la mafia.

Malheureusement, il n'existe pas de preuve concrète que le Président Kennedy fut assassiné par la pègre. Au contraire. Si l'on avait ordonné à Ruby de faire taire Oswald, celui-ci s'était montré peu pressé de joindre la scène. La veille, la police avait fait savoir que le transfert du suspect devait avoir lieu le matin du dimanche à 10 heures[26]. Pourquoi Ruby arriva-t-il dans les locaux de la police, ce dimanche matin, avec presque une heure et demie de retard ?

Ruby s'était rendu au bureau de la Western Union, sur Main Street. Il y avait envoyé un mandat de 25 $ à l'une de ses strip-teaseuses, Karin Carlin, dite Petite Lynd. Le cachet indiquait qu'il était alors 11 h 17. Du bureau de la Western Union, il lui fallut moins de deux minutes pour joindre le quartier général de la police à pied. La rampe d'accès était gardée par l'agent Roy E. Vaughn. Mais quand une voiture de police quitta le sous-sol, Vaughn se plaça sur la chaussée pour arrêter la circulation – si bien que le sommet de la rampe fut sans surveillance

---

[24] Témoignage de G. Robert Blakey, conseiller principal de l'United States House Select Committee on Assassinations (HSCA), repris dans *Did the Mob Kill JFK ?*, Elizabeth Fischer (Executive Producer), 2009.

[25] William Manchester : *The Death of A President*, 1967.

[26] Commission Warren, *Investigation of the Assassination of President John F. Kennedy Hearings Before the President's Commission on the Assassination of President Kennedy*, 1964.

durant une dizaine de secondes. Ruby en profita pour entrer dans le sous-sol. En écrivant son livre *Death of A President*, William Manchester fit remarquer à un inspecteur qui lui faisait visiter le sous-sol :

— N'aurait-on pas pu mettre deux sentinelles au lieu d'une en haut de la rampe ?[27]

Ce dimanche 24 novembre, les journalistes voulaient savoir qui était ce Jack Ruby. Paul Mathias, qui se demandait « comment Ruby pouvait-il se trouver au sous-sol au moment du transfert », se rendit avec Paul Slade, son photographe, à l'appartement de Ruby vers 14 heures. Il s'attendait à y trouver la police, mais constata qu'il n'en était rien. Dix minutes plus tard, ce sont des journalistes de *Life Magazine* qui arrivèrent. La concierge hésitait à ouvrir la porte de l'appartement. Sur quoi, les journalistes décidèrent d'appeler la police, et plus précisément le capitaine King que Mathias connaissait, pour avoir l'autorisation d'entrer dans l'appartement[28].

Philippe Labro et le journaliste Henri de Turenne eurent moins de chance. Ils avaient tenté d'aller voir Eva Grant, la sœur de Ruby. Celle-ci ne les avait pas laissés entrer et était restée sur le pas de sa porte. Elle les avait renvoyés d'une seule phrase :

— Foutez le camp ou je vous casse la gueule[29].

Par ailleurs, Labro interrogea l'une des strip-teaseuses de Ruby, Jada – Janet Adams Bonney Cuffari Smallwood Conforto de son vrai nom.

— Il a un tempérament coléreux, déclara-t-elle. Je me suis disputé souvent avec lui. Si vous aviez entendu la manière dont il parle ! Moi, je trouve qu'il ne vaut pas mieux que le type qu'il a tué. S'il apprend ce que je viens de vous dire, il essaiera de me rosser. Mais s'il essaie, moi, je lui tords le cou[30].

— Je le connais depuis environ quatre, cinq, six mois, fit savoir Jada au journaliste Paul Good d'ABC.

— Quelles sont vos relations ? demanda Good.

— J'étais son artiste vedette au Carousel Club. Et je connaissais Jack avant de travailler là-bas. J'ai eu une petite dispute avec Jack, alors je suis partie, et c'en était fini de mes relations avec lui.

---

[27]   William Manchester : *The Death of A President*, 1967.

[28]   Paris-Match : *Assassinat de JFK. En 1963, la Contre-Enquête de Paris-Match à Dallas*, Paul Mathias, 22 novembre 2013. http://www.parismatch.com/Actu/International/En-1963-la-contre-enquete-de-Paris-Match-a-Dallas-537869

[29]   Philippe Labro : On a Tiré sur le Président, 2013.

[30]   France-Soir : *Il a un Tempérament Coléreux*, Philippe Labro, 27 novembre 1963, reproduction, 25 novembre 2005.

— Qu'en était-il de la politique ? Semblait-il intéressé par la politique ? Surtout concernant les Kennedy.

— J'avais entendu Jack parler des Kennedy et j'essaie de m'en rappeler mais c'est tellement flou, aujourd'hui. Mais je crois qu'il n'aimait pas Bobby Kennedy.

— Vous n'avez aucun souvenir de ce qu'il disait sur le Président ?

— Si, après qu'il a fait sa remarque sur Bobby, il a dit quelque chose sur Jack Kennedy mais là, impossible de m'en rappeler.

— Pensez-vous que Jack Ruby soit le genre d'homme capable de tuer l'assassin du Président Kennedy par amour pour Kennedy ? Pour raison politique ?

— Je ne pense pas qu'il aimait Kennedy à ce point. Je ne vois pas pourquoi il ferait ça, répondit-elle de manière confuse. Je pense qu'il serait capable d'un tel acte, absolument.

— M. Howard, demanda un journaliste à l'avocat de Ruby, se peut-il qu'il y ait un lien entre Oswald et Ruby ? Qu'ils s'étaient déjà rencontrés ou qu'ils se connaissaient ?

— Cette rumeur insensée circule. Pour autant que je sache et en ce qui me concerne, je pense que c'est totalement faux.

— Un des artistes du club de M. Ruby a déclaré qu'il pensait y avoir vu Oswald quelques jours auparavant.

— Je pense qu'il s'est trompé.

— Il s'agit d'un spécialiste de la mémoire, une personne qui a fait ce genre de numéro, fit remarquer le journaliste.

— C'est ce qu'il dit, c'est ce qu'il dit[31].

Vers midi vingt, midi trente[32], ce dimanche 24 novembre 1963, le capitaine Fritz alla interroger Ruby sur ce qu'il venait de faire.

— Je ne veux pas vous parler, répliqua Ruby. Je veux parler à mes avocats.

Reste que Ruby avoua avoir tiré sur Oswald parce qu'il avait été endeuillé par l'assassinat du Président, qu'il était désolé pour Mme Kennedy. Il voulait lui épargner de devoir revenir à Dallas pour le procès.

Fritz voulut savoir comment il était arrivé jusqu'au sous-sol. Il avait simplement descendu la rampe centrale, répondit-il.

— Non, vous ne pouvez pas avoir descendu cette rampe, objecta Fritz.

— Je ne veux plus vous parler, je ne vais pas avoir d'ennui, répliqua alors le tireur.

---

[31]   Conspiratus Ubiquitus : *Evidence of Revision : the Assassinations of Kennedy and Oswald*, 2011.

[32]   Fritz déclara avoir parlé à Jack Ruby probablement une heure après qu'il eut tiré sur Lee Oswald.

Et il se tut, refusant de parler.

À 15 h 05, on amena Ruby dans une cellule[33].

Jim Underwood, le vice-directeur de publication de KRLD-TV, fit savoir à ses collègues :

— Le capitaine Will Fritz vient de m'annoncer que Ruby a avoué. Il a dit que le pistolet lui appartenait et que la mort du Président le tourmentait énormément.

— Y a-t-il des indices d'une relation entre Ruby et Oswald ou d'un complot international ?

— Eh bien, Mme Glen, la sœur de Jack Ruby, m'a dit être certaine que son frère ne connaissait pas Oswald et qu'il n'avait eu aucun rapport avec lui[34].

Face à cet échec cuisant de la police, des journalistes apostrophèrent des officiels de la ville de Dallas.

— Le chef Curry et le capitaine Fritz vont-ils démissionner ? demandèrent-ils.

— Il n'en est pas question, répondit-on. Ils ont fait un travail remarquable[35].

Le Capitole aurait dû fermer ses portes à 21 heures. Mais à 20 heures, c'était 20 000 personnes qui avaient rendu hommage au Président assassiné. Comme la foule continuait à venir, on décida de laisser les portes ouvertes.

Accompagnée de l'attorney général, Mme Kennedy se rendit de nouveau à la rotonde, à 21 heures. Un journaliste demanda à l'attorney ce qu'il pensait de la multitude.

— Fantastique, fantastique, répondit l'attorney.

Toute la nuit, la foule continuait d'arriver. C'était une fille d'attente de cinq kilomètres qui patientait pour entrer dans la rotonde. Dès 5 h 45, le lundi matin, les policiers annonçaient aux visiteurs qu'il ne fallait plus venir :

— Nous devons fermer les portes à 8 h 30. Retournez chez vous. Il n'y entrera plus que 85 000 personnes.

Mais la foule ne semblait pas résignée à partir[36].

---

[33] Déposition de John Will Fritz, capitaine du bureau d'homicide et vol, devant la Commission Warren.

[34] Tom Jennings : *The Lost JFK Tapes : The Assassination*, 2009.

[35] France-Soir : *La Police n'a pas Vraiment Cherché à Savoir qui était Oswald*, Philippe Labro, 27 novembre 1963, reproduction, 25 novembre 2005.

[36] William Manchester : *The Death of A President*, 1967.

Funérailles

Ce week-end de novembre avait été un choc pour les États-Unis. Le pays avait été dépossédé de son chef d'État, et la mort du suspect empêchait le déroulement d'un procès qui aurait probablement éclairci la situation. Pour ce double crime, on qualifia Dallas de « capitale du désordre et de la haine[1] ».

Ce lundi 25 novembre était un jour de deuil qui voyait trois enterrements liés à cette affaire. Le Secret Service organisa l'enterrement de Lee Harvey Oswald qui se déroula dans le cimetière de Rose Hill, situé à Fort Worth[2]. Il avait été très difficile de trouver un cimetière, tout comme il avait été difficile de trouver un prêtre pour diriger le service funèbre. Robert Oswald estima que les gens de l'Église étaient « bien plus soucieux de leur renommée que de leurs obligations de chrétien ». Un pasteur avait pourtant été désigné par le Conseil National des Églises. Mais il se désista au dernier moment. Ce fut le révérend Louis Saunders, qui avait pris l'initiative de venir « pour offrir au besoin son assistance morale », qui dirigea le service[3].

Seuls la mère, la femme et le frère d'Oswald, accompagnés des deux enfants du suspect, participèrent aux funérailles. On compta néanmoins une centaine de policiers de Fort Worth pour assurer la sécurité. Quarante journalistes couvraient l'enterrement[4]. Quand Robert Oswald arriva à la chapelle, il constata que le cercueil n'y était pas. On donna l'explication à l'agent du Secret Service accompagnant le frère de l'assassin présumé, qui lui rapporta :

— Comme nous étions en retard de quelques minutes, on a déjà transporté le cercueil jusqu'à la tombe. C'est donc là-bas que le prêtre va officier.

Absorbé par les événements de ces derniers jours, Robert Oswald n'avait pas réalisé qu'il avait programmé les obsèques de son frère le

---

[1] France-Soir : *Personne ne Sait encore Pourquoi ni pour Qui Ruby a Assassiné Oswald*, Philippe Labro, 27 novembre 1963, reproduction, 25 novembre 2005.
[2] William Manchester : *The Death of A President*, 1967.
[3] Robert Oswald : *Lee : A Portrait of Lee Harvey Oswald by His Brother*, 1967.
[4] William Manchester : *The Death of A President*, 1967.

même jour que se déroulèrent les funérailles du Président Kennedy. Il en subirait par la suite de sérieux reproches. « Si j'avais eu l'idée de me renseigner, conviendrait-il plus tard, j'aurai évidemment demandé que l'enterrement de Lee fût retardé de vingt-quatre heures[5]. »

Un autre service funèbre se déroula dans l'église baptiste de Beckley Hills pour dire adieu à l'agent J. D. Tippit, qui fut ensuite inhumé dans le secteur réservé aux fonctionnaires municipaux de Dallas morts en service, du cimetière Laurel Land Memorial Park.

Il existait plusieurs menaces d'attentat contre de Gaulle, Mikoyen, le nouveau Président Johnson, l'attorney général Robert Kennedy, ainsi que le président de la Cour Suprême Earl Warren. Face aux personnes qui leur demandaient de ne pas s'exposer publiquement, tous eurent des réponses nettes. Le nouveau Président américain répliqua :

— Damnés bâtards, vous essayez de m'en imposer. Si je vous écoutais, j'en viendrais à prendre des décisions stupides et indécentes. J'irai à pied.

L'attorney général fut tout aussi affirmatif :

— Adressez-vous à quelqu'un d'autre, ça me concerne de trop près.

Le président de la Cour Suprême, quant à lui, ne répondit même pas à la police du district qui lui donnait des conseils. Il prétendrait par la suite ne rien avoir entendu à ce sujet.

L'une des cibles les plus menacées était le Président de Gaulle. La police canadienne fit savoir avoir été informée qu'un Canadien Français, dont l'identité était inconnue, serait allé aux États-Unis pour tuer le chef d'État. La CIA avait été informée qu'un complot voulait assassiner le Président français sur le parvis de la cathédrale. On conseilla alors à de Gaulle de prendre une limousine et non de faire le trajet à pied, arguant que ce serait un signe de respect envers Mme Kennedy que de ne pas risquer sa vie.

— Non, répondit l'ex-général, qui avança que ne pas se soucier de sa propre vie serait un signe de courtoisie à l'égard de Mme Kennedy.

Le FBI avait lui aussi reçu une mise en garde et tenta de dissuader le chef d'État de marcher. De Gaulle répliqua d'un simple :

— Pfft !

On avait tenté de sécuriser au maximum le cortège funèbre. Toute la section du Secret Service affectée à la Maison-Blanche serait dans le cortège. Le FBI intégra 40 inspecteurs, la CIA y mit 64 agents, et le Département d'État fournit 250 membres du service de sécurité. À cela s'ajoutaient 4 000 hommes armés, déployés par le Pentagone et la police du district. Un détachement de la police new-yorkaise avait même été envoyé à Washington. En plus de quoi, plusieurs agents triés sur le volet avaient été envoyés par des polices étrangères.

---

[5]   Robert Oswald : *Lee : A Portrait of Lee Harvey Oswald by His Brother*, 1967.

À 10 h 59, heure de Washington, le cercueil du Président Kennedy fut retiré de la rothonde, tandis que les notes du *Salut au Chef* se faisaient entendre, jouées par la fanfare de l'École des gardes-côtes. Puis succéda l'hymne *O Dieu de Beauté*. À 11 h 35, la prolonge d'artillerie quitta la colline du Capitole.

À pied, le convoi funèbre arriva à l'église Saint Matthiew à 12 h 14. Il y eut des moments d'émotion durant le service funèbre. Le fils du Président assassiné demanda :

— Où est mon papa ?

Et sa petite fille en pleure soutint sa mère :

— Tout ira bien, maman, ne pleure pas. Je prendrais soin de toi.

— Que les anges, mon cher Jack, te conduisent au Paradis, improvisa en conclusion le cardinal Cushing. Que les martyrs t'accueillent à ton arrivée. Que l'esprit de Dieu t'embrasse ; reçois repos et paix éternelle, comme tous ceux qui ont fait le sacrifice suprême de mourir pour autrui ! Amen.

Dehors, quand les gardes de la mort vinrent poser le cercueil sur la prolonge d'artillerie, l'ancienne Première Dame se pencha sur son fils :

— Tu peux saluer ton papa maintenant, pour lui dire adieu.

Puis elle se redressa et ne vit pas ce qui se passa. Elle pensait que le petit garçon allait faire un coucou de sa main maladroite. Mais l'enfant redressa la main droite. Il était 13 h 21 et le bambin qui avait trois ans ce même jour, adressa un salut militaire qui entra dans l'Histoire.

Le convoi funèbre quitta Saint Matthew à 13 h 30 pour joindre le cimetière national d'Arlington. À basse altitude, *Air Force One* survola Arlington à 14 h 54, pour rendre un ultime hommage au Président défunt. À 15 h 13, Mme Kennedy alluma une flamme éternelle.

C'est ainsi que prenait fin la présidence de John F. Kennedy, qui n'avait pu mener à terme son premier mandat[6].

Pendant que l'Amérique disait adieu à son Président, à Dallas, Philippe Labro refit le trajet d'Oswald, accompagné de Henri de Turenne[7]. C'était la troisième fois que le journaliste refit le trajet. « J'ai fouillé un peu plus dans son monde. J'ai revu sa logeuse. Ses voisins de chambre, une coiffeuse, un blanchisseur, un garagiste qui le connaissaient de vu. De nouveau, j'ai essayé de pénétrer dans la sinistre salle de cinéma rouge et noir où il fut appréhendé. » Labro eut l'impression que les « différents services policiers (locaux ou fédéraux) » n'avaient pas « vraiment été au fond et bout des problèmes ». Il apprit « comment Oswald vivait tout le temps seul, achetant de quoi se nourrir et mangeant dans sa chambre. Comment il

---

6   William Manchester : *The Death of A President*, 1967.
7   Philippe Labro : *On a Tiré sur le Président*, 2013.

s'habillait, toujours en noir. Ne disait jamais merci à personne. Se tenait derrière le groupe de locataire qui regardaient la télévision dans la grande salle à manger ». « Le passé "communiste" d'Oswald n'a pas, non plus, semble-t-il, été fouillé jusqu'au bout, estimait le journaliste. Si l'on veut savoir si, oui ou non, il a agi pour un groupe quelconque, pourquoi n'avoir pas interrogé tous les ouvriers, employés, hommes seuls et pauvres qui vivaient dans la même maison que lui[8]. »

Le 26 novembre, Jack Ruby fut transféré du quartier général de la police à la prison du comté. Cette fois, on ne fit pas grand cas publiquement de ce transfert. « La leçon de la veille avait, semble-t-il, été suffisante » commenta Labro.

« Ruby a tué Oswald devant cent millions de téléspectateurs américains incrédules, et c'est lui qui maintenant arpente (calmement) les trois mètres sur trois mètres de la cellule d'un bâtiment qui domine (coïncidence tragique) les cent mètres de bitume où Kennedy fut assassiné. Il comparaîtra vraisemblablement mercredi devant la Chambre des mises en accusation. Son avocat, Me Tom Howard, a annoncé qu'il plaiderait le dérangement mental[9]. »

---

[8]   France-Soir : *La Police n'a pas Vraiment Cherché à Savoir qui était Oswald*, Philippe Labro, 27 novembre 1963, reproduction, 25 novembre 2005.

[9]   France-Soir : *Personne ne Sait encore Pourquoi ni pour Qui Ruby a Assassiné Oswald*, Philippe Labro, 27 novembre 1963, reproduction, 25 novembre 2005.

Enquêtes et doutes

La mort de Lee Oswald empêchait la tenue d'un procès. Les autorités de l'État du Texas, ainsi que les autorités fédérales, évoquèrent l'idée de créer une commission d'enquête dirigée par un Grand jury du comté de Dallas ou par un magistrat du Texas. Les commissions du Congrès proposèrent de réaliser des auditions pour établir ce qui s'était passé[1]. Pourtant, rien de ceci ne fut entrepris.

Très tôt, le procureur Wade discuta avec le chef Curry pour fournir toutes les pièces à conviction au FBI. Le 26 novembre, le procureur écrivit une lettre à Curry pour lui demander de retourner « tous les éléments de preuve obtenus dans l'enquête » « au FBI pour l'envoi à Washington[2] ». Avec la mort d'Oswald, l'affaire n'était plus de leur ressort.

Dès le dimanche 24 novembre, à 15 heures, Eugene Rostow, le doyen de la faculté de droit de Yale, téléphona à la Maison-Blanche et demanda à parler à Bill Moyers[3], le directeur adjoint du Peace Corps de 1962 à 1963 et assistant spécial du Président Johnson[4], pour le tenter de faire convaincre le nouveau Président de créer une Commission afin d'élucider l'attentat de Dallas. Rostow voyait déjà dans l'assassinat d'Oswald la méfiance de l'opinion envers l'État sur plusieurs générations peut-être. « L'opinion, mondiale et américaine, est à présent tellement désorientée par le comportement de la police de Dallas qu'elle ne croit plus en rien » certifia le doyen. L'Histoire allait lui donner raison.

Moyers parla de l'idée au nouveau Président, mais celui-ci la rejeta. Il fallait laisser faire le Texas, selon lui. En effet, à cette époque, l'assassinat d'un Président ne constituait pas un crime fédéral, au grand étonnement du département de la Justice et de la Maison-Blanche elle-même.

---

[1] William Reymond : *JFK : Autopsie d'un Crime d'État*, 1998.

[2] Dallas Municipal Archives : *Letter from Henry Wade to Chief Curry requesting that all evidence be sent to Washington, D. C., (Original), 11/26/63. 00002459.*

[3] Philip Shenon : *A Cruel and Shocking Act : the History of the Kennedy Assassination*, 2013.

[4] Wikipédia : *Bill Moyers*. https://en.wikipedia.org/wiki/Bill_Moyers

Cependant, du fait de la naissance de théories conspirationnistes, le Président Johnson changea d'avis quatre jours plus tard. Selon lui, un homme était désigné pour diriger cette commission d'enquête : le président de la Cour Suprême, le juge Earl Warren[5].

Le 29 novembre 1963, en signant le décret n° 11 130, le Président Johnson créa la Commission Warren qui se devait « de vérifier, d'évaluer et de faire un rapport sur les faits relatifs à l'assassinat du défunt Président John F. Kennedy et la mort violente subséquente de l'homme suspecté de l'assassinat ».

Remis au Président le 27 septembre 1964, le rapport de la Commission Warren conclut à la culpabilité du seul Lee Harvey Oswald, qui avait tiré trois coups de feu. L'assassinat du Président Kennedy « était un acte cruel et choquant de la violence dirigée contre un homme, une famille, une nation, et contre toute l'humanité[6] ».

« C'est la parole du menteur, du marginal et du transfuge contre celle de plusieurs éminents Américains » raillait le soir même le journaliste-vedette de CBS Walter Cronkite[7].

Très rapidement, néanmoins, de nombreux doutes allaient être émis à propos de cette affaire. La thèse du tireur solitaire allait de moins en moins convaincre l'opinion, qui allait finir par penser qu'un complot avait tué le Président Kennedy.

Américain exilé à Paris à cause du maccarthysme – du nom du sénateur Joseph MacCarthy qui avait lancé une chasse aux communistes dans les années '50 –, Thomas Buchanan était un scientifique de formation, mathématicien, journaliste et avait été officier dans l'US Army. Il ne croyait pas à la thèse Oswald. Dans un livre sur le sujet, il exposait un complot dans lequel le policier Tippit avait sa part, puisqu'il devait tuer le suspect au cours de son arrestation[8].

L'ouvrage de Buchanan parut d'abord comme une série dans *L'Express*, au début de l'année 1964 – donc avant la publication du rapport Warren. Puis il fut publié en livre en mai 1964. Il parut en France sous le titre *Les Assassins de Kennedy* et en Angleterre sous le titre de *Who Killed Kennedy ?* L'ouvrage fut d'abord édité dans 19 pays

---

[5] Philip Shenon : *A Cruel and Shocking Act : the History of the Kennedy Assassination*, 2013.

[6] Commission Warren, *Investigation of the Assassination of President John F. Kennedy Hearings Before the President's Commission on the Assassination of President Kennedy*, 1964.

[7] Matthew White : *The Murder of JFK : A Revisionist History*, 1999.

[8] Vincent Quivy : *Qui n'a pas Tué John Kennedy ?*, 2013.

où il rencontra un succès[9] et ne parut en Amérique qu'en novembre suivant[10].

En 1965, le journaliste français Léo Sauvage, en poste aux États-Unis, rejetait lui aussi dans son livre *L'Affaire Oswald* les conclusions du rapport Warren. L'année suivante, dans *Inquest*, Edward Jay Epstein critiquait le manque d'indépendance et les influences politiques de la Commission. Il décriait également une organisation disparate de l'enquête.

L'avocat Mark Lane avait été contacté par la mère d'Oswald pour défendre son fils devant la Commission Warren. Il parvint à la conclusion que l'assassin présumé était innocent et que le Président avait été victime d'une conspiration. Son travail parut en 1966 dans un livre intitulé *Rush to Judgment*. C'est de Lane que naquit la polémique sur la balle unique, dite « balle magique » selon les tenants du complot[11].

En novembre 1966, *Paris-Match* avança toute une liste de potentiels suspects que la rumeur avait accusée : complot communiste d'origine soviétique, complot communiste d'origine castriste, complot anti-castriste, complot dit des forces diaboliques (complot dirigeant secrètement le monde), complot de la Junte (complexe militaro-industriel et sénateurs), complot de l'oligarchie de Dallas (millionnaires texans d'extrême droite), complot des pétroliers (qui en voulaient au Président qui avait décidé de revenir sur leurs avantages fiscaux – version *lite* de l'oligarchie), complot de la miséricorde (qui voulait que la CIA et le FBI aurait fait tuer le Président parce que celui-ci souffrait physiquement et que « ses facultés déclinaient rapidement »), complot des racistes sudistes, ainsi que le complot Johnson. En à peine trois ans, on comptait déjà dix théories différentes, accusant toutes les extrémités.

« Aujourd'hui, on sait que le rapport n'a pas été établi à l'unanimité des membres de la Commission, rapporta le magazine. De nouveaux témoignages sont apparus ensuite qui le contredisent. Deux Américains sur trois pensent maintenant qu'Oswald n'est pas le seul coupable. Et que même, peut-être, il était innocent. Au Congrès, on a demandé que l'enquête soit rouverte. Johnson s'y est opposé. Au fur et à mesure des nouvelles révélations la vérité semble s'éloigner[12]. »

Deux sondages réalisés en 1967 indiquaient qu'une majorité d'Américains rejetait les conclusions de la Commission Warren. Selon l'un d'eux, sept personnes sur dix estimaient que toute la vérité n'avait

---

[9]   Thomas   G.   Buchanan :   *Les   Assassins   de   Kennedy*. http://thomasgbuchanan.com/fr/livres/les-assassins-de-kennedy/

[10]   Thomas G. Buchanan : *Les Assassins de Kennedy*. http://thomasgbuchanan.com/ce-nest-pas-la-lumiere-que-nous-devons-craindre/

[11]   Vincent Quivy : *Qui n'a pas Tué John Kennedy ?*, 2013.

[12]   Paris-Match : *Le Mystère Kennedy*, Gilbert Graziani. 26 novembre 1966.

pas été faite sur l'affaire. Selon l'autre sondage, six Américains sur dix ne croyaient pas à la version du tireur solitaire[13].

En 1968, Ramsey Clark, l'attorney général, réunit deux panels de médecins pour étudier les radios de l'autopsie. Les deux panels conclurent à un tireur solitaire. Le rapport fut classé top secret[14]. On est en droit de se demander pourquoi la mise en place d'une telle étude si le gouvernement américain cherchait à masquer la vérité, d'autant plus que le rapport ne fût pas rendu public.

Pendant ce temps, le procureur de La Nouvelle-Orléans, Jim Garrison, avait ouvert une enquête sur les activités d'Oswald dans sa ville, lorsqu'il avait distribué des tracts pro castristes l'été précédant l'assassinat. Garrison intenta un procès à l'encontre de Clay Shaw, un homme d'affaires de La Nouvelle-Orléans, qu'il considérait comme l'un des comploteurs. Shaw fut déclaré non coupable par un jury. Pour Garrison, l'assassinat était l'œuvre de la CIA[15]. « Lorsque Jim Garrison, procureur à La Nouvelle-Orléans, entreprit son enquête, ferait savoir Robert Oswald, je m'attendais à des révélations importantes. J'attends toujours[16]. »

En 1972, le scandale du Watergate, qui impliquait des agents de la CIA et le Président Nixon dans le cambriolage des locaux du Parti démocrate, poussa à la méfiance envers l'Agence. Ce qui amena, en janvier 1975, à la création de la Commission Rockefeller – le nouveau vice-président – pour enquêter sur les agissements de la CIA. On y découvrit que l'Agence avait participé à de nombreux coups d'État et avait tenté d'assassiner Fidel Castro. Pour cela, elle s'était même alliée de l'aide de la mafia. La Commission étudia également l'assassinat du Président Kennedy. Des photos et des films furent analysés. Bien que disposant déjà des conclusions du panel Clark, la Commission s'équipa d'un nouveau panel de médecins experts pour étudier les photos et les radios l'autopsie. La Commission Rockefeller parvint aux mêmes conclusions que la Commission Warren.

Ce travail poussa une autre étude en 1976, menée par le Comité Church. Il n'était plus question d'enquêter sur la seule CIA, mais sur toutes les agences de renseignements. Les conclusions du Comité Church furent qu'il n'y eut pas de complot à Dallas. Néanmoins, la CIA et le FBI sortirent ternis. Ces deux agences avaient eu de graves dé-faillances en ce qui concernait le cas Oswald. Il était bien connu du FBI. Mais le Bureau avait fait preuve de négligences qui avait abouti à l'assassinat du Président[17].

---

[13] Matthew White : *The Murder of JFK : A Revisionist History*, 1999.
[14] William Reymond : *JFK : Autopsie d'un Crime d'État*, 1998.
[15] Jim Garrison : *On the Trail of the Assassins*, 1988.
[16] Robert Oswald : *Lee : A Portrait of Lee Harvey Oswald by His Brother*, 1967.
[17] Vincent Quivy : *Qui n'a pas Tué John Kennedy ?*, 2013.

herbeux. Comme le cinquième étage du dépôt abritait le Six Floor Museum, les scènes censées s'y dérouler furent filmées au sixième étage. Des scènes furent tournées dans l'ancien quartier général de la police, là où Oswald donna sa conférence de presse et où il fut tué. On tourna également à l'endroit où avait été tué l'officier Tippit, ainsi qu'au Texas Theatre, et même dans le meublé qu'avait loué Oswald[28].

Le film suivait l'enquête menée par le procureur Jim Garrison, interprété par Kevin Costner. Le scénario développait l'enquête qui suivait d'abord Oswald, incarné par Gary Oldman, pour aboutir sur une vaste conspiration fomentée par le concept militaro-industriel américain[29]. « *JFK* est un film qui tente de réfuter les mythes du rapport Warren, en créant peut-être son propre mythe » devait souligner Oliver Stone[30].

Accompagné d'une musique de John Williams, le montage mêlait habilement des scènes reconstituées et des images d'archives. L'authentique Jim Garrison y faisait des apparitions en endossant le rôle du juge de la Cour Suprême Earl Warren[31].

L'année suivante, John Mackenzie mêlait fiction et réalité dans *Ruby*, avec Danny Aiello. Le film, qui suivait le parcours du tueur d'Oswald, développait la thèse du Président assassiné par la Mafia et la CIA[32]. La même année, Donald P. Bellisario se servait de la série *Quantum Leap* qu'il avait créé pour exploiter le sujet[33]. Bellisario avait servi dans le Corps des Marines des États-Unis et avait connu Oswald[34]. *Quantum Leap* racontait l'histoire d'un scientifique, le docteur Sam Beckett, incarné par Scott Bakula, prisonniers de voyages temporels en entrant dans la peau de différents personnages. Sous une mise en scène de James Witmore Jr, le docteur Beckett entrait dans la peau d'Oswald. Le scénario développait la thèse du tireur solitaire[35]. En 1993, Robert Dornheim réalisa le téléfilm *Fatal Deception* avec Helena Bonham Carter dans le rôle de Marina Oswald. Le scénario suivait le destin de la veuve de l'assassin[36].

Dans l'épisode *Musings of A Cigarette Smoking Man*, tourné en 1996, la série *X Files* mettait en scène un complot fomenté par l'Armée américaine voulant se venger du Président Kennedy qui avait refusé un appui aérien lors de l'invasion de la Baie des Cochons, provoquant un échec qui avait entraîné la crise des missiles à Cuba. On avait fait croire

---

[28] Livre du film *JFK*, 1992.
[29] Oliver Stone : *JFK*, 1992.
[30] Livre du film *JFK*, 1992.
[31] Oliver Stone : *JFK*, 1992.
[32] John Mackenzie : *Ruby*, 1992.
[33] James Whitmore Jr : *Lee Harvey Oswald – Oct 5, 1957-Nov 22, 1963*, 1992.
[34] https://en.wikipedia.org/wiki/Donald_P._Bellisario
[35] James Whitmore Jr : *Lee Harvey Oswald – Oct 5, 1957-Nov 22, 1963*, 1992.
[36] Robert Dornheim : *Fatal Deception : Mrs Lee Harvey Oswald*, 1993.

à Oswald, qui était joué par Morgan Weisser, qu'il agissait pour Fidel Castro[37].

Le cinquantenaire de l'attentat vit également la production d'un film et d'un téléfilm. Nelson McCormick réalisa ainsi pour National Geographic Channel *Killing Kennedy* avec Rob Lowe et Ginnifer Goodwin dans les rôles du Président et de la Première Dame et Will Rothhaar dans celui d'Oswald. On y suivait d'un côté le couple présidentiel et d'un autre, un Oswald en manque de reconnaissance[38].

Avec *Parkland*, Peter Landesman s'intéressa aux médecins qui avaient tenté de sauver le Président. Le docteur Charles "Jim" Carrico était incarné par Zac Efron et l'infirmière Doris Nelson était personnifiée par Marcia Gay Harden[39]. Le film suivait également Robert Oswald, le frère de l'assassin présumé, joué par James Badge Dale, et aussi Abraham Zapruder, Forrest Sorrels et James Hosty, respectivement incarnés par Paul Giamatti, Billy Bob Thornton et Ron Livingston[40].

Jack Ruby fut traduit en justice pour le meurtre d'Oswald. Son avocat, Tom Howard, était confiant quant à l'issue du procès. Il voulait présenter une version d'un meurtre sans préméditation, ce qui faisait 5 ans de prison maximum[41]. Le journaliste Paul Mathias s'interrogea à propos de cet avocat qui, fit-il savoir, se trouvait « dans l'immeuble de la police au moment de l'assassinat d'Oswald ». Et Mathias de s'interroger : « Que faisait-il là ?[42] »

Pour défendre Ruby lors du procès, la famille porta finalement son choix sur l'avocat Melvin Belli qui défendit le tireur en invoquant une épilepsie psychomotrice : Ruby n'avait pas vraiment toute sa tête quand il tira sur Oswald. La mise à mort n'aurait pas été préméditée mais aurait résulté d'un automatisme. Le procureur Alexander démonta cet argument[43].

Ruby ne témoigna jamais durant son procès, bien qu'il avait voulu s'exprimer. Ses avocats s'y étaient opposés. Il fallut moins de deux heures et demie au jury pour délibérer. Le samedi 14 mars 1964, Jack Ruby fut condamné à la peine de mort.

---

[37] James Wong : *Musings of A Cigarette Smoking Man*, 1996.

[38] Nelson McCormick : *Killing Kennedy*, 2013.

[39] Dans *Parkland*, le personnage de Doris Nelson assiste Carrico, alors que dans la réalité, l'infirmière garda la porte de la salle des urgences pour empêcher quiconque d'entrer et ainsi interférer avec la tentative de sauvetage du Président.

[40] Peter Landesman : *Parkland*, 2013.

[41] Wikipédia : *Jack Ruby*. https://fr.wikipedia.org/wiki/Jack_Ruby

[42] Paris-Match : *Assassinat de JFK. En 1963, la Contre-Enquête de Paris-Match à Dallas*, Paul Mathias, 22 novembre 2013. http://www.parismatch.com/Actu/International/En-1963-la-contre-enquete-de-Paris-Match-a-Dallas-537869

[43] Wikipédia : *Jack Ruby*. https://fr.wikipedia.org/wiki/Jack_Ruby

« Ce n'est pas la première fois que j'assiste à une condamnation à mort, se rappela le journaliste Frédéric Pottecher, mais jamais je n'avais été le témoin d'une telle scène de confusion et de désordre. [...] Est-il possible qu'une telle caricature de justice soit la justice ? [...] Je pense qu'ils ont mené contre Ruby, médiocre indicateur de police, homme de rien et déséquilibré, le procès *qu'ils ne pouvaient et ne voulaient pas faire à Oswald*[44]. »

Jack Ruby devait souvent faire allusion à un complot. Un jour, il s'adressa au journaliste Henry Kendall :

— Tout ce qui concerne ce qui s'est passé n'est jamais sorti au grand jour. Le monde ne saura jamais ce qui s'est vraiment passé ni mes motivations. En d'autres mots, je suis la seule personne en coulisses à savoir la vérité concernant tout ce qui concerne mon cas.

— Selon vous, ça sortira au grand jour ? demanda Kendall.

— Non, répondit Ruby, car malheureusement ceux qui avaient tant à gagner dans l'affaire, qui avaient un mobile pertinent et qui m'ont mis dans cette situation ne permettront jamais que les véritables faits soient révélés au public.

— Ces personnes sont-elles actuellement très haut placées ?

— Oui.

Dans une autre interview, Ruby accusa littéralement Lyndon Johnson d'être le commanditaire de l'assassinat :

— J'ai parlé d'Adlai Stevenson. S'il avait été vice-président, l'assassinat de notre bien-aimé Président Kennedy n'aurait jamais eu lieu.

— Pouvez-vous l'expliquer une fois de plus ?

— La réponse, c'est l'homme qui se trouve au pouvoir aujourd'hui[45].

Il s'avère que la santé mentale de Ruby se détériora après sa condamnation. Depuis sa cellule, il croyait entendre les cris de 25 millions d'âmes juives éliminées par la John Birch Society.

Ses avocats parvinrent à obtenir un appel de la condamnation à mort. Le nouveau procès était prévu pour se dérouler dans une autre ville que Dallas. Néanmoins, Ruby fut transporté au Parkland Memorial Hospital en raison d'une embolie pulmonaire consécutive à un cancer qui s'était étendu au foie, aux poumons et au cerveau. Il y mourut le 3 janvier 1967[46].

Le capitaine J. Will Fritz ne parla jamais publiquement de l'affaire Kennedy. Ayant pris sa retraite en février 1970, il mourut d'un cancer le 19 avril 1984.

---

[44]   Frédéric Pottecher : *Dallas : l'Affaire Ruby*, 1971.

[45]   Conspiratus Ubiquitus : *Evidence of Revision : the Assassinations of Kennedy and Oswald*, 2011.

[46]   Wikipédia : *Jack Ruby*. https://fr.wikipedia.org/wiki/Jack_Ruby

Le chef Jesse Curry écrivit un livre sur l'attentat qui parut en 1969. Il mourut en 1984 d'une crise cardiaque[47].

Les gardes du corps de l'escorte présidentielle furent affectés par l'assassinat. « Évidemment que le moral des troupes était au plus bas, devait rapporter Ron Pontius. On a eu le sentiment d'avoir trahit notre patrie[48]. »

Clint Hill sombra dans la dépression. « J'étais dans une spirale infernale, et ça a duré longtemps » avoua-t-il. Lors de la visite médicale annuelle de 1975, l'un des médecins, un ami de surcroît, lui déclara :

— On ne peut pas te laisser travailler au Secret Service.

De son long temps libre, Hill ne cessa de penser à l'assassinat, ce qui le faisait sombrer davantage dans la dépression. Il se réfugia même dans l'alcool. Néanmoins, sur les avertissements de son médecin, Hill cessa l'alcool en pensant à sa femme et ses deux enfants[49].

L'une des choses qui affecta davantage les gardes du corps fut leur implication dans l'assassinat, selon certaines théories du complot[50]. Le sujet resta longtemps tabou pour eux, lors de rencontres annuelles des anciens agents du Secret Service[51]. Pourtant, en 2010, les gardes du corps revinrent sur la scène du crime[52]. « J'ai déambulé longtemps à Dealey Plaza, devait déclarer Clint Hill. Je regardai devant, derrière, en haut, en bas, dans tous les angles en me disant comment cela aurait-il pu être évité. Qu'aurions-nous pu faire de plus. Quelle erreur avons-nous commise. Je suis enfin parvenu à la conclusion que ce jour-là, le tireur avait tous les avantages, et nous, aucun. J'ai compris que dans ces conditions, je n'aurai rien pu faire. J'ai enfin accepté que je n'aurai pas pu empêcher ce qui s'est passé[53]. »

Robert Kennedy, le frère du Président assassiné, continua la politique. Il fut élu sénateur de New York en 1964. Il devint l'un des plus fervents opposants de la guerre du Vietnam. Il se présenta aux primaires du Parti démocrate pour se lancer dans la course à la présidence. Il soutenait la lutte pour les droits civiques et la justice sociale. Il avait fait de la lutte contre la pauvreté son credo[54]. Il

---

[47]   Philippe Labro : *On a Tiré sur le Président*, 2013.

[48]   Témoignage de Ronald Pontius, garde du corps du Président Kennedy et de Jackie Kennedy, repris dans *The Kennedy Detail*, Chris Golding, 2010.

[49]   Témoignage de Clint Hill, garde du corps de Jackie Kennedy, repris dans *The Kennedy Detail*, Chris Golding, 2010.

[50]   Chris Golding, *The Kennedy Detail*, 2010.

[51]   Témoignage de Jerry Blaine, garde du corps du Président Kennedy et de Jackie Kennedy, repris dans *The Kennedy Detail*, Chris Golding, 2010.

[52]   Chris Golding, *The Kennedy Detail*, 2010.

[53]   Témoignage de Clint Hill, garde du corps de Jackie Kennedy, repris dans *The Kennedy Detail*, Chris Golding, 2010.

[54]   Wikipédia : *Robert Francis Kennedy*. https://fr.wikipedia.org/wiki/Robert_Francis_Kennedy

remporta les élections primaires démocrates de Californie et revendiqua sa victoire, alors qu'il se trouvait à l'hôtel Ambassador, le 5 juin 1968.

Tandis que le sénateur Kennedy traversait la cuisine pour joindre la salle de conférences de presse, un certain Sirhan Sirhan arriva avec un revolver à la main et tira plusieurs coups de feu. Transporté au Good Samaritan Hospital, Robert Kennedy s'éteignit à 1 h 44, le 6 juin[55].

Bien que traquée par les paparazzis, Jacqueline Kennedy se montrait rarement en public, mais assista à plusieurs inaugurations de mémoriaux en l'honneur du Président Kennedy.

Le 20 octobre 1968, elle épousa l'armateur grec Aristote Onassis. Cette nouvelle union provoqua un scandale médiatique on point que les journalistes surnommèrent l'ancienne Première Dame « Jackie O ». Le mariage battit de l'aile. Onassis mourut en 1975.

Mme Kennedy-Onassis retourna ensuite vivre à New York. Quelque temps plus tard, elle fit la connaissance du diamantaire Maurice Templesman et vécut avec lui en concubinage. En 1975, elle commença une carrière d'éditrice chez Vinking Press, puis alla chez Doubleday en 1978.

En janvier 1994, on lui diagnostiqua un lymphome non-hodgkinien. Elle s'éteignit le 19 mai 1994. Elle fut enterrée au cimetière national d'Arlington, au côté du Président Kennedy[56].

---

[55] Wikipédia : *Assassinat de Robert F. Kennedy.* https://fr.wikipedia.org/wiki/Assassinat_de_Robert_F._Kennedy

[56] Wikipédia : *Jacqueline Kennedy-Onassis.* https://fr.wikipedia.org/wiki/Jacqueline_Kennedy-Onassis

Reconstitution

Dallas, Texas. Vendredi 22 novembre 1963. 12 h 30, heure locale. Rue Elm, place Dealey.

La lourde limousine présidentielle effectuait un lent virage sur la gauche, quittant Houston Street pour entrer sur la rue Elm. La foule de badauds venue voire le défilé commençait à se clairsemer. La visite à Dallas avait été un franc succès. Dans quelques secondes, elle entrerait dans l'Histoire.

John Fitzgerald Kennedy avait été élu 35ᵉ Président des États-Unis le 20 novembre 1960, avec une marge de 111 957 voix seulement[1]. Le résultat fut que John F. Kennedy fut le Président des USA le plus mal élu jusqu'à Bush Jr. Au dire du procureur de La Nouvelle-Orléans, JFK allait néanmoins insuffler une « fierté neuve de la fonction de Président[2] ».

Dans le domaine mondain, la nouvelle Première Dame, Jacqueline – que l'on surnommait Jackie –, rénova la Maison-Blanche. Le résultat de ces travaux fit l'objet d'une visite guidée diffusée sur CBS et NBC. L'émission fut suivie par des millions d'Américains[3]. La Première Dame organisa également des soirées officielles en invitant des lauréats de prix Nobel, des chanteurs d'opéra, comme le compositeur russe Igor Stravinski[4]. Mme Kennedy créa encore l'événement en janvier 1963, en faisant venir *La Joconde* pour une exposition à la National Gallery. Le tableau était accompagné du ministre français de la Culture, André Malraux.

Le 2 juin 1961, le Président Kennedy se rendit à Paris pour un voyage officiel. Mais ce fut la Première Dame qui remporta un remarquable succès auprès des Français[5]. Le cortège officiel quitta l'aéroport d'Orly et défila jusqu'au Quai d'Orsay[6]. Alain Decaux, futur membre de l'Académie française, se souvint de la visite du Président

---

[1]   Andrew Hunt et Perry Leopard : *Chroniques de l'Histoire. J. F. Kennedy*, 1996.

[2]   Jim Garrison : *On the Trail of the Assassins*, 1988.

[3]   Andrew Hunt et Perry Leopard : *Chroniques de l'Histoire. J. F. Kennedy*, 1996.

[4]   Peter Collier et David Horowitz : *The Kennedy*, 1984.

[5]   Andrew Hunt et Perry Leopard : *Chroniques de l'Histoire. J. F. Kennedy*, 1996.

[6]   Peter Collier et David Horowitz : *The Kennedy*, 1984.

américain : « La voiture découverte du général de Gaulle, remontant les Champs-Élysées, le conduisait lentement vers l'Arc de Triomphe. Il pleuvait. Debout, à la droite du général – resté assis –, son hôte américain, sans pardessus, le veston traversé par la pluie, le visage ruisselant, souriait aux Parisiens. Aucune photographie ne pourra exprimer ce qu'était ce sourire. On le recevait comme un don[7]. »

Au cours d'une réunion, de Gaulle fit savoir à Kennedy que la France n'assisterait pas les États-Unis au Laos[8]. De Gaulle prévoyait même une défaite américaine[9]. Néanmoins, publiquement, la visite parisienne était un succès. Un bal d'adieu fut donné dans la Galerie des Glaces du Château de Versailles, conclu par un feu d'artifice en l'honneur du Président Kennedy et de son épouse, d'ascendance française[10].

Le lendemain, Kennedy rencontra Khrouchtchev lors d'un sommet à Vienne[11]. L'entretien dura onze heures. Les sujets du Moyen-Orient, de la Chine et du sud-est asiatique furent abordés. Le dialogue fut difficile. À son retour, Kennedy s'arrêta en Angleterre pour discuter avec le Premier ministre, Macmillan[12].

L'époque était à la guerre froide. Le 21 avril 1961, des Cubains anti-castristes débarquèrent à la Baie des Cochons, Cuba, pour tenter de renverser Fidel Castro. L'opération tourna au fiasco, et Kennedy refusa de fournir un appui aérien. Mille cent quatre-vingt-neuf exilés Cubains furent faits prisonniers. Il y eut cent quatorze morts. En public, le Président Kennedy assuma l'entière responsabilité de l'échec de l'opération. En février 1962, Kennedy interdit le commerce avec Cuba.

Dans le courant du mois d'octobre suivant, le monde se retrouva au bord d'une guerre nucléaire. En effet, des avions espions américains U2 avaient photographié des rampes de lancement de missiles nucléaires en construction sur l'île de Cuba. Kennedy imposa un blocus, tandis que les navires russes transportant le matériel firent demi-tour. Un accord fut enfin trouvé pour le démantèlement des armes.

En octobre 1963, un premier traité de limitation des essais nucléaires fut signé entre l'URSS et la Grande-Bretagne. Deux jours plus tard, Kennedy annonça qu'il avait accepté de vendre pour 250 millions de dollars 52,8 millions d'hectolitres de blé à l'URSS.

Le Vietnam était également une zone chaude. En février 1962, les États-Unis augmentèrent leur aide au régime de Ngo Dinh Diem à Saïgon.

---

[7]   Alain Decaux : *C'était le XXᵉ Siècle. De Staline à Kennedy*, Perrin, 1999.
[8]   Peter Collier et David Horowitz : *The Kennedy*, 1984.
[9]   Patick Jeudy : *L'Ami Américain, l'Amérique contre de Gaulle*, 2002.
[10]   Peter Collier et David Horowitz : *The Kennedy*, 1984.
[11]   Andrew Hunt et Perry Leopard : *Chroniques de l'Histoire. J. F. Kennedy*, 1996.
[12]   Peter Collier et David Horowitz : *The Kennedy*, 1984.

À la fin du mois de mai 1961, Kennedy proposa qu'avant la fin de la décennie, un Américain serait le premier homme à fouler le sol lunaire. L'URSS avait pris la première place dans la course à l'espace. Le 12 avril, Youri Gagarine était le premier homme à aller dans l'espace. En mai suivant, les États-Unis répliquèrent en envoyant Alan Shepard. L'année suivant, John Glenn alla à son tour dans l'espace, devenant ainsi le premier homme à être mis sur orbite.

John Kennedy tenta d'œuvrer en faveur de la liberté raciale, tandis que le sud des États-Unis était secoué par des émeutes raciales. Le 1er octobre, sous la protection de la police, James Meredith était le premier Noir à pouvoir étudier à l'université du Mississippi[13].

Le 28 août 1963, Martin Luther King, un pasteur noir américain et l'un des principaux dirigeants du mouvement noir américain pour l'égalité des droits, qui dirigeait une importante campagne pour l'amélioration des conditions de vie des Noirs dans le Sud, prit la tête de la marche historique sur Washington. Il y prononça un discours qui allait devenir célèbre[14] : « J'ai un rêve[15]. »

Kennedy prononça plusieurs discours mémorables. Lors de son investiture, il demanda : « Mes chers concitoyens, ne vous demandez pas ce que votre pays peut faire pour vous, demandez-vous ce que vous pouvez faire pour votre pays. »

En juin 1963, devant l'Université américaine, il fit un plaidoyer pour la paix. « Nous devons prendre le monde tel qu'il est et non tel qu'il aurait pu être si l'histoire des dix dernières années avait été différente, déclara-t-il. Nous devons persévérer dans la quête de la paix. Notre lien fondamental, c'est le fait que nous habitions tous sur cette planète. Nous respirons tous le même air. Nous chérissons tous l'avenir de nos enfants. Et nous sommes tous mortels. »

Quelques jours plus tard, Kennedy rencontra un grand succès lors de son discours, juste à côté du mur de Berlin. « *Ich bin ein Berliner* » déclara-t-il[16].

En novembre 1963, Kennedy songeait aux élections qui devaient avoir lieu l'année suivante. Il commença alors sa campagne électorale et, pour la débuter, projeta d'effectuer un voyage au Texas. L'idée de ce voyage remontait à l'année précédente, mais ne fut établie qu'en juin 1963. Quatre grandes villes de l'État étaient programmées. Kennedy et son épouse défileraient en cortège dans San Antonio et Houston. Ils

---

[13] Andrew Hunt et Perry Leopard : *Chroniques de l'Histoire. J. F. Kennedy*, 1996.

[14] Wikipédia : *Martin Luther King*. https://fr.wikipedia.org/wiki/Martin_Luther_King

[15] Jeune Afrique : *« I Have a Dream » : le Texte Intégral en Français du Discours de Martin Luther King*. http://www.jeuneafrique.com/168911/politique/i-have-a-dream-le-texte-int-gral-en-fran-ais-du-discours-de-martin-luther-king/

[16] Andrew Hunt et Perry Leopard : *Chroniques de l'Histoire. J. F. Kennedy*, 1996.

passeraient la nuit 21 novembre à Fort Worth. Puis, ils se rendraient le lendemain à Dallas et Austin. Le couple présidentiel passerait la nuit du 22 dans le ranch texan du vice-président, puis reviendrait à Washington le lendemain. Le Président comptait profiter de ce déplacement pour « résoudre la controverse en section au sein du Parti démocrate au Texas avant l'élection du 1964[17] », qui séparait les partisans du conservateur Connally et du libéral Yarborough. Ce schisme était très dangereux pour les présidentielles à venir[18]. La visite d'Austin était « une occasion de recueillir des fonds[19] ».

La ville de Dallas apportait son lot d'inquiétudes. Dans les années '60, Dallas était réputée pour sa haine[20]. Adlai Stevenson, l'ambassadeur aux Nations Unies, s'y était fait molester. « Je n'ai quand même pas besoin de venir depuis l'Illinois pour enseigner la politesse au Texas ? » avait-il demandé à la foule. Le chef de la police de Dallas, Jesse Curry, avait jugé bon d'émettre un avertissement télévisé, ne tolérant aucun acte honteux à l'égard du Président : « Suite à l'incident regrettable qui a eu lieu ici lors de la visite de l'ambassadeur Stevenson, le monde entier nous observe maintenant d'un œil critique. Il ne doit rien se produire d'irrespectueux ou d'humiliant pour le Président des États-Unis. Tous nos citoyens lui doivent le respect et nos représentants de la loi feront tout ce qui est en leur pouvoir pour éviter les incidents et les troubles malvenus. Nous réagirons immédiatement à toutes les conduites jugées suspectes. Et nous exhortons également les bons citoyens à rester en éveil[21]. »

Deux avocats de Dallas, frères d'un sénateur démocrate, informèrent la Maison-Blanche de la haine à l'égard du Président Kennedy[22]. Le révérend protestant Billy Graham, qui s'était violemment opposé à Kennedy pour son catholicisme lors des élections de 1960[23], fit part de ses craintes quant à la venue du Président à Dallas.

On s'inquiétait pour la vie du Président. Le risque d'attentat était élevé. Dallas était la ville la plus meurtrière du pays. Ce n'était pas des actes de guerre de gang, mais bien de délinquance. L'achat d'arme à feu pouvait se faire sans produire la moindre pièce d'identité ! Ainsi, sur

---

17   Commission Warren, *Investigation of the Assassination of President John F. Kennedy Hearings Before the President's Commission on the Assassination of President Kennedy*, 1964.
18   William Reymond : *JFK : Autopsie d'un Crime*, 1998.
19   Commission Warren, *Investigation of the Assassination of President John F. Kennedy Hearings Before the President's Commission on the Assassination of President Kennedy*, 1964.
20   William Reymond : *JFK : Autopsie d'un Crime d'État*, 1998.
21   Matthew White : *The Murder of JFK : A Revisionist History*, 1999.
22   William Reymond : *JFK : Autopsie d'un Crime d'État*, 1998.
23   Andrew Hunt et Perry Leopard : *Chroniques de l'Histoire. J. F. Kennedy*, 1996.

cent dix meurtres commis cette année-là, les trois quarts avaient été commis par des armes à feu[24].

Kennedy ferait les différents défilés à bord d'une voiture décapotable. Le véhicule disposait d'un toit en plastique transparent avec un cadre métallique, mais qui n'assurait aucune protection contre les balles. La consigne avait été donnée de décapoter la limousine par Kenneth O'Donnell, l'assistant spécial du président, à Roy Kellerman, l'agent spécial auxiliaire :

— Si le temps est clair et s'il ne pleut pas, on ne mettra pas la bulle.

L'arrière de la voiture était équipé de deux poignées métalliques avec marchepied réservé à des gardes du corps. Mais Kennedy avait rappelé quelques jours avant le voyage ne pas vouloir voir d'agent du Secret Service accroché à la voiture pendant ses défilés en cortège, exception octroyée en cas de nécessité[25].

Le Texas n'avait guère soutenu Kennedy lors des présidentielles de 1960. Sur quoi, cet état, qui était traditionnellement démocrate, voyait les républicains prendre de la place[26].

Il était 10 h 45, ce jeudi 21 novembre 1963, lorsque le Président Kennedy et son épouse arrivèrent à la Andrews AFB. *Air Force One* décolla un quart d'heure plus tard et mit le cap sur San Antonio où il arriva à 13 h 30. Le protocole qui allait se répéter tout au long de ce voyage se déroula. Le couple présidentiel était accueilli par le vice-président Johnson et le gouverneur Connally, ainsi que par le maire de la ville[27]. Un nom était crié par la foule :

— Jackie !

On offrit à la première dame un bouquet de roses jaunes[28]. Il s'agissait de l'emblème du Texas[29]. Si une pancarte souhaitait : « Bienvenue Président Kennedy », d'autres acclamaient Goldwater, un rival qui n'était pas du voyage.

Le cortège présidentiel traversa la ville jusqu'à l'école de l'air de médecine aérospatiale[30] : le Brooks Medical Research Center[31]. Le

---

[24] William Reymond : *JFK : Autopsie d'un Crime d'État*, 1998

[25] Commission Warren, *Investigation of the Assassination of President John F. Kennedy Hearings Before the President's Commission on the Assassination of President Kennedy*, 1964.

[26] William Reymond : *JFK : Autopsie d'un Crime*, 1998.

[27] Commission Warren, *Investigation of the Assassination of President John F. Kennedy Hearings Before the President's Commission on the Assassination of President Kennedy*, 1964.

[28] William Manchester : *The Death of A President*, 1967.

[29] William Reymond : *JFK : Autopsie d'un Crime*, 1998.

[30] Commission Warren, *Investigation of the Assassination of President John F. Kennedy Hearings Before the President's Commission on the Assassination of President Kennedy*, 1964.

[31] http://www.mysanantonio.com/news/local/history-culture/slideshow/President-John-F-Kennedy-s-1963-visit-to-San-74209/photo-5474732.php

défilé remporta un franc succès. Ce furent 125 000 personnes qui s'étaient déplacées pour voir passer le cortège[32]. Néanmoins, plusieurs événements assombrissant le tableau se déroulèrent. Pendant le défilé présidentiel, la police s'activa à bloquer la route. Une photographie parue dans le *San Antonio Express-News* montrait quatre agents poussant un véhicule[33]. Le cortège alla jusqu'à se disloquer. La voiture de presse tomba en panne ; sa batterie s'était vidée.

Vingt mille personnes s'étaient déplacées au Brooks Medical Research Center pour écouter le Président prononcer un discours. À 15 h 48, le couple présidentiel embarqua à bord d'*Air Force One*.

La suite présidentielle joignit la deuxième ville programmée : Houston. Huit mille personnes s'étaient tassées à l'entrée de l'aéroport.

— Jackie, scandaient-elles.

Le couple présidentiel alla saluer les spectateurs, puis rejoignit la voiture dans laquelle il devait embarquer. Il s'agissait d'une décapotable blanche. La Lincoln avait été expédiée à Dallas pour le cortège du lendemain. Même si le succès était pourtant moindre qu'à San Antonio, la foule était enthousiaste. Le défilé voyait néanmoins brandir des pancartes hostiles. « Attentions, Kennedy veut torpiller le commerce. » « Chassez les deux frères[34]. »

Le cortège joignit le stade de l'université Riz et la suite présidentielle assista à un dîner en l'honneur du représentant Albert Thomas. Le Président rencontra une foule enthousiasmée. Il se renseignerait auprès de l'un de ses conseillers, Dave Powers, d'une estimation des personnes qui avaient fait le déplacement. C'était comme à l'accoutumée, répondit Powers. Mais 100 000 personnes de plus étaient venues voir le Première Dame.

Tard dans la soirée, le couple présidentiel joignit Forth Worth où il passa la nuit au Texas Hotel.

Ce jour-là, Lee Harvey Oswald, un modeste employé d'un dépôt de livres scolaire s'était attelé à son travail[35]. À un moment, il alla trouver l'un de ses collègues, Wesley Frazier, pour lui demanda :

— Est-ce que tu peux me déposer chez moi ?

— Bien sûr. Je te l'ai déjà dit, tu peux profiter de ma voiture pour aller chez toi quand tu veux. Toutes les fois que tu as envie de voir ta femme, je suis à ta disposition.

---

[32]   William Manchester : *The Death of A President*, 1967.

[33]   http://www.mysanantonio.com/news/local/history-culture/slideshow/President-John-F-Kennedy-s-1963-visit-to-San-74209/photo-5474732.php

[34]   William Manchester : *The Death of A President*, 1967.

[35]   Commission Warren, *Investigation of the Assassination of President John F. Kennedy Hearings Before the President's Commission on the Assassination of President Kennedy*, 1964.

Les deux hommes faisaient souvent le trajet en voiture. Mais c'était habituellement le vendredi et non en cours de semaine.

— Pourquoi rentres-tu chez toi aujourd'hui ? demanda alors Frazier.

— Pour chercher des tringles à rideau. Tu sais... pour ma chambre[36].

Ce soir-là, Oswald joua avec sa fille sur la pelouse de la maison de Ruth Paine, tandis que sa femme, Marina, et Mme Paine s'activaient aux tâches ménagères. Après quoi, de 20 heures à 21 heures, elles s'occupèrent des enfants en les préparant à aller se coucher. Après que les enfants furent couchés, Mme Paine sortit pour aller peindre des blocs pour les enfants. En sortant, elle remarqua que la lumière du garage situé dans sa cours, et dans lequel Oswald entreposait ses affaires, était allumée. Celui-ci alla se coucher à 21 heures selon Mme Paine ; il était entre 21 heures et 22 heures au dire de Marina[37].

Il avait tenté de se réconcilier avec sa femme, dont il était en conflit. Mais rien n'y fit. Il l'avait perdu. « [...] Le choc provoqué par sa confrontation avec [sa femme], ce 21 novembre, fut déterminant, et il semble que l'éclipse de sa raison se produisit ce soir-là » conclut William Manchester qui avait écrit un livre sur ces événements à la demande de Mme Kennedy[38].

Ce matin du vendredi 22 novembre, Lee Oswald laissa 170 dollars à sa femme Marina en les déposant sur la commode, ne gardant sur lui que 15 dollars et une pièce de 10 cents. Il déposa également son alliance dans une coupe de porcelaine[39].

Oswald quitta la maison de Mme Paine à 7 h 15. Il portait avec lui un sac brun qu'il tenait sous son bras droit. Il ouvrit la portière arrière de la voiture de Frazier et y déposa son sac. Il alla ensuite attendre son collègue devant la porte de la cuisine. Quand Frazier sortit, les deux hommes joignirent la voiture.

Une fois assis à la place du conducteur, Frazier jeta machinalement un coup d'œil derrière son épaule et remarqua le paquet[40].

— Qu'est-ce qu'il y a dans ce paquet, Lee ? demanda-il.

— Des tringles à rideau.

---

36 William Manchester : *The Death of A President*, 1967.

37 Commission Warren, *Investigation of the Assassination of President John F. Kennedy Hearings Before the President's Commission on the Assassination of President Kennedy*, 1964.

38 William Manchester : *The Death of A President*, 1967.

39 Paris-Match : *Aujourd'hui, dit John à Jackie, nous entrons dans le pays des dingues*, Benno Graziani, dossier : *Il y a Juste Trente Ans. Ce Jour-là à Dallas,* novembre 1993.

40 Commission Warren, *Investigation of the Assassination of President John F. Kennedy Hearings Before the President's Commission on the Assassination of President Kennedy*, 1964.

— Ah, oui. Tu m'avais dit que tu devais en rapporter aujourd'hui. Où est ton déjeuner ?

— Je vais l'acheter.

Frazier acquiesça et démarra la voiture. Il était 7 h 25[41].

Ce matin-là, le Président prit la parole dans un parking ouvert[42]. Perché sur la plate-forme d'un camion, Kennedy avait face à lui une foule principalement composée de syndicalistes[43]. Un déjeuner était ensuite organisé dans l'hôtel Texas, au cours duquel le Président devait prononcer un nouveau discours. Une chorale chanta *The Eyes of Texas*[44].

En se présentant, le Président rappela son voyage en France en 1961 :

— Il y a deux ans à Paris, je me suis présenté comme qui accompagne Mme Kennedy. Ici au Texas je ressens la même impression. Personne ne s'intéresse à ce que Lyndon et moi nous portons.

Cette intronisation eut l'effet escompté et produisit l'hilarité de la foule.

Raymond E. Buck, le président de la Chambre de commerce de Fort Worth, offrit un Stetson, le chapeau typique du Texas.

— Nous savons que vous ne portez pas de chapeau. Mais nous ne pouvons pas vous laisser quitter Fort Worth sans quelque chose pour vous protéger de la pluie.

Kennedy se leva et se dressa à côté à la tribune pour recevoir ce cadeau.

— Mettez-le, cria la foule.

Mais le Président n'avait visiblement pas envie de se déguiser. Il tenta de rendre le chapeau au maître de cérémonies en le jetant légèrement avec un air de mépris. Le maître l'enfila, puis le tendit au Président. Et sur l'insistance de la foule lui demandant de le mettre, Kennedy, qui voulait se rasseoir, regarda le maître de cérémonies qui lui fit furtivement un signe d'incitation. Le Président se redressa, passa derrière la tribune et sortit une pirouette pour s'en tirer :

— Je le mettrai à la Maison-Blanche lundi. Si vous y venez, vous pourrez le voir[45].

---

[41] William Manchester : *The Death of A President*, 1967.

[42] Commission Warren, *Investigation of the Assassination of President John F. Kennedy Hearings Before the President's Commission on the Assassination of President Kennedy*, 1964.

[43] William Manchester : *The Death of A President*, 1967.

[44] Matthew White : *The Murder of JFK, A Revisionist History*, 1998.

[45] Tom Jennings : *Lost JFK Tapes : the Assassination*, 2013.

Arrivé sur la place Dealey, Wesley Frazier joignit le dépôt de livres et alla garer sa voiture dans le parking du personnel. Oswald sortit alors du véhicule, prit le sac brun sur la banquette arrière qu'il porta sous l'aisselle et se dirigea vers le bâtiment sans attendre son collègue.

À Fort Worth, Kennedy, qui avait rejoint sa suite d'hôtel, discuta avec son épouse et son conseiller Kenneth O'Donnell sur les risques inhérents au métier de Président.

— Si quelqu'un veut vraiment tirer sur le Président des États-Unis, songea-t-il, ça ne lui serait pas très difficile. Il suffit d'un bâtiment élevé avec un fusil télescopique, et on ne peut rien faire pour se défendre d'une telle tentative.

Air Force One se posa à l'aéroport Love Field à 11 h 40. Le soleil était radieux[46]. Jackie fut la première à descendre de l'appareil. Elle précédait le Président qui fit un signe de salutation. Le couple présidentiel était suivi de quelques pas par le gouverneur John Connally et de son épouse Nellie. Après avoir descendu la passerelle, on procéda aux salutations officielles. Le couple présidentiel serra la main au vice-président Lyndon Johnson et sa femme Lady Bird, ainsi que celle du maire de Dallas, Earl Cabell, et de son épouse. Mme Cabell donna comme cadeau de bienvenue un bouquet de roses rouge à Jackie.

Après quoi, le couple présidentiel alla saluer la foule en y serrant des mains. Le drapeau de l'État du Texas et le drapeau de la confédération sudiste flottaient dans l'air. Plusieurs personnes dressaient des pancartes. On pouvait lire sur l'une d'elles, qui affichait une photo du Président et du vice-président : « Kennedy-Johnson, deux grands démocrates. » Une autre pancarte, affichant également une photo du Président et du vice-président, acclamait : « Kennedy comme Président. » Parmi les pancartes plus humbles, on pouvait lire : « Hourra pour JFK. » « Bienvenue Jack, Jackie. » L'une disait clairement : « Nixon, rentre à la maison. » Elle faisait allusion à Richard Nixon qui avait perdu les élections présidentielles contre Kennedy et qui était présent la veille à Dallas[47]. Néanmoins, il y avait des pancartes hostiles. « Aidez Kennedy à écraser la démocratie » demandait l'une d'elles. « Vous êtes un traître » accusait une autre[48].

Le couple présidentiel joignit ensuite la Lincoln à bord de laquelle attendaient les Connally. Le Président siégea à l'arrière droite et la Première Dame à l'arrière gauche. Les Connally prirent place au milieu du véhicule, sur des strapontins, le gouverneur à la droite et madame à

---

[46]   Commission Warren, *Investigation of the Assassination of President John F. Kennedy Hearings Before the President's Commission on the Assassination of President Kennedy*, 1964.

[47]   Tom Jennings : *Lost JFK Tapes : the Assassination*, 2013.

[48]   William Manchester : *The Death of A President*, 1967.

la gauche. Le véhicule était conduit par l'agent du Secret Service William Greer, tandis que l'agent Roy Kellerman avait pris place à sa droite.

La limousine présidentielle était suivie d'une voiture décapotable accueillant huit agents du Secret Service. Un autre véhicule était situé derrière, accueillant le vice-président, lui-même suivi d'une voiture emportant des agents du Secret Service[49].

Avec une Ford blanche en tête, conduite par le chef de la police Jesse Curry[50], le cortège quitta Love Field peu après 11 h 50[51].

Pendant ce temps, vers 11 h 45, au quatrième étage du dépôt de livres, Lee Oswald vit l'un des monte-charge passer devant lui avec du personnel à l'intérieur. Il grimpa ensuite au cinquième étage. Peu après, un homme l'interpella. Il s'agissait de Charles Givens qui s'était trouvé parmi les occupants du monte-charge. Il était remonté parce qu'il s'était aperçu qu'il avait oublié ses cigarettes dans la poche de sa veste.

— Alors, petit, tu ne descends pas ? lui demanda-t-il. Il est l'heure de déjeuner.

— Non, Monsieur, répondit Oswald. Quand vous serez en bas, fermez bien la porte de l'ascenseur.

— D'accord, répondit Givens en s'en allant.

Il était alors 11 h 55 quand Givens arriva en bas. Il ne put fermer la porte du monte-charge ouest, puisque la cabine était arrêtée à l'un des étages supérieurs[52].

Il n'y avait que très peu de monde de chaque côté de la route, au début du défilé. Mais la foule s'agrandit à mesure que le cortège évoluait dans la ville. Plusieurs fois, Clint Hill, le garde du corps de la Première Dame, quitta sa voiture pour joindre la Lincoln[53]. Par deux fois, le Président demanda à arrêter le cortège pour aller saluer des sympathisants[54]. Ce fut d'abord pour saluer un groupe de petits enfants qui se tenait vers une pancarte demandant : « Monsieur le Président, s'il vous plaît arrêtez-vous pour nous serrer la maint. » Puis il stoppa le cortège pour saluer un groupe de religieuses.

---

[49]   Commission Warren, *Investigation of the Assassination of President John F. Kennedy Hearings Before the President's Commission on the Assassination of President Kennedy*, 1964.

[50]   William Manchester : *The Death of A President*, 1967.

[51]   Commission Warren, *Investigation of the Assassination of President John F. Kennedy Hearings Before the President's Commission on the Assassination of President Kennedy*, 1964.

[52]   William Manchester : *The Death of A President*, 1967.

[53]   Tom Jennings : *Lost JFK Tapes : the Assassination*, 2013.

[54]   Commission Warren, *Investigation of the Assassination of President John F. Kennedy Hearings Before the President's Commission on the Assassination of President Kennedy*, 1964.

La parade de Dallas était un franc succès. En plus de la grande foule réunie sur les trottoirs, on comptait de nombreuses personnes en train de regarder le défilé depuis les fenêtres[55]. Le sénateur Ralph Yarborough jugea de la dangerosité de la situation en estimant que n'importe qui pouvait faire tomber un pot de fleurs sur le Président.

Le cortège arriva au carrefour Main Street-Houston Street et entra sur Dealey Plaza. La Lincoln vira sur la droite pour entrer sur l'avenue Houston. Le Président et la Première Dame échangèrent quelques mots, tandis que la limousine s'approchait du dépôt de livres. La voiture effectua un lent virage sur la gauche pour entrer sur Elm Street, juste au pied du dépôt[56].

Posté à la fenêtre la plus à l'est, côté sud, du cinquième étage du Texas School Book Depository, Lee Oswald avait préféré ne pas tirer alors que le cortège remontait dans sa direction. Si le tir était plus facile, il aurait néanmoins dévoilé sa présence de manière certaine. Il avait donc attendu que la voiture effectua le lent virage juste en dessous de lui. La cible était au point le plus rapproché et plus facile à atteindre. Le Président passait sa main droite dans ses cheveux.

Que s'était-il passé dans sa tête pour qu'il en arrive là ? Se vengeait-il de sa vie ratée, d'une vie dans laquelle il n'avait jamais été à sa place ? Était-ce un besoin mortel de célébrité, de ce besoin de reconnaissance qu'il tenait de sa mère ? C'est ce que pensait son frère, qui avait eu « une carrière relativement honorable dans l'armée, une vie de famille heureuse, une bonne situation, une certaine sécurité matérielle, et même un fils » – tout ce que Lee Oswald avait désiré mais n'avait pas obtenu.

En étudiant le rapport Warren, Robert Oswald avait constaté que son frère avait commis ses « actes les plus graves » lors de « dates les plus significatives » de sa vie à lui. Le 7 avril 1963, quand Oswald s'était rendu la « première fois à la maison du général Walker, dans l'intention de l'assassiner », cela correspondait à l'anniversaire de Robert. Le 10 avril suivant, quand Oswald avait tenté de tuer Walker, cela correspondait à l'anniversaire du fils de Robert. Enfin, le 21 novembre, quand Oswald était allé cherché son fusil, cela correspondait à l'anniversaire de mariage de Robert. « Simple coïncidence ? C'est possible. Pourtant Lee connaissait l'importance que j'attachais à ces dates[57]. »

Reste que Lee Oswald pressa finalement la détente. Mais il manqua sa cible. Il est possible que la balle frappât le poteau métallique d'un feu tricolore et ricocha ainsi pour traverser toute l'étendue de Dealey Plaza. Elle frappa la bordure d'un trottoir et un éclat de pierre vint

---

[55]   William Manchester : *The Death of A President*, 1967.

[56]   Tom Jennings : *Lost JFK Tapes : the Assassination*, 2013.

[57]   Robert Oswald : *Lee : A Portrait of Lee Harvey Oswald by His Brother*, 1967.

blesser James Tague. Dans la limousine présidentielle, Kennedy retira la main de sa chevelure et regarda sur sa gauche. Le gouverneur Connally réalisa immédiatement qu'un attentat était en train de se dérouler. Il se tourna légèrement sur sa droite pour regarder derrière lui.

Oswald éjecta la douille vide de son fusil et réarma. Comme la voiture commençait à défiler sur Elm Street, il dut se repositionner dans une autre posture. Dans la voiture, Kennedy recommença à saluer la foule. Connally, lui, était toujours préoccupé par le coup de feu qu'il venait d'entendre. Il eut alors dans l'idée de regarder derrière lui, mais en se tournant sur sa gauche.

Oswald tira un second coup de feu. La balle frappa le Président un peu en dessous de la base du cou, traversa sa gorge et sortit d'en dessous de sa pomme d'Adam. Elle commença à pivoter sur elle-même et alla frapper Connally au niveau de l'aisselle droite. Elle lui traversa la cage thoracique et sortit au niveau du sein droit. Elle traversa ensuite son poignet droit et vint se planter dans sa cuisse gauche.

Kennedy porta ses mains au niveau de son visage et de sa gorge. Jackie se tourna vers lui. Sous l'effet de la douleur, Connally réagit à la blessure. Son épaule droite s'affaissa, il bascula sur sa droite, en tenant quelque temps encore son Stetson dans sa main droite, dont le poignet était complètement plié. Jackie, elle, après avoir tourné son visage en direction du Président puis de Connally qui hurlait, se pencha sur son mari. De manière irraisonnée, Roy Kellerman se retourna pour voir ce qui se passait, au lieu de fuir immédiatement les lieux. Il freina même. Voyant la scène, Clint Hill s'éjecta de la voiture du Secret Service pour accourir vers la Lincoln qui était très proche.

Oswald éjecta la douille de son fusil. Celle-ci vint se poser sur le sol, quelque peu éloigné de la première. Il ne changea pas sa position. Il réaligna la voiture qui s'éloignait. Distance faisant, il aligna légèrement au-dessus de la tête du Président. Il pressa la détente.

La balle frappa Kennedy au niveau inférieur de la tête. Comme celui-ci avait basculé en avant et sur sa gauche et avait la tête baissée, la balle détruisit une large partie de l'hémisphère droit du cerveau, tout en explosant. Sérieusement endommagée, la balle arracha la tempe droite du Président. Par la violence du choc, la tête du Président Kennedy fut très légèrement propulsée en avant, avant d'être violemment projeté en arrière et sur la gauche.

Sous l'effet de surprise, Jackie lâcha son mari et le rattrapa aussitôt. Elle vit soudain l'horrible blessure à l'arrière du crâne du Président. Elle le lâcha alors et se précipita sur le coffre arrière de la Lincoln. Certains pensent qu'elle agit ainsi sous l'effet de la panique. D'autres disent qu'elle voulait inconsciemment récupérer un morceau du crâne de son mari.

Oswald éjecta la douille qui vint se poser tout proche de la seconde. Peut-être devait-il tirer une nouvelle fois pour accomplir son forfait. Il dressa l'arme et observa la scène pour s'assurer d'avoir réussi. Il avait effectivement touché sa cible. Il quitta alors la zone qu'on appellerait le « repère du tireur ».

L'Histoire venait de s'écrire en quelques secondes à peine. Pourquoi Oswald avait-il fait cela ? Cette question – finalement peut-être la plus importante de toutes – n'a jamais trouvée de réponse. « Personne ne saura jamais ce qui a traversé l'esprit d'Oswald pendant la semaine précédant le 22 novembre 1963, souligna le rapport de la Commission Warren. [...] Beaucoup de facteurs ont indubitablement été impliqués dans la motivation d'Oswald pour l'assassinat. [...] [Il] est apparent qu'Oswald a développé une hostilité envers son environnement. [...] [Un] grand nombre d'autres facteurs [...] ont pu mouler le caractère de Lee Harvey Oswald en un homme capable d'assassiner le Président Kennedy[58]. »

---

[58]   Commission Warren, *Investigation of the Assassination of President John F. Kennedy Hearings Before the President's Commission on the Assassination of President Kennedy*, 1964.

Épilogue

Comme vous avez pu vous en convaincre, cet essai ne se présente pas comme la somme définitive sur l'assassinat du Président Kennedy. Il ne s'agit que d'un livre d'analyse. Mon but était avant tout d'écrire une relation des faits.

Pour écrire ce livre, je me suis basé sur différentes sources, notamment le décrié rapport Warren qui est tout de même la base de toute étude sur l'attentat de Dallas. L'Assassination Records Review Board (ARRB) a ouvert aux chercheurs de nombreux dossiers concernant cette affaire, tout comme l'avait fait avant lui le rapport du House Select Committee on Assassinations (HSCA).

Par ailleurs, de nombreuses archives ont été mises en ligne, et il est possible de consulter la documentation municipale de Dallas, mais aussi de l'État du Texas, ainsi que la retranscription des appels radio de la police de Dallas du 22 novembre 1963. Enfin, le site de la fondation Mary Ferrell met à disposition de nombreuses archives.

Selon moi, la référence parmi les livres est *The Death of A President* de William Manchester. L'auteur a écrit ses lignes en interviewant différents acteurs du drame.

A Portrait of Lee Harvey Oswald, de Robert Oswald, le frère du suspect, dresse le portrait de ce sinistre personnage.

Le livre *On the Trail of the Assassins*, de Jim Garrison, se consacre à l'enquête que le procureur de La Nouvelle-Orléans avait menée quelques années après l'attentat. On note que l'auteur passe sous silence certains éléments n'étayant pas ses conclusions, comme le fait qu'Oswald apporta le matin même un paquet au dépôt de livres.

L'ouvrage *Double Cross*, de Samuel et Chuck Giancana, raconte le parcours du parrain de la pègre de Chicago. Mais le récit n'est pas à prendre au premier degré.

Le récit *On a Tiré sur le Président*, de Philippe Labro, se consacre à ce que le journaliste a vécu dans le quartier général de la police de Dallas. Même s'il n'apporte rien à l'affaire policière elle-même, il s'agit d'un témoignage journalistique de première main.

A Cruel and Shocking Act, de Philip Shenon, reconstitue l'enquête menée par la Commission Warren, ou plutôt par les conseillers de la Commission.

Qui n'a pas Tué John Kennedy ?, de Vincent Quivy, s'intéresse aux suites de l'attentat, c'est-à-dire aux différentes enquêtes menées par des organismes officiels ou des chercheurs indépendants qui ont fait suite à l'événement. Le principal reproche que l'on peut y faire est que les théories conspirationnistes sont rejetées sous le prétexte que la version officielle ne va pas dans le même sens.

L'Assassinat de John F. Kennedy, de Thierry Lentz, est une étude intéressante de l'attentat.

Retraçant le procès de Jack Ruby, *Dallas*, de Frédéric Pottecher, n'apporte absolument rien à l'affaire et se montre même terriblement ennuyeux. Le seul intérêt est que l'auteur a assisté au procès.

Remarquablement écrits, les livres de William Reymond, *Autopsie d'un Crime d'État* et *Le Dernier Témoin*, sont à prendre avec méfiance. Plusieurs erreurs facilement vérifiables comblent le premier, tandis que rien ne vient confirmer les assertions du second. Les cassettes enregistrées par Billie Sol Estes, co-auteur du deuxième livre, n'ont pas été rendues public.

Enfin, le livre *The Kennedys*, de Peter Collier et David Horowitz, s'intéresse à la saga familiale qui a marqué de son empreinte l'histoire politique des États-Unis.

Le documentaire *The Day Kennedy Died*, de Leslie Woodhead, se contente de reconstituer les événements.

À travers d'images d'archives télévisées, *The Lost JFK Tapes*, de Tom Jennings, reconstitue ses sombres jours de novembre. Il n'y a aucun parti pris. Seuls les images de journaux sont utilisées.

Breaking News, d'Alastair Layzell, retrace les événements à travers le personnage de Walter Cronkite.

The Kennedy Detail, de Chris Golding, donne la parole aux gardes du corps du Président et de la Première Dame.

Comme son titre l'indique, *Lee Harvey Oswald : 48 Hours to Live*, d'Anthony Giacchino, reconstitue les dernières heures de l'assassin présumé.

Reasonable Doubt, de Chip Shelby, s'interroge sur le prétendu trajet en zig-zague de ladite balle magique.

Écrit par David Konschnik, *The Lost Bullet* tente de manière assez convaincante à découvrir pourquoi le Président et le gouverneur ont été blessés par les deuxième et troisième balles, tandis que la première a totalement raté la cible.

De manière convaincante, *"Nova" Cold Case JFK*, de Rushmore DeNooyer, reconstitue le trajet de la balle mortelle venant de l'arrière.

A Revisionist History, de Matthew White, s'intéresse aux suites de l'assassinat de Dallas.

Autospie d'un Complot, de William Reymond et Bernard Nicolas, s'inspire des révélations de Billie Sol Estes pour raconter un complot texan.

The JFK Assassination, de John Barbour, suit l'enquête menée par le procureur Garrison.

Beyond "JFK", de Barbara Kopple et Dany Schechter, explore différentes hypothèses de complot à travers le film d'Oliver Stone.

The Case for Conspiracy, de Robert Groden, tente de prouver le complot en proposant des éléments de preuve tout à fait suspicieux.

Did the Mod Kill JFK ?, produit par Elizabeth Fischer, suit un ex-détenu qui affirme que Carlos Marcello lui a avoué avoir fait tuer le Président. Aucune preuve n'est apportée à ces affirmations.

The Assassinations of Kennedy and Oswald, de Consipratus Ubiquitus, ne s'intéresse qu'aux éléments tentant de faire croire à un complot.

L'Ami Américain, de Patrick Jeudy, s'intéresse aux relations entre la France et l'Amérique, tandis que *La Face Cachée des Kennedy*, de Thomas Johnson, s'intéresse au côté obscur du Président et de sa famille.

La série documentaire *The Kennedys*, de James A. DeVinney, retrace la carrière politique de Joseph Kennedy et de ses fils.

Comme on l'a vu, je n'ai fait qu'effleurer le sujet. De nombreuses questions sont restées sans réponse.

Est-ce bien Jack Ruby que l'on voit sur la photo de Phil Willis, et si oui, que faisait-il là ?

Pourquoi deux témoins prétendent avoir vu ce même Jack Ruby au Parkland Memorial Hospital ?

Qui étaient les hommes surnommés Umbrella Man et Dark Complected Man ?

Où est passé le film de Babushka Lady ?

Quelle était cette voiture de police a avoir klaxonné devant le logis d'Oswald ?

Pourquoi cette voiture avait-elle deux policiers à son bord et non un seul, comme il était d'usage pendant les horaires de journée ?

De quoi résulte l'impact retrouvé dans la limousine présidentielle, entre les pare-soleil ?

Pourquoi l'agent Tippit avait-il un deuxième costume de policier dans sa voiture ?

En réalité, il semble peu vraisemblable que l'on sache un jour ce qui s'est réellement passé en novembre 1963. L'assassinat de John F. Kennedy demeurera une énigme policière avec deux camps apposés :

les tenants de la théorie du tueur solitaire et les tenant de la théorie du complot. Ce dernier groupe ne cessera d'avoir de multiples branches avec leurs théoriciens honnêtes et les inventeurs d'histoires.

Pour masquer leurs manquements, les services américains ne divulguèrent pas certains éléments concernant Lee Harvey Oswald, notamment à cause du fait qu'il était censé être surveillé, mais qu'il put tout de même assassiner le Président. Il y eut de graves défaillances. Le besoin de se couvrir de la part des services qui ont fait preuve de négligences aida à la naissance de théories conspirationnistes. Et c'était des doutes somme tout justifiés puisque des choses étaient cachées à l'opinion. À juste titre, l'opinion douta des résultats de l'autopsie, puisque les schémas utilisés par la Commission Warren ne ressemblaient en rien aux blessures visibles sur les photos.

Il n'est pas impossible que Lee Oswald eût été approché par les services de renseignements américains durant sa brève existence, peut-être comme indicateur. Ce qui expliquerait également l'intérêt de ces services à cacher des éléments à la Commission Warren.

Il me semble que le but des travaux de la Commission Warren n'était pas de découvrir la vérité, mais de classer au plus vite le dossier JFK. Si c'est bien le cas, ils ont échoué. L'affaire est officiellement classée, certes, mais dans l'opinion, le doute subsiste.

Même si Oswald était le seul tireur, on peut très bien envisager qu'il avait des complices qui l'avaient aidé ou incité à commettre l'attentat. Si rien ne permet de le dire concrètement, il y a trop de questions sans réponse pour écarter d'emblée cette éventualité.

Les archives apportent des éléments de réponse, mais posent également de nouvelles questions. Il est peu vraisemblable que ces archives détiennent la vérité, ou du moins toutes les réponses aux questions. S'il y a eu des comploteurs qui voulaient rester dans l'ombre, ils auront réussi leur coup. L'assassinat de John Fitzgerald Kennedy restera dans les rangs de l'Histoire comme une immense énigme.

Bibliographie

<u>Rapports :</u>

Assassination Records Review Board : *The President John F. Kennedy Assassination Records Collections* (ARRB), 1998.

Investigation of the Assassination of President John F. Kennedy Hearings Before the President's Commission on the Assassination of President Kennedy (rapport Warren), 1964.

Report of the House Select Committee on Assassinations of the U.S. House of Representatives (HSCA), 1979.

<u>Archives en ligne :</u>

Dallas Municipal Archives (Office of the City Secretary) : *John F. Kennedy/Dallas Police Department Collection* (John F. Kennedy Archive – Box 1) : *9. Supplementary Offense Report, by L. D. Montgomery. Report concerning threats against Wilma Tice, witness regarding Jack Ruby at Parkland Hospital on November 22, 1963, (Multipart Form Signed), 07/22/64.* http://jfk.ci.dallas.tx.us/box1.htm

Dallas Municipal Archives (Office of the City Secretary) : *John F. Kennedy/Dallas Police Department Collection* (John F. Kennedy Archive – Box 2) : *Affidavit In Any Fact typed, by Seymour Weitzman. Statement concerning the initial search of the Texas School Book Depository and locating a gun on the sixth floor, (Carbon Copy Signed), 11/23/63. 00000435.* http://jfk.ci.dallas.tx.us/box2.htm

Dallas Municipal Archives (Office of the City Secretary) : *John F. Kennedy/Dallas Police Department Collection* (John F. Kennedy Archive – Box 2) : *Affidavit In Any Fact typed, by William Wayne Whaley. Statement from a cab driver concerning a passenger taken to Beckley Street, (Original Signed), 11/23/63. 00000438.* http://jfk.ci.dallas.tx.us/box2.htm

Dallas Municipal Archives (Office of the City Secretary) : *John F. Kennedy/Dallas Police Department Collection* (John F. Kennedy Archive – Box 3) : *Affidavit En tout Facttyped, par Gladys Shastid. Déclaration concernant une menace contre le président Kennedy, (Carbon Copy Signed), 11/23/63. 00001000.* http://jfk.ci.dallas.tx.us/box3.htm

Dallas Municipal Archives (Office of the City Secretary) : *John F. Kennedy/Dallas Police Department Collection* (John F. Kennedy Archive – Box 3) : *Report On Officer's Duties, by R. M. Sims. Report on officer's duties in regards to the President's murder, (Original), date unknown. 00000916.* http://jfk.ci.dallas.tx.us/box3.htm

Dallas Municipal Archives (Office of the City Secretary) : *John F. Kennedy/Dallas Police Department Collection* (John F. Kennedy Archive – Box 8) : *Letter, by Henry Wade. Letter from Henry Wade to Chief Curry requesting that all evidence be sent to Washington, D. C., (Original), 11/26/63. 00002459.* http://jfk.ci.dallas.tx.us/box8.htm

Mary Ferrell Foundation : *Transcript of Milteer-Somersett Tape.* https://www.maryferrell.org/pages/Transcript_of_Milteer-Somersett_Tape.html

The Portal of Texas History : *Wanted for Treason.* http://texashistory.unt.edu/ark :/67531/metapth337403/? q=Kennedy

The Portal to Texas History : Lettre de menace à l'encontre du procureur Henry Wade. http://texashistory.unt.edu/ark :/67531/metapth338651/m1/1/? q=%22Ruby,%20Jack%22

The Portal to Texas History : *Report on Officier's Duties in Regards to Oswald's Murder. E. R. Beck #45.* http://texashistory.unt.edu/ark :/67531/metapth338658/? q=%22Ruby%2C%20Jack%22

The Portal to Texas History : Télégramme de félicitation et de remerciement adressé par Jim Stone et Virginia Ditullio à Jack Ruby.

http://texashistory.unt.edu/ark :/67531/metapth338191/? q=%22Assassination%20--%20Investigation%20--%20Dallas%20 %28Tex.%29 %22

The Portal to Texas History : Télégramme de soutien adressé par Stuart Watson à Jack Ruby. http://texashistory.unt.edu/ark :/67531/metapth338944/? q=%22Assassination %20--%20Investigation%20--%20Dallas%20 %28Tex.%29 %22

<u>Films et photos amateurs de l'assassinat du Président J. F. Kennedy :</u>
BELL (Mark) : Film.
MOORMAN (Mary) : Photo.
MUCHMORE (Marie) : Film.
NIX (Orville) : Film.
TOWNER (Jim) : Photo.
TOWNER (Tina) : Film.
WILLIS (Phil) : Photos.
ZAPRUDER (Abraham) : Film.

<u>Autres photographies :</u>
BEERS (Jack Jr) : Photo de l'assassinat de Lee Harvey Oswald.
JACKSON (Bob) : Photo de l'assassinat de Lee Harvey Oswald.
ROBINSON (Duane) : Douze photos du défilé du Président Kennedy publiées par *Paris-Match*, n° 920, 26 novembre 1966.
STINGER (John) : Photos de l'autopsie du Président Kennedy.

<u>Bibliographie :</u>

COLLIER (Peter) ; HOROWITZ (David) : *The Kennedys*, Summit Books, 1984. *Les Kennedy : une Dynastie Américaine*, Payot, 1985, France Loisirs, 1986.
DECAUX (Alain) : *C'était le XXe Siècle. De Staline à Kennedy*, Perrin, 1999.
GARRISON (Jim) : *On the Trail of the Assassins. My Investigation and Prosecutions of the Murder of President Kennedy*, Sheridan Square, 1988. *JFK : Affaire Non Classée*, Éditions J'ai lu, 1992. Club France Loisirs, 1993.
GIANCANA (Samuel) ; GIANCANA (Chuck) : *Double Cross : the Explosive, Inside Story of the Mobster who Controlled America*, Warner Books, 1992. *Notre Homme à la Maison-Blanche*, Robert Laffont, 1992.
LABRO (Philippe) : *On a Tiré sur le Président*, Gallimard, 2013.
HUNT (Andrew) ; LEOPARD (Perry) : *Chroniques de l'Histoire. J. F. Kennedy*, Éditions Chronique, 1996.
LENTZ (Thierry) : *L'Assassinat de John F. Kennedy : Histoire d'un Mystère d'État*, Nouveau Monde Éditions, 2010.
MANCHESTER, (William) : *The Death of A President*, Harper and Row, 1967. *Mort d'un Président*, Robert Laffont, 1967.
OSWALD (Robert) : *Lee : A Portrait of Lee Harvey Oswald by His Brother*, Coward-McCann, 1967. *Portrait de Lee Harvey Oswald par son Frère Robert Oswald*, Buchet/Chastel, 1968.
POTTECHER (Frédéric) : *Dallas : l'Affaire Ruby*, Arthaud, 1971.
QUIVY (Vincent) : *Qui n'a pas Tué John Kennedy ?*, Éditions du Seuil, 2013.
REYMOND (William) ; ESTES (Billie Sol) : *JFK : le Dernier Témoin*, Éditions Flammarion, 2003, J'ai lu, 2005.
REYMOND (William) : *JFK : Autopsie d'un Crime d'État*, Flammarion, 1998.
SHENON (Philip) : *A Cruel and Shocking Act : the History of the Kennedy Assassination*, Henry Holt & Co., 2013. *Anatomie d'un Assassinat. Dallas, 22 Novembre 1963. L'Histoire Secrète de la Mort de JFK*, Presses de la Cité, 2013.

<u>Documentaires :</u>
BARBOUR (John) : *The JFK Assassination : the Jim Garrison Tapes* (*L'Assassinat de JFK : les Dossiers de Jim Garrison*), Blue Ridge Entertainment, Filmtrust See, 1992.

Conspiratus Ubiquitus : *The Assassinations of Kennedy and Oswald*, Sott.net & Quantume Future Group, Inc., 2011.

DeNOOYER (Rushmore) : *"Nova" Cold Case JFK* (*Kennedy : Affaire Non Classée*), Lone Wolf Documentary Group, 2013.

DeVINNEY (James A.) ; ESPAR (David) : *American Experience*, épisode *The Kennedys : The Father* [Réal. James A. DeVinney et David Espar], épisode *The Kennedys : The Sons* [Réal. James A. DeVinney] (diffusion française en un seul documentaire : *Les Kennedy : Destin Tragique d'une Dynastie*), WGBH, 1992.

FISCHER (Elizabeth) (Executive Producer) : *Did the Mod Kill JFK ?* (*La Mafia a-t-elle Tué JFK ?*), Peacock Productions, 2009.

GIACCHINO (Anthony) : *Lee Harvey Oswald : 48 Hours to Live* (*Lee Harvey Oswald : 48 Heures à Vivre*), History Channel, 2013.

GOLDING (Chris) : *The Kennedy Detail* (*Dans l'Ombre des Kennedy*), Renegade83 Inc, AEI for Discovery Channel, 2010.

GRODEN (Robert J.) : *JFK : The Case for Conspiracy* (*JFK : la Preuve d'une Conspiration*), New Frontier Productions, 1993.

JENNINGS (Tom) : *The Lost JFK Tapes : The Assassination* (*JFK : L'Assassinat. Les Archives Retrouvées du 22 Novembre 1963*), Tom Jennings Productions, 2009.

JEUDY (Patrick) : *L'Ami Américain, l'Amérique contre de Gaulle*, France 3 (FR3), France 5, Point du Jour, 2002.

JOHNSON (Thomas) : *La Face Cachée des Kennedy*, France 3, NTV, Sunset Presse, 2000.

KONSCHNIK (David) (écriture) : *JFK : The Lost Bullet* (*Kennedy : Le Film Vérité*), National Geographic Channel, 2011.

KOPPLE (Barbara) ; SCHECHTER (Danny) : *Beyond "JFK" : Question of Conspiracy* (*La Véritable Histoire de JFK : l'Assassinat, le Film*), Embassy International Pictures, 1992.

LAYZELL (Alastair) : *JFK : Breaking News* (*Dallas : Une Heure de l'Après-Midi*), Colonial Pictures, Hall TV, 2004.

NICOLAS (Bernard) ; REYMOND (William) : *JFK : Autopsie d'un Complot*, Film Inc, Zeta Productions, 2003.

SHELBY (Chip) : *Reasonable Doubt : The Single-Bullet Theory and the Assassination of John F. Kennedy* (*JFK : Dossier Ouvert*), Chip Shelby, 1988.

WHITE (Matthew) : *The Murder of JFK : A Revisionist History* (*Le Meurtre de JFK : l'Histoire Revisitée*), MPI Media Group, 1999.

WOODHEAD (Leslie) : *The Day Kennedy Died* (*Dallas, le 22 Novembre 1963 : L'Assassinat de JFK*), Finestripe Productions, 2013.

<u>Films et téléfilms</u> :

DORNHEIM (Robert) : *Fatal Deception : Mrs Lee Harvey Oswald* (*Marina Oswald*), Elliot Friedgen & Company, David L. Wolper Productions, Bernard Sofronski Productions, 1993.

GREENE (David) : *The Trial of Lee Harvey Oswald* (*Qui a Tué JFK*), Charles Fries Productions, 1977.

LANDESMAN : *Parkland*, The American Film Company, Exclusive Media Group, Paytone, 2013.

LUCHANAN (Larry) : *The Trial of Lee Harvey Oswald*, Falcon International Corp, 1964.

MACKENZIE (John) : *Ruby*, Kuzui Entreprises, PolyGram Filmed Entertainment, Propaganda Films, 1992.

McCORMICK : *Killing Kennedy*, National Geographic, Scott Free Productions, 2013.

STONE (Oliver) : *JFK*, Warner Bros, Regency Entreprises V.O.F., Le Studio Canal +, 1992.

STUART (Mel) : *Ruby and Oswald* (*On a Tué Kennedy*), Alan Landsburg Productions, 1978.

WITMORE (James Jr) : *Quantum Leap* (*Code Quantum*), épisode : *Lee Harvey Oswald – Oct 5, 1957-Nov 22, 1963*, Belisarius Productions, Universal Television, 1992.

WONG (James) : *X Files* (*X Files : aux Frontières du Réel*), épisode *Musings of A Cigarette Smoking Man* (*L'Homme à la Cigarette*) 20th Century Fox Television, Ten Thirteen Productions, 1996.

Journaux et magazines :

France-Soir : *Hors-Série Historique*, reproduction de l'édition du 27 novembre 1963, 25 novembre 2005.

Il a un Tempérament Coléreux.

La Police n'a pas Vraiment Cherché à Savoir qui était Oswald.

Le F.B.I. a vu le Film de la Mort de Kennedy.

Personne ne Sait encore Pourquoi ni pour Qui Ruby a Assassiné Oswald.

Paris-Match : *Kennedy : un Numéro Historique*, 7 décembre 1963.

Ce Film Devient un Document Historique.

Notre Reporter à Dallas : c'est Devenu une Ville pour Fantomas, Paul Mathias.

Paris-Match : *Dallas, 22 Novembre 1963 Kennedy Marche vers la Mort.* 26 novembre 1966.

Le Mystère Kennedy, Gilbert Graziani.

Paris-Match : *Il y a Juste Trente Ans. Ce Jour-là à Dallas*, novembre 1993.

Marina, Retour à Dallas, interview réalisée par Charles Magistry.

Aujourd'hui, dit John à Jackie, nous Entrons dans le Pays des Dingues, Benno Graziani.

Page Internet :

22 November 1963 : An Introduction to the JFK Assassination : *Parkland Hospital Press Conference*. http://22november1963.org.uk/jfk-parkland-hospital-press-conference

AFP : *AFP, Making-of / Les Coulisses de l'Info*, Paola Juvénal. http://blogs.afp.com/makingof/? post/2013/11/14/Dallas%2C-22-novembre-1963#. UozjhsR0k-O

Assassinat de JFK. Entre Officiel et Vérité : *Umbrella Man, Badge Man, Dark Complected Man et Black Dog Man*. http://jfk-officielverite.jimdo.com/umbrella-man-badge-man/

AssassinationOfJFK.net : *The Coke Incident, Frtiz's Notes and the Limo Stop*, Pete Engwall et Staffan H. Westerberg. http://assassinationofjfk.net/the-coke-incident-fritzs-notes-and-the-limo-stop/

CBS Sunday Morning : *JFK Assassination : Cronkite Informs a Shocked Nation.* https://www.youtube.com/watch ? v=6PXORQE5-CY

CircuitBreaker1582 : *Arrival of the Kennedy Party from Dallas on Nov. 22 1963.*https://www.youtube.com/watch ? v=_23UyIuEzK4

Daily News : *How Fil Taken by Abraham Zapruder, a Garment Maker, Launched Family into Spotlight and Became its Greatest Burden*, Larry Mashane, 17 novembre 2013. http://www.nydailynews.com/news/national/jfk-zapruders-article-1.1514600

David Von Pein's JFK Channel : *Lee Harvey Oswald is Shot (NBC-TV Video Footage).* https://www.youtube.com/watch ? v=NQpoHclNwTk

David Von Pein's JFK Channel : *Lee Harvey Oswald's Midnight Press Conference*, https://www.youtube.com/watch ? v=plJ9ihtsF3o&feature=player_embedded

Dealey Plaza : *Evidence of a Cover-up ? Mysterious Bullet Found on the Infield in Dealey Plaza ?* http://mcadams.posc.mu.edu/slug.htm

DirectLMatin : *Assassinat de Kennedy : 7 Théories du Complot*, 19 novembre 2013. http://www.directmatin.fr/monde/2013-11-19/assassinat-de-kennedy-7-theories-du-complot-613787

DVP's JFK Archives : *Lee Harvey Oswald's « I'm Just A pasty » Lie.* David Von Pein, 7 août 2006, 8 juin 2008. http://jfk-archives.blogspot.fr/2011/03/oswalds-patsy-lie.html

Éthique et Médias : *JFK : Première Diffusion du Film de Zapruder à la Télévision (1975)*, 21 novembre 2013. https://ethiquemedias.wordpress.com/2013/11/21/jfk-premiere-diffusion-du-film-de-zapruder-a-la-television-1975/

Font Line : *Interview Robert Oswald.* http://www.pbs.org/wgbh/pages/frontline/shows/oswald/interviews/oswald.html

FoxNews : *Jacqueline Kennedy Reportedly Believed Lyndon B. Johnson Behind JFS's Assassination*, 8 août 2011. http://www.foxnews.com/us/2011/08/08/jacqueline-kennedy-reportedly-believed-lyndon-b-johnson-behind-husbands.html

http://blogs.afp.com/makingof/? post/2013/11/14/Dallas%2C-22-novembre-1963#.UozjhsR0k-O

http://jeff560.tripod.com/upi.html

http://mcadams.posc.mu.edu/mercer1.txt

http://www.imdb.com/title/tt0070046/

http://www.imdb.com/title/tt0070046/fullcredits ? ref_=tt_ov_st_sm

http://www.jfk-online.com

http://www.police-scientifique.com/Armes-a-feu/residus-de-tir

http://www.thespecialistsltd.com/mannlicher-carcano-1938

https://en.wikipedia.org/wiki/Cyril_Wecht

https://en.wikipedia.org/wiki/Donald_P._Bellisario

https://en.wikipedia.org/wiki/Rosemary_Willis

https://fr.wikipedia.org/wiki/Assassinat_de_John_F._Kennedy#Enqu.C3.AAtes_et_critiques

https://fr.wikipedia.org/wiki/Commission_Church

https://fr.wikipedia.org/wiki/Complot_%C3 %A0_Dallas

Independant : *John F Kennedy Assassination : Photo Showing Lee Harvey Oswald with Same Type of Gun Used to Kill JFK "Authentic"*, Adam Sherwin, 19 octobre 2015. http://www.independent.co.uk/news/world/americas/john-f-kennedys-assassination-photo-showing-lee-harvey-oswald-with-gun-used-to-kill-former-president-a6699751.html

Internet Archive : *Full texte of "Klause Robert".* https://archive.org/stream/nsia-KlauseRobert/nsia-KlauseRobert/Klause%20Robert%2005_djvu.txt

J. D. Tippit : *November 22 : What Happened ?* http://www.jdtippit.com/happen_nov.htm#shoot

Jeune Afrique : *« I Have a Dream » : le Texte Intégral en Français du Discours de Martin Luther King.* http://www.jeuneafrique.com/168911/politique/i-have-a-dream-le-texte-int-gral-en-fran-ais-du-discours-de-martin-luther-king/

JFK : l'Assassinat les Questions : *FBI – Partie 1 (Volet n° 1)*, Pierre Nau, 3 février 2013, 08 février 2016. http://www.jfk-assassinat.com/index.php ? module=Pages&func=display&pageid=69#D%27autres%20preuves

JFK : l'Assassinat les Questions : *Le Film de Zapruder*, Pierre Nau, 3 février 2013, 25 janvier 2016. http://www.jfk-assassinat.com/index.php ? module=pages&type=user&func=display&pageid=86

JFK : le Complot : *Assassinat de John F. Kennedy à Dallas le Vendredi 22 Novembre 1963.* http://www.jfk-lecomplot.com/francais/7/

JFK Assassination Research Materials : *Jean Hill – the Lady in Red,.* http://www.jfk-info.com/whitmey3.htm

JFK-fr.com : *American Fact-Finding Committee.* http://www.jfk-fr.com/en/term_33.php

JFK1963NewsVideos : *KRLD-TV Footage of the Oswald Shooting.* https://www.youtube.com/watch ? v=m5khMFFKslw

John Warnock Hinckley Jr. https://fr.wikipedia.org/wiki/John_Warnock_Hinckley_Jr. http://web.archive.org/web/20040601085231/http://www.geocities.com/jfkinfo3/testimony/burkley.htm

La Petite Page JFK dans la Prairie : *L'Empreinte Mystérieuse du TSBD.* http://users.skynet.be/mar/Fingerprint.htm

Le Figaro : *Assassinat de JFK : 50 Ans de Cinéma*, Betrand Guyard, 21 novembre 2013, misà jour 22 novembre 2013. http://www.lefigaro.fr/cinema/2013/11/21/03002-20131121ARTFIG00758-assassinat-de-jfk-50-ans-de-cinema.php

Le Figaro : *Le Jour où on a Appris la Mort de JFK au Figaro.* http://video.lefigaro.fr/figaro/video/le-jour-ou-on-a-appris-la-mort-de-jfk-au-figaro/2855803609001/

Libération : *La Mort de JFK dans le Viseur de Zapruder*, Olivier Costemalle, 21 août 2007. http://www.liberation.fr/ecrans/2007/08/21/la-mort-de-jfk-dans-le-viseur-de-zapruder_100204

MailOnLine : *Explosive Jackie O Tapes "Reveal how she Believed Lyndon B Johnson Killed JFK and had Affair withe Movie Star"*, Liz Thomas, 8 août 2011. http://www.dailymail.co.uk/news/article-2023418/Jackie-O-tapes-reveal-JFKs-affairs-believed-death.html

MetroNews : *Le Chirurgien de JFK "Convaincu qu'il y avait Plusieurs Tireurs"*, 20 novembre 2013, mis à jour 22 novembre 2013. http://www.metronews.fr/info/kennedy-le-chirurgien-de-jfk-convaincu-qu-il-y-avait-plusieurs-tireurs/mmkt ! DLYMSEOhuwB9 g/

MySA : *President John F. Kennedy's 1963 visit to San Antonio.* http://www.mysanantonio.com/news/local/history-culture/slideshow/President-John-F-Kennedy-s-1963-visit-to-San-74209/photo-5474732.php

Paris-Match : *Assassinat de JFK. En 1963, la Contre-Enquête de Paris Match à Dallas*, Paul Mathias, 22 novembre 2013. http://www.parismatch.com/Actu/International/En-1963-la-contre-enquete-de-Paris-Match-a-Dallas-537869

Penn Jones Jr. : *Cover Photo of Forgive my Grief, III.* http://www.ratical.org/ratville/JFK/FMGvolIIIcover.html

Secrets of A Homicide : JFK Assassination. http://www.jfkfiles.com/index.html

Steve Forbes : *JFK Funeral Part 1 of 3.* https://www.youtube.com/watch ? v=NuJjaOKITn4

The Atlantic : *Castro : "Oswald Could Not Have Been the One Who Killed Kennedy"*, Jeffrey Goldberg. http://www.theatlantic.com/international/archive/2013/11/castro-oswald-could-not-have-been-the-one-who-killed-kennedy/281674/

The JFK 100 : *Beverly Oliver.* http://www.jfk-online.com/jfk100bev.html

The Kennedy Assassination : *Changed Motocarde Route in Dallas*, John McAdams. http://mcadams.posc.mu.edu/route.htm

Thomas G. Buchanan : *Les Assassins de Kennedy.* http://thomasgbuchanan.com/ce-nest-pas-la-lumiere-que-nous-devons-craindre/

Thomas G. Buchanan : *Les Assassins de Kennedy.* http://thomasgbuchanan.com/fr/livres/les-assassins-de-kennedy/

Time Life : *JFK's Assassination : How Life Brought the Zapruder Film to Light*, Ben Cosgrove, 6 novembre 2014. http://time.com/3491195/jfks-assassination-how-life-brought-the-zapruder-film-to-light/

Wikipédia : *Assassinat de Robert F. Kennedy.* https://fr.wikipedia.org/wiki/Assassinat_de_Robert_F._Kennedy

Wikipédia : *Bill Moyers.* https://en.wikipedia.org/wiki/Bill_Moyers

Wikipédia : *Jack Ruby.* https://fr.wikipedia.org/wiki/Jack_Ruby

Wikipédia : *Jacqueline Kennedy-Onassis.* https://fr.wikipedia.org/wiki/Jacqueline_Kennedy-Onassis

Wikipédia : *John Warnock Hinckley Jr.* https://fr.wikipedia.org/wiki/John_Warnock_Hinckley_Jr.

Wikipédia : *Marie Muchmore.* https://en.wikipedia.org/wiki/Marie_Muchmore

Wikipédia : *Martin Luther King.* https://fr.wikipedia.org/wiki/Martin_Luther_King

Wikipédia : *Robert Francis Kennedy.* https://fr.wikipedia.org/wiki/Robert_Francis_Kennedy

<u>Autres sources :</u>

Le livre du film *JFK*, Warner Bros (Transatlantic) Inc., 1992.

195

Dépôt légal
Deuxième semestre 2016

www.ingramcontent.com/pod-product-compliance
Lightning Source LLC
Chambersburg PA
CBHW050337160726
48002CB00001B/346